中国古代礼仪文化

周赟　著

中华书局

图书在版编目(CIP)数据

中国古代礼仪文化/周赟著. —北京:中华书局,2019.9
(2023.4 重印)
ISBN 978-7-101-13299-1

Ⅰ.中… Ⅱ.周… Ⅲ.礼仪-中国-通俗读物
Ⅳ.K892.26-49

中国版本图书馆 CIP 数据核字(2018)第 117221 号

书 名	中国古代礼仪文化
著 者	周 赟
责任编辑	吴艳红
责任印制	管 斌
出版发行	中华书局
	(北京市丰台区太平桥西里 38 号 100073)
	http://www.zhbc.com.cn
	E-mail:zhbc@zhbc.com.cn
印 刷	三河市宏达印刷有限公司
版 次	2019 年 9 月第 1 版
	2023 年 4 月第 3 次印刷
规 格	开本/880×1230 毫米 1/32
	印张 9½ 插页 2 字数 200 千字
印 数	9001-11000 册
国际书号	ISBN 978-7-101-13299-1
定 价	36.00 元

序　言

中华传统文化的内涵极为丰富,礼仪,则是最具典型的代表。本书不是对中华传统礼仪文化的研究,而是对传统礼仪做常识性的疏解,以期在一定程度上呈现中华传统礼仪文化的全貌。

之所以需要做常识性的疏解,是因为许多传统礼仪在今天已不受人关注,甚至不被理解。然而在古代社会,它们的确是常识。那么古代社会的常识,今人是否有必要了解,又是否有必要转化为今人的常识呢? 答案是,有必要。

所谓"常识",并不意味着浅显易懂;所谓"常识",也不意味着雕虫小技;所谓"常识",更不意味着可有可无。美国独立战争的理论源头,便是一本名为《常识》的小册子。它的作者托马斯·潘恩(Thomas Paine,1737—1809)极具洞见地认识到,将北美从黑暗的不列颠帝国统治中独立出来乃是大势所趋。该书清除了早期反抗者对英国君主制残存的幻想,使华盛顿等人意识到世袭与专制必然被历史淘汰,而民主与共和是那样的理所当然。该书由此被誉为《独立宣言》的精髓,这就是

"常识"的力量。

当然,本书所关涉的中华传统礼仪的"常识性"知识,是经历了时光流转、历史更迭后,仅仅停留在我们习惯用语里的"文化传统"。因此,本书的中华传统礼仪文化之常识主要是知识形态的常识,并非《常识》一书那样属于观念形态的常识。但是,本书之知识形态的常识,却是亟需文化自觉、文化自信以及文化复兴的今天所不能缺失的物质基础。

比如,我们总自豪地说,中华文明乃礼乐文明。然而,这礼乐究竟是怎样的?何为传统礼乐?古人要行的都是哪些礼?古人为何要行那些礼?哪些礼是我们需要扬弃的?若不清楚这些"常识",又如何能发自内心地"自豪"起来?

又比如,我们大体都知道,待人接物要"彬彬有礼",这便是所谓"礼貌"。然而,传统的"礼貌"何止于待人接物!更何况,待人接物之"礼貌"乃各种文明必备之要素,又如何能体现"中华传统"?若对传统礼仪文化不具备一定的常识,我们如何能确证礼仪之于中华文明的特殊意义?

当然,今天我们厘清中国古代礼仪文化的意义不止如上之说。纵观传统礼仪文化,如果从正面讲,可谓泱泱中华,乃礼仪之邦;但从反面讲,又不得不感慨,巍巍礼仪,真繁文缛节。

"繁文缛节"一词,乃是古代贤哲对儒家礼仪的批评之辞。如晏婴批评儒家说:"崇丧遂哀,破产厚葬,不可以为俗。"(《史记·孔子世家》)意思是,礼仪过分繁琐,就会导致奢靡浪费,尤其是厚葬主张,有时甚至会让某些家庭破产。不仅如此,繁文缛节还会导致不良的社会风气,如墨子所说:"夫繁饰礼乐以淫人,久丧伪哀以谩亲。"(《墨子·非儒下》)

也就是说,一旦形式被弄复杂了,形式的重要性便超过了内容,于是就导致了敷衍了事的形式主义,又或者导致口惠实不至之伪君子的盛行。不得不佩服,古人的批评一针见血又入木三分。

质言之,中华传统礼仪文化博大精深,然而,今天我们在探讨传统礼仪文化之常识时,却不能仅仅将认识停留在赞美与歌颂上,而必须时刻秉持着辩证的、统一的、客观的态度来对待它。要知道,传统文化对民族性的塑造具有绝对之意义,而民族性又始终反映着历史的传承。因此,本着对民族性的改造与发展之责任,我们就应该用历史的、批判的眼光来理解传统,最终实现对传统的创造性继承。

总的来说,本书以述为主,辅以略论,然而要之,本质往往寓于现象中,若常以思辨的视角去认识现象,那人人皆可对本质有所洞悉。如此,则必是中国传统文化现代化之幸也。

是为序。

周赟

2019 年 6 月于寓所

目　　录

第三章　凶礼——慎终追远

第一章
中华传统礼仪概说

《礼记·曲礼》开篇说:"鹦鹉能言,不离飞鸟;猩猩能言,不离禽兽。今人而无礼,虽能言,不亦禽兽之心乎?"在中国文化中,礼作为一个标准,把人与禽兽进行了有效的区分,将人之为人的独特性彻底突显了出来,成为中国文化的基石。传统礼仪是一个类范畴,涵盖了记载礼仪的礼经、作为主体部分的仪式、作为重要辅助工具的礼器、礼服与礼乐。这多种元素的共通交互,构成了蔚为壮观的中华礼仪文化。

第一节 礼 经

人类在进入文明社会以后,首先建立的就是等级制度。在中国,等级制度是以礼的形式表现出来的。周取代殷商统治天下以后,礼不断地被精细化,以至于达到了被称之为繁文缛节的程度。繁复的传统礼仪,大体包括了祭祀之礼、丧葬之礼、朝觐之礼、会盟之礼、聘问之礼、射御之礼、宾客之礼、婚嫁之礼、冠笄之礼等,掌握并参与主持各类礼仪的职业称之为儒。这就不难理解,何以儒家常以礼教为本,而中国常被称为礼仪之邦。

最早的中华礼仪都记录在礼经之中，就是我们常说的《诗》、《书》、《礼》、《乐》、《易》、《春秋》中的"礼"。这个"礼"包括了三本书，《周礼》、《仪礼》和《礼记》。

一、《周礼》

《周礼》，又称《周官》或《周官经》，是古老的官制系统文献。该书记载官职超过360个，担任每个官职的有一人至数十人不等，整个王朝共有官员数万人。《周礼》迟至西汉前期才被发现，公元前155年，有李氏献该书于河间献王。该书记载了周朝官制及战国时代各国制度，有很高的史料价值。原书应有六篇，然而李氏所献只有五篇，分别为《天官冢宰》、《地官司徒》、《春官宗伯》、《夏官司马》、《秋官司寇》，独缺第六篇。献王为补全该书，悬赏千金，然而无果，最终以内容类似的《考工记》补作第六篇《冬官》，呈现给汉武帝。此后，该书一直被藏于深宫秘府，不为人知，直到西汉末年刘歆校理秘书时收入《七略》，才得以广为人知。现存最为著名的注释本是由汉儒郑玄作注、唐代贾公彦作疏，并收入了《十三经注疏》。

《周礼》乃是周公致太平之书。周公认为，只要礼乐制作完备，便能天下大治。但其实，《周礼》只是保留了部分周公制礼的内容，且主要成于战国后期。其主体内容，则是建国置官的设想，并非是真实的记载。《周礼》记载，天子下属第一等官为天官，最高职位称冢宰或大宰，该职"掌建邦之六典，以佐王治邦国"，即协助天子，统领六官，总理政务。其次为地官，最高职位称司徒，该职"帅其属而掌邦教，以佐王安抚邦国"，意即掌管天下教育,教化万民,以安邦定国。再次为春官,最高职位称大宗伯,该职"帅其属而掌邦礼,以佐王和邦国",意即掌管邦国礼制,严明等级,协调各国关系。再其次为夏官,最高职位称司马,该职"帅其属而掌邦政,以佐王平邦国",意即辅佐天子平定邦国,管理军务,决定征伐。其次为秋官,最高职位称司寇,该职"帅其属而掌邦禁,以佐王刑邦国",意即主管邦国刑罚讼狱等司法事务,维护社会公平正义。最后为冬官,最高职位称司空,根据补入的《考工记》可知,该职掌管天下百工之职,管理国家的经济发展。

《周礼》各官开篇皆道:"惟王建国,辨正方位,体国经野,设官分职,以为民极。"意思是,天子建立都城,必须确定方位,划分疆域,设置官阶,使民以之为准绳。这里暗含了一种以王为中心的政治体制,即民以官为中心,各官皆分属六官,以天子为中心,自上而下建构起一个理想的、稳定的专制政权体系。事实上,除了职官系统外,该书还涉及了天文地理、草木鱼虫、典章名物、生活起居、农商医卜,凡是与邦国建制有关系的,几乎无所不包,可谓博大精深。

二、《仪礼》

《仪礼》,先秦称之为《礼》,汉称之为《礼》或《士礼》,大约在东晋元帝时出现《仪礼》的说法。该书记载了先秦贵族日常生活的具体礼仪,是一部中国春秋战国时期的礼制汇编,据说是经过孔子删定而成的。古有"礼仪三百,威仪三千"的说法,然而由于战乱与秦火,至汉初时只留下了 17 篇,且主要是士阶层的礼,故有《士礼》的说法。《仪礼》具有很强的实用性,在三礼中最早取得经的地位。西汉武帝立五经博士,

《仪礼》便是其中之一。该书最早的注释本是东汉郑玄的《仪礼注》,唐代贾公彦为之作疏,最终收入《十三经注疏》。

《仪礼》影响深远,包括了祭、丧、冠、婚、射、乡、朝、聘八个方面的基本礼仪,既涉及了士之间、大夫之间、诸侯之间对等的交往礼仪,也有士与大夫、大夫与诸侯等不同等级间的交往礼仪,因此,《仪礼》中规定的礼制非常细致。其中《士冠礼》专论加冠时的礼仪陈设与致辞,适用包括天子在内的所有贵族。《士昏礼》专论士娶妻成婚的礼节。《士相见礼》专论士与各等级贵族之间相见的礼仪。乡射礼有四篇,《乡饮酒礼》专论乡人习射前的聚会宴饮之礼,《乡射礼》专论州长在春秋二季与民习射之礼,《燕礼》专论诸侯习射前的宴饮之礼,《大射仪》专论诸侯与群臣习射之礼。朝聘之礼三篇,《聘礼》是诸侯国的邦教礼仪,《公食大夫礼》是诸侯飨大夫之礼,《觐礼》是诸侯朝觐天子之礼。丧礼有四篇,《丧服》、《士丧礼》、《既夕礼》、《士虞礼》,分别记述丧礼的各个环节。祭礼有三篇,《特牲馈食礼》专论士岁祭祖祢(mí)①之礼,《少牢馈食礼》专论卿大夫祭祖祢之礼,《有司彻》专论上大夫傧(bīn)尸②与下大夫不傧尸之礼。后世许多贵族礼仪皆源于此,并深刻影响到日本与朝鲜的礼俗文化。

《仪礼》规定的贵族礼仪虽然是等级社会的反映,但其中的教化意蕴仍具有一般性。比如《士冠礼》在篇后的《记》中说:嫡子在宗庙阼(zuò)阶③上进行冠礼,表明儿子长大了,将会是父亲的继承人。加冠

---

① 祢,古代对已在宗庙中立牌位的亡父的称谓。
② 傧尸,尸是代表死者受祭的活人,傧尸即引导尸。
③ 阼阶,东阶,为主位。

礼要加三次，分别为布冠、皮冠、爵冠，一次比一次尊贵，意味着年长者对下一代人在德性与功业上有所期望，期望下一代人能配得上一次比一次尊贵的冠。所以冠礼不仅仅是形式，而是一种通过仪式行为对成人理想的美好寄托。其他的礼仪，也都蕴含了一般的伦理意义，不能简单地看作是物质形式。

三、《礼记》

《礼记》，是儒家礼学论文集，是三礼中地位最高、流传最广的一部。属于礼仪的学理类著作，因此它早期属于《仪礼》的参考书，故称作"记"。成书的时间跨度相当大，各篇的完成时间不同，上自战国，下至汉初。相传河间献王搜集相关著作131篇，此外，西汉晚期，刘向又采集到类似的书，共计214篇。西汉儒者戴德将之编辑成85篇，称为《大戴礼记》。其侄戴圣删繁就简，编成46篇，称作《小戴礼记》。此后，东汉儒者马融又补加了3篇，共计49篇，成为今天我们看到的《礼记》。又由于得到了东汉大儒郑玄出色的注释而愈加出名，《礼记》的地位从《仪礼》的参考书一跃而成为教科书。有唐一代，政府将之与《周礼》、《仪礼》并列为经。而《大戴礼记》在与《礼记》的竞争中黯然失色，亡佚大半，至今只保留下来39篇。

《礼记》的内容也非常庞杂，但主要不是完整的仪式流程，而多细小的礼节、规章制度，以及儒家的政治理想，且补充了许多《仪礼》未记载的内容。《礼记》首篇为《曲礼》，即细小之礼节，涵盖了日常社会生活的方方面面。包括君臣日常问答所应遵守的礼节、臣子进献国君物品时的礼节、接受国君赐食赐物的礼节；不同年龄的人交往的礼节；师生往

来的礼节;不同社会地位的人之间互相称名的方式;祭祀时对不同身份
逝者的称名,以及围猎、祭祀、丧葬过程中的各类禁忌,不可胜数。

其次为《檀弓》,主要讨论丧葬之礼。檀弓,姓檀,名弓,鲁国人,精
通礼仪。该篇由檀弓吊丧时,质疑公仪仲子立庶子为继承人而不立嫡
孙开篇,记述了服丧期间,服丧者应该遵守的言谈举止、饮食起居、发髻
服饰等礼节规范,以及丧葬器物的位置摆放与装饰等规定。相关的还
有《奔丧》、《问丧》、《三年问》、《丧服小记》、《丧服四制》,都是对士丧礼
细节的补充,以及对丧葬礼仪意义的补充。

此外,《王制》记述古代君主治理天下的规章制度,涉及封国、职官、
爵禄、祭祀、丧葬、刑罚、选官、教育,甚至养老等各方面制度。《内则》记
载了士大夫的家庭规则及敬老制度。《月令》详述时令、星宿、农事、祭
祀的匹配制度。《少仪》则杂记各类,诸如相见、祭祀、事奉长者等相关
"细小威仪"。《投壶》介绍了古代贵族投壶的社交礼仪。《冠义》、《昏
义》、《乡饮酒义》、《射义》、《燕义》、《聘义》诸篇都是补充《仪礼》的不足
之处,且有独到的史料价值与哲学意蕴。由于《礼记》的篇幅很大,内容
庞杂,可谓面面俱到,不一而足。

其中,最为著名的篇目莫过于被朱熹选入四书之中的《大学》与《中
庸》。所谓"大学",即最大的、至高无上的学问。在儒家看来,最大的学
问莫过于道德上能臻于完美,功业上能平定天下,这就叫作"内圣外
王"。其最高理念的实现路径被称为三纲领,即明明德、亲民、止于至
善;八条目,即格物、致知、诚意、正心、修身、齐家、治国、平天下。《大
学》还把这三纲领与八条目进行了总括,"自天子以至于庶人,一皆以修
身为本",这就是强调在社会与政治中,道德具有绝对性。

《中庸》首次提出了天命人性的概念,开篇云:"天命之谓性,率性之谓道,修道之谓教。"意思是,人性源自天命,学会率性而为,就能符合天道,率性而为是需要修习的,这就是教化。《中庸》所指的教化,就是礼乐教化。通过礼乐教化,人就知道如何在日常行事中做到不偏不倚,处理好各种人际关系。所以后世称《中庸》一书为儒家心法,便是这个道理。孔子曾感叹:"中庸之为德也,其至矣乎,民鲜久矣。"(《论语·雍也》)正因为孔子感叹了中庸的难得,更使得中庸成为儒者们极为推崇的伦理原则。

事实上,历朝历代情况各有不同,从来不存在严格按照礼经来制作礼仪的情况。廿四史皆有各自的《礼书》、《礼志》、《礼乐志》等,如孔子所说:"殷商继承了夏的礼乐,但有所损益;周继承了殷商的礼乐,也有所损益。将来也会如此。"所以并不存在源远流长的物质形式的礼,更何况《周礼》本来就是理想政治模式,不具有现实性,而《仪礼》的实用性也在历史的发展中逐渐销蚀。《礼记》则不然,开篇云"毋不敬,俨若思,安定辞,安民哉",是从《周礼》与《仪礼》的具体礼仪制度中开出的价值原则,具有普遍性、一般性,自然也能超越时代,被更多的人接受。

第二节　仪　　式

在礼仪的诸要素中,最重要的莫过于仪式。传统的仪式有五种:"祭祀之说,吉礼也。丧荒去国之说,凶礼也。致贡朝会之说,宾礼也。兵车旌鸿之说,军礼也。事长敬老、执赞纳女之说,嘉礼也。"(郑玄《曲礼注》)礼仪是诸要素的总和,其主体还是仪式。但仪式又并非仪式本身,而是各种意识、价值的载体。

一、仪式与道德

《大戴礼记·武王践阼》记载了这样一个事件:武王即位后三日,召尚父吕公望,询问古圣人黄帝、颛顼之道是否还有流传。尚父答道:"还保留在丹书之中。如果大王想了解古圣人之道,就必须斋戒三日。"三日后,武王穿戴冕服①在大殿中等候尚父。此时,见尚父也穿着冕服,双手捧着丹书缓缓进入大殿,然后背靠着屏风站立。武王于是走下宝座,南面而立,准备接受丹书。但尚父却说:"先王之道不北面。"于是武王缓缓走到西边,随后东面而立。尚父则走到东边,西面而立,然后庄重地开启丹书,念诵起来。

这个故事给我们勾勒了一段古圣人传道仪式的场景。仪式前,必须斋戒三日;仪式中,必须穿戴祭祀天神的礼服;授书时,武王不能南面而立。然后,尚父才愿意开启丹书,念诵起来,这样整个仪式才算完成。可以发现,从斋戒、冕服到作为天子而不能南面,古圣人之道不可以北面,整个过程从头至尾体现出了四个字:庄严神圣。

其实《丹书》的内容很简单,即:"敬胜怠者吉,怠胜敬者灭;义胜欲者从,欲胜义者凶。……以仁得之,以仁守之,其量百世;以不仁得之,以仁守之,其量十世;以不仁得之,以不仁守之,不及其世。"简言之,就是为君王者要有仁心,有敬畏心。但是简单的道德律令,通过这样一套

---

① 冕服,古代帝王、诸侯及士大夫举行重大仪式所穿戴的礼服。

庄严神圣的仪式来传播,就使之不同凡响了。所以,《大戴礼记·武王践阼》说,武王通过这样一套仪式的洗礼后,表现为"惕若恐惧,退而为戒书"。之后他把这段话篆刻到了所有能接触到的器物上,席之四端为铭焉,于几(几案)、于鉴(镜子)、于盥盘(脸盆)、于楹(柱子)、于杖(手杖)、于带(腰带)、于履屦(鞋子)、于觞豆(盘子)为铭焉,于户牖、于剑、于弓矛为铭焉。

武王将格言刻满所有能接触到的东西,这的确让人匪夷所思。我们不妨试想一下,你是否能接受生活在一个写满道德律令的房间里?恐怕你会受不了,但武王却能够接受。所以,这里必然存在着使他去膜拜这条道德律令的强大精神动力。其实,这个精神动力的产生就是传道仪式熏陶的结果。

仪式是用来营造场域的,武王所经历的这个传道仪式极其庄严神圣,即使贵为天子,在先王之道面前,也不能南面而立,且必须斋戒、冕服。其潜台词是,先王之道的尊贵性胜过天子。可以说,这套仪式直接激活了道德的神圣性,使武王不得不发自内心地顶礼膜拜。

二、仪式与政治

《史记·叔孙通传》记载了这样一个故事:汉高祖刘邦登基做了皇帝以后,尽去秦法,一切从简。然而问题来了,有一次,高祖宴请群臣,酒过三巡,宴会场面混乱起来,有些人开始比拼酒量,有人"醉或妄呼",甚至还有人"拔剑击柱",总之堂堂皇宫,竟沦为市井酒肆。刘邦作为皇帝的尊严,在近乎失控的场面下荡然无存,于是"上患之"。此时,博士叔孙通对刘邦讲,他愿意征招鲁地儒生与他的学生百余人,训练诸侯、将军、军吏等学习儒家朝拜礼仪,规范君臣秩序。刘邦同意了。

汉高祖七年(前200),刘邦在长乐宫接受诸侯、群臣的朝觐。与前一次情形截然相反,只见诸侯、群臣由礼官引入殿门,廷中车骑、戍卒、卫官整齐划一,功臣、列侯、诸将军、军吏数百人东向陈列方阵,文官从丞相起西向陈列方阵。待皇帝车辇缓缓驶出时,百官举起旗帜传呼警备。接着,诸侯王以下至俸禄六百石官吏,依照等级,近前朝拜。朝拜完毕,群臣宴饮,整个过程"无敢欢哗失礼者"。整场仪式给众人的感受是,"自诸侯王以下,莫不震恐肃敬"。《史记》记载,高祖由此感叹说:"吾乃今日知为皇帝之贵也!"

第二次朝拜后,刘邦感叹道,我今天才知道皇帝的尊贵啊。刘邦的感叹反映了一个道理,皇帝的尊贵不是天然的,而是由仪式赋予的。是仪式改变了君不君、臣不臣的无序局面,是仪式让众臣感到诚惶诚恐。这正应《礼记·曲礼》所说:"班朝、治军、莅官、行法,非礼威严不行。"也就是说,是礼仪激活了专制政权的神圣性,因此看似好像是众臣对君主的顶礼膜拜,但其实是作为仪式参与者的众臣对权力的顶礼膜拜。

三、仪式与宗教

中华文化被称为礼文化,而礼文化中,大半属于祭祀之礼。祭祀之礼中,最为隆重的莫过于祭天之礼,又称作郊祀。

据《清史稿·礼志》记载,清人入关后,祭天之礼愈来愈虔诚。顺治十八年(1661),八岁的康熙玄烨即位。当年十一月冬至,康熙亲自南郊祭天,并昭告天下,以后每次祭天大礼都要亲自主祭,无故不令人代理。直到康熙四十六年(1707)冬至,天寒地冻,年过半百的康熙仍然拒绝了臣子代祭的请求。康熙四十八年(1709)，由于康熙处于病中，便由李光地代行郊祀。然而两年后，康熙又亲自郊祭。康熙六十岁以后，因脚病不得不再次由大臣代行祭祀，而他本人却坚持斋戒，并亲自巡查祭品的准备情况，且量力跪拜，一直坚持到祭礼完毕才回宫。

古代祭祀讲究配祀。顺治初年，规定以太祖努尔哈赤配祀上帝。顺治十四年(1657)，又下诏说，太宗皇太极的功德与太祖并隆，当一同配祀。康熙六年(1667)，又增加世祖顺治配祀上帝。雍正时，继以圣祖康熙配祀上帝。乾隆时，世宗雍正也得以配祀上帝。嘉庆时，又奉高宗乾隆配祀上帝。道光年间，仁宗嘉庆亦得以配祀上帝。直到咸丰时，又升宣宗道光配祀上帝，但与此同时，下诏说："自后郊祀配位，定为三祖五宗，永为恒式。"因此，咸丰以后的清帝便不再郊祭配祀了。

从康熙皇帝对祭天仪式处处亲力亲为的表现可知，古代帝王对鬼神的祭祀持有无比虔敬的态度。而咸丰以前的八位皇帝，则全部升为郊祭的配祀，可知祭天仪式之庄严神圣。孔子讲："祭神如神在。"虔敬的祭祀仪式，可以有效地营造出神灵在场的氛围；而庄严神圣的配祀格局，则进一步激活了鬼神的神圣性，使仪式的参与者对无形的鬼神或无常的命运产生高度的敬畏心理。

总的来说，仪式营造场域的目的就是"引人入胜"，让仪式的参与者得以接受仪式所要传导的价值或理念。因此现代人也同样需要仪式，比如婚礼仪式，婚姻的缔约双方通过仪式感受到婚姻的神圣性，坚定风雨同舟的信念。又比如入党宣誓仪式，入党积极分子能在仪式中感受到入党行动具有神圣性，坚定把自己奉献给伟大事业的理想信念。职是之故，仪式是传统礼仪的基本要素，也是传统礼仪价值意蕴的重要载体。

第三节 礼   器

《礼记·礼运》讲:"夫礼之初,始诸饮食。其燔黍捭豚,污尊而抔饮,蒉桴而土鼓,犹若可以致其敬于鬼神。"在古人看来,鬼神和人一样,都是要吃饭的,所以早期礼器主要都是青铜食器。随着后世礼仪的愈加丰富,原先作为礼器的那些食器也愈来愈只具有象征意义,而饮食的功能逐渐淡出。常见的青铜礼器有鼎、簠、簋、豆、敦、俎等。其中,鼎在众礼器中的地位又属重中之重。除了青铜器外,玉器也被认为是尊贵无比的礼器,常见的有璧、圭、玦、环、琥等,在政治、宗教与日常生活中都扮演着重要的角色。

一、权力的象征

公元前606年,楚庄王讨伐陆浑之戎,一直打到周朝的都城,于是屯兵都城附近。周定王感到非常焦虑,于是以犒劳楚王为由,派遣王孙满去探明楚王的口风。未想,楚王竟在闲谈之间,问起周鼎的大小与轻重来。这就是问鼎中原的故事。

楚王问鼎,立刻引起了王孙满的警觉。鼎乃是国之重器,天子的鼎有其特殊的政治意涵。今楚王问鼎,显然是对最高权力的觊觎。所以王孙满机智地回应说,桀有昏德,于是代表夏朝权柄的鼎迁于商,六百年后商纣暴虐,代表殷商权柄的鼎迁于周。现在"周德虽衰,天命未改,鼎之轻重,未可问也"。也就是说,鼎的获得与否,和德与命有关,无关乎军事实力。所以，既然周定王之德未至于桀纣之不可救药，因此天命未改，绝非到了迁鼎之时，请楚王不要想入非非。楚王问鼎的规格，王孙满巧妙地避开问题的重点，都体现了鼎之于政治权力的重大意义。

据《水经注·泗水》记载，周显王四十二年（前327），禹所铸的九鼎在泗水中沉没了。到了秦始皇二十八年（前219），始皇封禅归来经过彭城时，希望得到周鼎以标榜自己的功业，于是斋戒祷祠，然后派上千人下水寻找那九鼎，然而未果。至武则天万岁通天二年（697），她决定自己铸造九鼎，耗费巨大，"计用青金五十六万七百一十二斤焉。豫州鼎名永昌，高一丈八尺，受一千八百斛。莫州名武兴，雍州名长安，兖州名日观，青州名少阳，徐州名车原，扬州名江都，制州名金陵，梁州名成都。惟豫州鼎大，八州各高一丈四尺，受一千二百斛，鼎上各图写本州、岛产物之象"（《事实类苑》卷二十）。九鼎铸成后，武后又想以黄金千两涂之。但姚璹劝谏说，九鼎以天质自然为贵，于是作罢。

楚王问鼎、秦始皇觅鼎、武则天不计成本地铸鼎，这都体现了鼎之于政治权力的象征意义，是政治礼仪中不可或缺的部分。

二、身份的象征

礼制社会原是等级社会，因为每个人的等级不同，所以使用的礼仪也必须不同。事实上，礼仪在古代社会生活中就是用来区分等级的。

在古代，人的等级身份首先通过祭祀礼仪来确定。一般来说，神灵的等级身份是稳定不变的，比如天是永恒的，永远最尊贵，而地则永远排行第二。所以祭天的人就永远是最尊贵的，以此类推，人的等级身份就永远固定下来了。从礼器的角度上讲，等级身份高的神灵就必然要用规格高的礼器祭祀,以下则类推。

比如古人祭祀天地山川之神,需要根据神灵等级来使用各类玉器。《周礼·玉人》规定玉圭的使用,说:祭天要用一尺二寸的四圭有邸,祭地要用五寸的两圭有邸,祭日月星辰要用五寸的圭璧。又规定璋的使用,说:"天子巡守,有事山川则用灌焉。于大山川则用大璋,加文饰也;于中山川用中璋,杀文饰也;于小山川用边璋,半文饰也。"在社会交往礼仪中,不同的身份也以不同规格的玉器来象征。《周礼》规定,三尺大圭代表天子,一尺二寸镇圭代表王,九寸桓圭代表公,七寸信圭代表侯,七寸躬圭代表伯。从品类的级别上来讲,《礼记·玉藻》规定,天子佩白玉,公侯佩山玄玉,大夫佩水苍玉,世子佩瑜玉,士佩瓀玟。

简言之,区分等级身份,是礼器在传统中国社会中存在的重要功用。

三、德性的象征

中国人喜欢把玉与德性联系起来。《礼记·玉藻》说:"古之君子必佩玉。"又说:"君子无故,玉不去身。"为什么君子必须佩玉?显然不是为了装饰,而是彰显自己的德性。如《礼记·聘义》说:"君子比德于玉焉,温润而泽,仁也。"唐儒孔颖达解释说:玉色温和柔润而有光泽,仁者也是温和润泽的,所以玉代了仁。德性是品质,是看不见的,为了把这种优秀的品质彰显出来,儒者试着寻找德性的象征物,于是就找到了玉。

《说文解字》把玉的德性具体到五种,说:"润泽以温,仁之方也;鰓理自外,可以知中,义之方也;其声舒扬,敷以远闻,智之方也;不挠而折,勇之方也;锐廉而不忮,絜(洁)之方也。"玉有德性,这当然是一种拟人。从许慎的解释可知，玉的德性是从玉石特殊的质地衍生出来的。由此可见，玉石的确是德性最好的象征物。

《论语·子罕》中有一段关于玉的隐喻。子贡问："我这里有一块美玉，是把它放在盒子里藏起来呢？还是等到识货的商人来买呢？"孔子答道："卖了吧，卖了吧。我正在等待识货的商人呢！"这里虽没有直接说玉与德的关系，但象征意义已经很明显。子贡不知道该如何处理美玉，他的意思是，有德的人是该自命清高地隐居，还是要出仕为官。孔子告诉他，好玉就要卖掉，亦即君子就要去做官，但是，必须等到有眼光的人自己找上来。言下之意，好东西要待价而沽，如此方能体现玉的贵重，亦即体现德性的高贵。

好的玉石应该要待价而沽，高贵的德性也应该得到赏识。在孔子看来，玉的价值必须要获得实现，这与德性是一致的。可以说，在孔子的倡导下，更增进了玉与德性的紧密联系。

四、祥瑞的象征

此外，礼器有时也是祥瑞的象征。据《史记·孝武本纪》，汉武帝时，有人向朝廷通报，民间挖到一个与众不同的鼎。武帝觉得，这是国朝兴盛的象征，高兴得忘乎所以，命人把鼎送进宫中。为了让好大喜功的武帝不要自以为是，有理性的官员便向武帝讲了一番关于鼎的历史与意义的话，说："昔太帝兴，神鼎一。一者，一统天地，万物所系终也。黄帝作宝鼎三，象天地人也。禹收九牧之金铸九鼎，皆尝鬺（shāng）①

---

① 鬺，烹煮牲肉以祭祀。

烹上帝鬼神,遭圣则兴,迁于夏商。周德衰,宋之社亡,鼎乃沦没而不见。"意思是,太帝最早铸造了一个神鼎,象征天地一统;后来黄帝铸了三个鼎,象征天地人三才;之后大禹铸了九鼎,而这九鼎随着天命转移,从夏商传到周,至东周末年时便失踪了。这番话的潜台词是,除非挖到九鼎,否则不能说明什么。其实,挖到鼎的那段时期,国家正遭受诸多灾害的侵蚀。和王孙满一样,谏官告诉武帝,历代鼎的迁移与否都和君王的德性有关,所以鼎的出现其本身并不能说明什么。于是,汉武帝听后决定将这个宝鼎收藏宫中好好祭祀。

更多的时候,与祥瑞相联系的主要是玉器。据晋代《拾遗记》记载,孔母怀孕期间,有一麒麟停降在她家庭院中,麒麟口吐玉书,上有文字写道:"水精之子,继商周而素王。"孔母知道这是神兽,于是将绣绂系在麒麟的角上,过几日,麒麟才离去。故事非常简单,但流传甚广。值得注意的是,故事里麒麟用以传达天意的乃是玉书。

东汉《孝经援神契》还记载了另一则故事,说的是孔子晚年时,终于完成了《孝经》四卷,以及《春秋》《河图》《洛书》共八十一卷的著作,于是设祭坛,告备天地。当孔子跪在案台前,伸出双手,做出接受上天赐告的动作时,天上有一道红光洒到案台上,化成一块黄玉。黄玉上所刻的文字为:"宝文出,刘季握,卯金刀,在轸北,字禾子,天下服。"这句话的意思是,孔子应天命而修六经,代天为刘汉制法。这个预言不重要,重要的是,故事中用来传达天意的仍然是玉器。

所以说,礼器,由于其本来的神圣性,常被认为是勾连天人的重要媒介。因此,在现实生活中,它会被当作特别的器物看待;在神话故事里,则被安排为传达天意的关键元素。

第四节　礼　　服

孔颖达说："中国有礼仪之大故称夏，有服章之美谓之华。"(《左传·定公十年》疏)可以说，只有搭配华美的礼服，礼仪才能熠熠生辉。孔子称赞大禹说："我对大禹实在没有可挑剔的，他平日饮食节俭，却能隆重地祭祀鬼神；平日穿着俭朴，却能在祭祀时穿上华美的礼服。"可见，古人在礼服的使用上是非常讲究的。到了后世，为了严明等级差异，官方甚至会制定出详细的礼服制度，在制式、服色、配饰上，皆规定得极为周详。

一、礼服的制式

《周易·系辞下》说："黄帝尧舜垂衣裳而天下治，盖取诸乾坤。"中国古代的服饰主要分为两个部分，上衣称作"衣"，下裙称作"裳"，这种制式称为裙裳装，没有性别限制。因为服饰关乎政治，所以每个朝代都设"司服"一职，为皇室提供各种礼仪活动的服饰搭配。如果在服饰使用上出错，最严重时，可能会遭受劓刑的惩罚。

礼服中，最为尊贵的是冕服，由冠冕、玄衣(黑色)与纁裳(红色)组成，主要用于祭祀活动。根据所祭神灵等级的不同，君王会使用不同的冕服。《周礼·春官》规定：祭祀昊天上帝与五帝，服大裘而冕；祭祀先王，服衮冕；祭祀先公，举行射礼，服鷩(bì)①冕；祭祀山川，服毳(cuì)②

---

① 鷩，锦鸡。
② 毳，鸟兽的细毛。

冕;祭祀社稷与五祀,服绨冕;祭祀次要的小神灵,则服玄冕。这六种冕服最大的区别,在于章纹的不同。等级越高,章纹越多。大裘冕使用十二章纹,仅在祭祀昊天上帝时使用;衮冕使用九章,鷩冕使用七章,毳冕使用五章,绨冕使用三章,玄冕只在裳上绣"黻"一章。

十二章纹分别为日、月、星辰,象征光明,能照临天下;山,象征稳重、高大;龙,象征富有神性,能随机应变;华虫,羽毛绚丽的雉鸟,象征文才昭著;宗彝,宗庙礼器,上绘有一虎与一猴,象征勇猛与机智;水藻,象征圣王随代而应;火,象征君子之德蒸蒸日上;粉米,象征滋养万民之功;黼,古代礼服上绣的斧头状花纹,象征高超的决断能力;黻,古代礼服上黑与青相间的花纹,象征明辨是非,向善背恶。可见,十二种纹饰,各有其伦理隐喻。

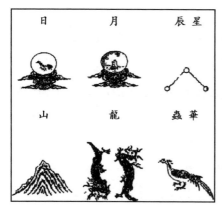

引自《钦定仪礼义疏》卷四十一

天子以下也可使用章纹,但必须按照等级来确定章纹的数量。儒家规定"天命有德,五服五章"(《尚书·皋陶谟》)。也就是说,儒家认为,五种等级的纹饰区分乃是天意。汉代规定,除了天子使用十二章纹外,诸侯可使用龙以下八种章纹，大夫可用藻、火、粉米，士只能使用藻、火。平民穿"白衣"，不得绘纹饰。至明朝，龙纹（团龙）的使用才被帝王垄断。

　　与帝王冕服相对应的，是后妃的礼服，分别为袆衣、揄衣、阙翟、鞠衣、展衣、褖衣，合称六服。前三种衣裳的纹饰是长尾雉鸡，又称为"翟衣"，其特点是衣与裳相连，象征女子对丈夫从一而终。袆衣与揄衣，分别是王后与太子妃在接受册封、参加祭典及朝会等大型典礼时所穿的礼服。阙翟，是王后参加普通祭典与宗庙祭祀时所穿的祭服。鞠衣，是王后在春季祭告蚕神时穿的礼服，也是诸侯之妻祭祀宗庙时所穿的礼服。展衣，是王后见王以及宴饮宾客时穿的礼服，也是卿大夫之妻祭祀宗庙时所穿的礼服。褖衣，是王后燕居时所穿常服，也是士之妻祭祀宗庙时所穿的礼服。

　　除了隆重的冕服外，较为重要的就是官员的朝服，又称弁（biàn）服[①]，是搭配了不同弁的衣裳。弁，分为爵弁、皮弁、韦弁、冠弁等，种类不同，其制式与意义也相当复杂。

　　还有一种礼服，不分贵贱，不分男女，适合各类场合，称之为深衣。《礼记·深衣》说，它的特色在于上衣与下裳是相连的，"被体深邃，故谓之深衣"。深衣的裁量非常有讲究，需"度用指尺"，意即以中指中间指节为一寸，从而个性化地为不同体型的人裁量。上衣使用四幅，前后各为两幅，幅即是宽，一幅为二尺二寸。下裳六幅，加上斜面裁切，共需衣料十二幅。衽两幅，上狭下阔，长与衣等，内衽连于前右之衣，外衽连于前左之衣。衣与裳相连处为续衽。深衣必为圆袂，宽为一尺二寸；方

---

　　① 弁服，古代贵族男子所穿的级别仅次于冕服的一种礼服。

领,为部分交错的 V 字领;黑缘,是缝在领、袖及裳下部的黑色绢织物;曲裾,是裳的右边所附的燕尾状布,以防止打开裳时露出里面的部分;配饰为大带,是用白缯制作的打成蝴蝶结形垂在裳边的丝织物。

以上只是对深衣的大概描述,因为这种服饰的制作方法自汉代起便模糊了。后世积极恢复深衣制作的儒生主要有司马光、朱熹、王艮、黄宗羲等。尤其是司马光与朱熹,平日里常穿着自己设计的深衣。今天我们所见到的朝鲜传统男子服饰,受深衣的影响就非常深刻。所以,虽然深衣退出了帝王的礼服系统,但逐渐成为了重要的儒服,为儒生们所青睐。

二、礼服的品秩

贾谊说:"天下见其服而知贵贱,望其章而知其势。"(《新书·服疑》)服饰在传统中国社会中扮演着区分贵贱的作用,其材料、颜色、配饰都有等级区分,故能做到一目了然。

上文已经讲到,根据等级不同,十二章纹的使用有所不同。而在后世,官员朝服的等级则被规定得愈来愈严格。魏晋时期,规定朝服为红色,常服为紫色,平民之服为白色。南朝规定朝服为玄衣,三品以下官员官服的制作不可以杂色绮为材料,六品以下官员官服只能是七彩绮,不可使用罗绡。在北朝,正式场合必着朱红色单衣,红色袍需佩戴金带,小袖长身袍配金玉带。

唐代规定得更为详细:天子以赭黄袍巾带为常服,腰带打结下垂,名曰铊尾,取顺下之义。三品以上服紫,配金玉带十三銙(kuǎ)①,佩金鱼

---

① 銙,玉带上的饰品。

袋,戴三梁冠,持象牙笏;四品服深绯,配金带十一铐,佩银鱼袋,戴两梁冠,持象牙笏;五品服浅绯,配金带十铐,佩银鱼袋,戴两梁冠,持象牙笏;六品服深绿,配银带九铐,戴一梁冠,持竹木笏;七品服浅绿,配银带九铐,戴一梁冠,持竹木笏;八品服深青,配鍮(tōu)石①八铐,戴一梁冠,持竹木笏;九品服浅青,配鍮石八铐,戴一梁冠,持竹木笏。流外官服黄,配铜铁带七铐,持竹木笏。百姓腰带不许染色。

咸亨五年(674)四月,朝廷下令:"闻在外官人、百姓有不依令式,遂于袍衫之内着朱紫青绿等色短衫袄子,或于间野公然露服,贵贱莫辨,有亏彝伦,自今已后,衣服下上,各依品秩,上得通下,下不得僭上,仍令所司严加禁断。"(《唐大诏令》卷一百八)

宋代朝服区分等级的方式基本沿革了唐代,只是略有改变。宋初期,规定公服三品以上服紫,五品以上服朱,七品以上服绿,九品以上服青。在区分等级的饰纹以外,自王公至士,统一上戴方心曲领,大袖,下施横襕,束以革带,幞(fú)头②,乌皮靴。北宋神宗元丰年间(1078—1085)改为,四品以上服紫,六品以上服绯,皆持象牙笏,佩鱼袋;九品以上服绿,持木笏,不佩鱼袋。

明代官员朝服改为补服,胸前补子的纹饰是其特色。文官以禽,象征文雅,一品为仙鹤,二品为锦鸡,三品为孔雀,四品为云雁,五品为白鹇,六品为鹭鸶,七品为鸂鶒(xī chì)③,八品为黄鹂,九品为鹌鹑,风宪官(监察官员)为獬豸(xiè zhì)④,其他杂职皆用练鹊。武官以兽,象征

---

① 鍮,带光泽的矿石。
② 幞头,名折上巾,又名软裹,一种包头的纱罗软巾。
③ 鸂鶒,形大于鸳鸯而多紫色的水鸟。
④ 獬豸,古代能辨曲直的异兽。

威猛,一品、二品皆为狮子,三品、四品皆为虎豹,五品为熊罴,六品、七品为彪,八品为犀牛,九品为海马。清代的纹饰与明代区别甚微,只是在特殊情况下会颁赐斗牛与飞鱼的图案。

质言之,服饰不仅是生活必备品,也是古代政治礼仪不可或缺的部分。

三、礼服的使用

礼服,顾名思义,是重大场合的正式穿着,比如各类宗教上的祭祀典礼,政治上的册封之礼、朝觐之礼,生活中的冠礼、燕礼、婚礼,等等,都必须使用礼服,从而突显礼仪的庄重。

但是,礼服经过儒家文化熏陶以后,又被赋予了更多的伦理意义。《论语·乡党》记载了孔子对礼服的几次使用情况,经过孔子的诠释,我们知道,礼服的正确使用其实也是君子人格的重要体现。

"羔裘玄冠,不以吊。"意思是,不可以穿戴紫羔制的朝服和黑色礼帽去吊丧。紫羔玄冠是吉服,只能在祭祀神灵等吉礼中穿戴,不能在参加凶礼时穿戴。吉礼在于祈福,凶礼在于安魂,两者性质不同,强调礼服的使用场合,旨在严格区分礼的种类。在孔子看来,君子应具备维护礼之神圣性的责任心。

"吉月,必朝服而朝。"这是说,孔子在鲁国退休之后,农历每月初一,仍必定穿上朝服去朝贺。朝贺是要进入宫廷的,所以必须穿朝服。而作为退休官员,退休后一仍如旧,这就不仅仅是朝贺的问题了,而是旨在强调士大夫身份的尊严。在古代,退休前的官阶身份,便是永远的身份,这是值得骄傲的。所谓君子,在儒家的语境里,应该是有官阶的,在退休后继续穿戴符合官阶的礼服,这是一种光宗耀祖的君子理想的反映。

"乡人傩,朝服而立于阼阶。"傩是古代民间的驱鬼仪式,但这个仪式非常热闹,好比后世的庙会,近乎游戏,所以显得非常嘈杂。因此,孔子在乡人傩舞时便穿上朝服,站在祖庙的台阶上,非常恭敬地守护宗庙。孔子在众人放纵热闹的时候,反而穿上严肃庄重的朝服,这是有寓意的。孔子有意通过礼服的穿着来平衡世俗的吵闹,从而安抚宗庙里的祖先,使本该庄严肃穆的祭祀仪式不至于走样。所以说,适当使用礼服,是孔子维护宗庙尊严的君子人格的反映。

又有一次,孔子"疾,君视之,东首加朝服,拖绅"。这是说,孔子病重不起,不能着衣束带。当国君来探病时,他便把朝服盖在身上,腰带拖在地上。只要有国君在,就意味着场合的庄重,古今中外都是一样的。孔子在无法起身穿衣的情况下,也要把朝服盖在身上,其权宜之法,足见礼服可以突显臣子对国君的尊重,以及对权力秩序的遵守,这也是传统礼制下君子人格的重要反映。

总的来说,礼服无疑当用于重要场合,但在儒家视域下,礼服的正确使用乃是君子人格的体现,更是传统儒家礼乐精神的反映。

第五节　礼　　乐

《礼记·乐记》说:"知声而不知音者,禽兽是也。"古人认为,声指无序的噪声,音指和谐的乐音。而乐,则是和谐之音的综合,当然也包括了舞蹈。欣赏音乐是人的本能,更是人之为人的根本特点之一。但圣人作乐却不是为了让人欣赏,《汉书·礼乐志》讲:"天禀其性而不能节也,圣人能为之节而不能绝也,故象天地而制礼乐,所以通神明,立人伦,正情性,节万事者也。"这是说,人性本有欲望,为了节制欲望,使社会有序稳定,于是圣人制礼作乐。因此说,在传统中国,礼乐有重要的道德与政治意涵。

一、音乐与人心

"乐者,音之所由生也,其本在人心感于物也。"(《乐记》)所以,音乐首先是人心的事。

虽说乐由心生,但音乐与人心其实是一种辩证的关系,司马迁对此诠释得最好,他说:"夫乐之起,其事有二:一是人心感乐,乐声从心而生;一是乐感人心,心随乐声而变也。"(《史记·乐书》)人心快乐所以能创造出明快的音乐,反之,听到明快的音乐,内心深处也会不由自主地轻松愉悦起来。当然,除了快乐,喜怒哀怨等感情,都能与音乐构成辩证互动,"其哀心感者,其声纵以杀;其乐心感者,其声啴以缓;其喜心感者,其声发以散;其怒心感者,其声粗以厉;其敬心感者,其声直以廉;其爱心感者,其声和以柔。六者非性,感于物而后动,是故先王慎所以感之"。比如进行曲响起,大家慷慨激昂;二胡独奏时,有人哀怨忧伤。因此,善于使用音乐的人,就能轻松地调动起群体的氛围。

古代的音乐还包括了舞蹈,和音乐一样,舞蹈也是发自内心的,是用肢体表达情感的方式。《诗经·大序》说:"言之不足,故嗟叹之。嗟叹之不足,故咏歌之。咏歌之不足,不知手之舞之,足之蹈之也。"可以说,手舞足蹈是人情感表达的极致方法。

历史上有名的舞蹈当属《八佾》,因为鲁国的季氏僭越使用,故孔子对其大加批判,说:"八佾舞于庭,是可忍也,孰不可忍也?"(《论语·八佾》)由此广为人知。一佾指一列八人,八佾即八列六十四人。按周礼规定,只有天子才能用八佾舞,诸侯用六佾,卿大夫用四佾,士用二佾。季氏是正卿,当用四佾,用八佾,已然是僭越得远了。当时季氏独揽大权,在鲁国可谓一言九鼎,权力的滋味使得他得意忘形起来,故而在艺术上便追求规格最高的八佾舞来。这个故事中,季氏虽不是自己在跳舞,但我们也足以通过他的乐舞欣赏窥见他的内心情感了。

二、音乐与道德

"知音而不知乐者,众庶是也。唯君子为能知乐。"(《乐记》)在儒家的语境下,君子特指道德素养高的人群,是道德人格的代称。所以《乐记》的意思是,道德素养越高,音乐的欣赏能力也就越高,反之,音乐欣赏水平高超,也意味着德性的卓绝,这是儒家特有的音乐理论。

孔子就是这样一个典范,《论语·述而》记载:"子在齐,闻《韶》三月,不知肉味。"孔子在齐国欣赏了《韶》乐,在欣赏《韶》乐的三个月里,竟把肉的味道也给忘了。孔子对《韶》乐的陶醉盖过了对肉的回味,其隐喻便是赞美孔子对德性的喜好超越了物质享受。

《韶》不是普通的音乐,而是舜时代的音乐,是歌颂舜受禅得国的美德。孔子评价《韶》说:"尽美矣,又尽善也。"(《论语·八佾》)"美"是赞美舜的德性,"善"是赞美舜的言行。相比照之下,孔子评价《武》,说:"尽美矣,未尽善也。"《武》是周武王时乐舞,歌颂武王征伐得国的功绩。孔子认为,武王虽然道济天下,道德上虽然美好,但毕竟发动了战争,行动上有瑕疵,称不得全善。所以,与其说孔子陶醉于《韶》乐,不如说他陶醉于至高的德性。

与《韶》、《武》相反,郑声则是"不道德的"。孔子告诫颜回,治理邦国的一个重要手段就是"放郑声,远佞人。郑声淫,佞人殆"(《论语·卫灵公》)。因为,孔子"恶郑声之乱雅乐也"(《论语·阳货》)。孔子将郑国的歌谣称作"声",就已经表明了孔子对郑声的鄙弃态度。之所以孔子认为郑国的歌谣是不道德的,乃是因为其"淫",即喜怒哀乐都表达得过了头,乱了雅乐,让人心生轻佻而不再庄重肃穆。

雅乐类似于现代的主旋律歌曲,郑声则类似于现代的流行歌曲,前者重在正能量的歌颂,后者则重在感官享受。与现代审美标准不同,传统儒家对审美有着严格的价值判断,不认为审美是超道德的。所以孔子不赞成只图感官享受的郑国歌谣,认为那是无德的。因此孔子批判郑声,其实是批判郑国鄙俗的道德风气,本质上乃是一种对道德的褒贬。

三、音乐与政治

"声音之道,与政通矣。"(《乐记》)在古代,音乐与政治的关系也极为紧密。那么声音如何与政治相通呢? 原来,古人认为,民意总是通过歌谣表现出来的,倾听街头闾巷的歌谣,比如民谣、童谣,就能知道老百姓对国家治理的态度,进而察识政治的得失。所以《吕氏春秋·适音》讲:"有道之世,观其音而知其俗矣,观其政而知其主矣。"

观听世音的方法就是采集民歌,这是古代国家治理的重要手段之一。《诗经》中十五国风就是当时的民歌,它们都是民意的反映。其中《周南》与《召南》,就是周公与召公从民间采风以考察政治得失时汇集起来的。

比如《诗经·硕鼠》唱道:"硕鼠硕鼠,无食我黍!"《节南山》唱道:"昊天不惠,降此大戾。"《雨无正》唱道:"浩浩昊天,不骏其德。降丧饥馑,斩伐四国。"这些歌谣,或是骂硕鼠的贪婪,或是骂天的无德,总之都是在怨刺统治者的暴虐。听到这些歌谣,我们也能大体了解那个时代底层百姓的怨愤之情了。后来我们所熟知的汉代乐府,其实就是专门搜集民歌童谣的官方机构,其主要目的就是了解民风,倾听民意。保留至今的如《孔雀东南飞》《木兰诗》等名作都真实地再现了1 800多年前的民间生活。

同样地,音乐也能反映上层贵族的生活状况。《吕氏春秋·侈乐》记载:"宋之衰也,作为千钟。齐之衰也,作为大吕。楚之衰也,作为巫音。"简言之,这些"气势磅礴"的音乐乃是亡国之音,是贵族奢靡生活的写照。智者听见这些音乐,也就能预测那些贵族必然已经穷途末路了。

音乐是人心的发泄,人心的喜怒很大一部分又缘于政治,因此音乐也就成了一种独特的政治元素,在传统国家治理中扮演了重要角色。

四、音乐与礼仪

孔子教育孔鲤说:"不学诗,无以言。""不学礼,无以立。"(《论语·季氏》)注重音乐与礼仪的和谐搭配,正是儒家文化之为礼乐文化的根本所在。

儒家认为,礼与乐互为表里,以节制为用。《礼记·乐记》说:"乐者,所以象德也;礼者,所以缀淫也。"礼用以节制外在的言行,乐用以节制内心的欲望,内外的过分处都得到了节制,也就进入了中庸的状态,便获得了中正之德。另一方面,礼乐的配合使用,还在于规范秩序。荀子所谓:"乐合同,礼别异。"(《荀子·乐论》)乐使杂乱的音符变得协调,礼使无序的社会成员有所区分;前者重在调节人的内在意志,后者重在调节人的外在行为。所以荀子认为,如果礼乐能够昌明,那么世人便能"耳目聪明,血气和平,移风易俗,天下皆宁,美善相乐"(《荀子·乐论》)。

此外,音乐配合礼仪的使用,也是为了营造需要的氛围。如《礼记·乐记》所说:"王者功成作乐,治定制礼。其功大者其乐备,其治辩者其礼具。"所以黄帝时作《咸池》,尧时作《大章》,舜时作《韶》,禹时作《夏》。大禹治水成功,舜命皋陶作《夏迭》九章;汤放桀后,汤命伊尹作《大护》《晨露》;武王克商后,命周公作《大武》,这些乐曲歌颂圣人的功德,配合礼仪,感染世人效法贤君济世向善。其实说到底,礼乐的搭配,其本质还是在治国。

那么礼乐如何治国呢?《孝经》说:"移风易俗,莫善于乐。"《论语·为政》说:"道之以德,齐之以礼,有耻且格。"原来礼乐可以改变人心,增进人的德性,使人成为翩翩君子。《礼记》规定,少年人到十三岁开始学习音乐,读《诗经》,学跳《勺》舞;十五岁"成童",学跳《象》舞。这是要培养青少年从小在礼乐中涵泳德性,长大后成为君子。

事实上,被司马迁誉为金声玉振的孔子,便几乎是位音乐天才。司马迁说,孔子把古代流传下来的三千多首诗做了删减,最后剩下三百零五篇,并能弹唱每一篇诗,"三百五篇,孔子皆弦歌之,以求合《韶》《武》、雅、颂之音,礼乐自此可得而述,以备王道,成六艺"。不仅如此,孔子还有他独到的音乐理论。《孔子世家》记载了孔子向师襄学琴的故事,师襄四次赞扬孔子的琴弹得不错,但孔子四次答道还不够,于是总结出了弹琴的四层境界,即得曲、得数、得志、得人。所谓"得人"就是深刻领会乐曲创作者的君子人格。由是，师襄肃然起敬，避席再拜，说："您弹的是真正的《文王操》。"

质言之，在儒家看来，音乐与礼是同等重要的治国手段，而且是灵魂上改造人格的重要手段，因此谈礼仪不能不谈音乐。正是礼与乐的巧妙结合，使传统中国最终建构起蔚为壮观的礼乐文明。

第二章
吉礼——敬天法祖

　　吉礼是中国传统五礼中最为重要的部分,其主要内容是祭祀礼仪,旨在祈求神灵的保佑,故称吉礼。国家通过对鬼神的祭祀,达到风调雨顺、国泰民安的目的,因此有不礼敬神者,在古代是要遭到重罚的。《礼记·王制》规定:"山川神祇,有不举者为不敬,不敬者,君削以地。宗庙有不顺者为不孝,不孝者,君绌以爵。"因为天地只有天子能祭,所以对诸侯的要求是敬山川神祇、宗庙祖先。简言之,这就是所谓"敬天法祖"。

第一节　吉　礼　概　说

　　吉礼的核心是祭神,因此弄清古代祭祀中鬼神的情况是吉礼的重点所在。《周礼·大宗伯》规定吉礼的内容是,"祀邦国之鬼、神、示(祇)"。这是中国古代祀典中最重要的三类神灵。天神,指以昊天上帝为首的一系列星神及自然现象之神;地示(祇),指山川河渎、四方百物之神;人鬼,主要指祖先,以及各类英雄人物。后世又出现以孔子为首的圣贤神灵系统,以及根据需要创造的怪神、瑞兽与厉鬼。据《中国儒教论》一书统计,古代官方祭祀的神灵,在王莽时代达到1 700多位;有宋一代,神灵690多位。而这些只是实际祭祀的数字,理论上的数字还要多得多。

一、天神

中国古代地位最高的神是祖先,商人称祖先为帝;因为帝住在天上,故周人又称之为上帝,或以上帝之居所代之,称为天。由此,天这个至上神概念一直被沿用到今天。

汉代时,大儒郑玄主张,天其实由六位上帝构成,即天皇大帝与五方上帝,这就提出了"六天说"。到了魏晋南北朝,王肃主张只有"昊天上帝"才是帝。至隋代,至上神仍被称为昊天上帝,而五帝则成为昊天上帝的助手。毛亨在《诗传》中说:"苍天以体言之,尊而君之,则称皇天;元气广大,则称昊天。"(《毛诗正义·黍离》)也就是说,天在地位上尊贵无比,在形体上广大无边。有唐一代,长孙无忌主持《贞观礼》的修订时,根据毛亨对天的注解,颁布规定称只有昊天上帝方能称天,五帝都是天的下属,只能称"帝"。

宋以降,天即昊天上帝被正式确立。《宋史·礼志》称:"元气广大则称昊天,据远视之苍然则称苍天。人之所尊,莫过于帝,托之于天,故称上帝。"邢昺说:"皇,君也。故尊而君之,则称皇天。昊,大貌,故言其混元之气昊昊广大,则称昊天。"这就是说,上帝不再是人形了,乃是我们头顶上的浩大元气,这一理解从此成为中国人所信仰之天的基本内涵。

今天,当我们参观天坛的祈年殿时还能感受到过去皇帝祭天时的神圣庄严。大殿中央供奉了以满汉两种文字书写的"皇天上帝"神位,当年的礼器一应俱全,令人感到上帝的尊贵地位至今犹存。

天坛祈年殿中的"皇天上帝"神位

天以下,次一等的天神是日月、星辰。日月是天上最为明亮的天体,故而地位尊贵。星辰主要指金、木、水、火、土五颗主要星体,以及十二辰与二十八宿。星宿之所以重要,这与古代国家信奉天人感应有关,因此疏忽不得。再次一等为风伯、雨师、雷师、云师、司中(主宗室)、司命(主寿辰),主管兴云布雨、人口繁衍,与民生息息相关。

在天坛建筑皇穹宇中至今还能见到明清时供奉的大明之神位、夜明之神位、风伯之神位、雨师之神位以及满天星斗之神位。

二、地示

地示,也分为几类,首先是包括岳渎在内的总的土地神,称之为皇地祇。今天北京的地坛内,还陈列着当年供奉的皇地祇之神位。皇地祇是较为抽象的作为整个大地的神灵,因此祭祀皇地祇的地坛就是一个巨大的正方形祭坛,它是地示中最高级别的神灵。

其次为社稷,即土神和谷神。因为社神指种植五谷的土地,所以祭祀社稷的社稷坛乃是由采自四方的五种颜色的泥土拼接而成,今天在北京的社稷坛还能见到。社稷也是直接关系民生的神灵,按照《礼记·王制》规定,天子以太牢祭社稷,诸侯以少牢祭社稷。

再次一等就是山林川泽。重要的山神有五岳、五镇,海神有四海,水神有四渎。清代官方祭祀的山神除五岳外,还有永宁山、隆业山、启运山、昌瑞山、天柱山;五镇山为中镇霍山、东镇沂山、南镇会稽山、西镇吴山、北镇医巫闾山。四海为东海、南海、西海、北海;四渎为东渎大淮、南渎大江、西渎大河、北渎大济。以上这些山神、海神、水神的神位,都可以在今天的地坛内见到。

官方祭祀五岳四渎时,并不专门设祭坛,而是将五岳四渎的神位陈列在皇地祇神位左右共同祭祀。

古人祭祀大地山川,其依据源自《礼记·祭法》:"山林、川谷、丘陵,能出云,为风雨,见怪物,皆曰神。"也就是说,它们是不受人约束的自然现象,人难以掌控,故而崇拜为神。

不过有趣的是,官方对自然神的祭祀用的只是神位,这意味着自然神是没有人形的。而地方祭祀中却把自然神进行了人格化的改造,最典型的就是为山神塑像。于是，有不少儒者对此类偶像崇拜提出了严厉批评："泰山只是个山，安有人形貌。今立庙，俨然垂旒端冕，衣裳而坐。又立后殿于其后，不知又是何山可以当其配，而为夫妇耶？"（《北溪字义》卷下）又说："祀岳当筑一大坛于山下，望山而祭。今立殿宇，已为不经，塑为人像，又配之以夫妇，其亵渎甚矣！"（《辨惑编》卷一）这是学者们的疾呼，本来祭祀大山只要朝着山礼拜即可，但时人却造了殿宇，塑了人形，还觉得不够，又为他塑了配偶，实在是亵渎神灵。很显然，关于神灵，老百姓能接受的还是朴素的人格神形象，而朝廷祭祀时则较为理性，不以塑像曲附神灵。

三、人鬼

祖先崇拜是中国传统文化的基本内核，《周礼》中的人鬼指的就是祖先。祖先祭祀也有等级要求，周代规定，天子七庙，即祭祀高祖、曾祖、祖、父（祢）庙，称为四亲庙，二祧（文王与武王），以及始祖庙（后稷）；诸侯五庙，即高祖、曾祖、祖、父（祢）庙，以及始祖庙；大夫三庙；士一庙；庶人无庙，在卧房内祭祀父亲。

祖先祭祀有迁庙与不迁之庙之分，随着子孙代数的增加，高、曾、祖、父的辈分增高，超过规定代数的祖先（出四亲庙之外）就不能再祭祀了，这就称为迁庙；而周天子的始祖后稷和二祧文王、武王则会永远被祭祀，称为不迁之庙。诸侯之庙有五，即始祖庙，不迁之庙；另有高、曾、祖、父四亲庙，为代迁之庙。大夫、士、庶无不迁之庙。然而，这一祭祀原则到了宋代被打破了。宋代建立了祠堂制度，民间供奉祖先的代数不再受到限制，并且新的祭祀观念得到了如二程（程颢、程颐）、朱熹等大儒的积极推崇,其影响一直延续到今天的中国社会。

祖先祭祀名目繁多,《礼记·王制》规定,天子祭祀宗庙,春祭曰礿(yuè),夏祭曰禘(dì),秋祭曰尝,冬祭曰烝。《诗经·天保》写作禴(yuè)、祠、尝、烝,与《礼记》略有不同。诸侯由于每年有一季要朝觐天子,所以只有三次宗庙祭祀。

祖先的神位安放在各自的庙中,天子、诸侯春祭时,必须对群庙一一祭祀,这叫作"犆礿",是一件非常辛苦的事。如果天子、诸侯遇到丧事,那么丧礼完毕后,就要把先君及群庙的神位都集中到祖庙中,在夏、秋、冬中的一季与祖庙合祭,称为祫(xiá),夏称祫禘,秋称祫尝,冬称祫烝。诸侯以下的祖先祭祀则没有如此繁复。

四、圣贤及其他鬼神

汉以降,官方开始祭祀孔子。唐代开始,仿照帝王从祀①制度祭祀孔子,从祀者为历代注经的儒者,包括左丘明、贾逵、郑玄、王弼等。逐渐地,颜回、子路等孔门弟子也被认为应该从祀孔子。孔子信仰由此繁荣起来,韩愈在《处州孔子庙碑》中说,孔子是天下之"通祀",不论贵贱都必须祭祀。到了宋代,更形成了以孔子为核心,以颜回、孟轲、子思、曾参为四配,十二哲及先贤先儒从祀的儒教圣贤祭祀体系。此后,历朝历代仍不断将有贡献的著名儒者列入先贤先儒的行列,孔庙中的神灵数量也随之不断增加。且儒者们也认为,死后能进入孔庙从祀孔子,乃是功成名就的体现,更使得圣贤信仰成为中国传统社会中最为重要的

---

① 从祀,即配享,指古代宗庙祭祀中常设的、次于主要祭祀对象但与其密切相关的祭祀对象。

宗教形式之一。

官方祀典中还有不少小神，比如《礼记》规定，天子每年需祭七祀，即司命、中霤、国门、国行、泰厉、户、灶，诸侯与大夫祭祀除户与灶以外的五祀。士可祭门、行二祀，庶人只能祭一祀，或户，或灶。

鬼在传统中国文化的语境中并不是个坏字，因为鬼是能得到祭祀的。《礼记》认为，如果人死后得不到子孙祭祀，便成不了鬼，而成为"厉"，是会害人的。于是，厉鬼祭祀就成为传统祭礼中一个特别之处。《左传》记载了伯有为厉祸害乡里的事件，最后是子产为之立后，伯有得到了祭祀，才平定了厉鬼闹事的恐慌。此后，国家都会专门设置"厉坛"，祭无祀之鬼。（《明史·礼志四》）《仪礼·士丧礼》中甚至还有"疾病祷于厉"的说法，可见厉鬼祭祀也有一定的社会影响力。

除了以上人神、自然神外，还有一些根据人的需要创造的鬼神，诸如魁星、麒麟。前者是儒教国家所有读书人的保护神，寓意夺魁；后者则与孔圣人诞生与去世的传说紧密联系，故而也成为儒教祭祀中的重要对象。

第二节　祭 天 之 礼

《诗经·烝民》唱道："天生烝民，有物有则。"这是说，上天生育了世人，给了世人以生存的形体与生活的规范。天，是中国传统信仰中的最高范畴。它既是一尊至高无上的神灵，也是世人头顶的昊大元气；它既是永恒的法则，也是价值的源泉。所以对上天的祭祀，也就成为了吉礼，乃至全部礼仪中，最为重要的礼。

一、祭天之礼相关常识

1. 禘礼与郊礼

祭天礼仪是吉礼中最重要的礼仪,也是中国古代最为重要的礼仪。古代所祭祀的天就是"皇天上帝"或"昊天上帝"。"上"是"上古"、"远古"的意思,"帝"是对祖先的尊称,因此,祭天的本质乃是祭祀住在天上的祖先。所以,早期的祭天礼仪,又称禘礼,这与天子四季祭祖中的规模最大的夏祭祭祖之礼的名称是一样的。孔子就非常看重禘礼,当有人问他禘礼的礼节时,他回答,谁能够懂得禘礼,那么治理天下就如同用手指点手掌这么容易了。可见,他把禘礼看作是治国的根本方式。

禘礼只能由天子实行,《礼记·大传》规定:"礼,不王不禘。王者禘其祖之所自出,以其祖配之。"比如,周天子的始祖是后稷,而后稷所出就是上帝。所以周天子行禘礼时,祭祀上帝,并以后稷配祀。

禘礼是在太庙内祭祀上帝,所以由始祖配祀。如果在室外进行,就称作郊礼。只是与禘礼不同的是,行郊礼时,必须同时祭祀日月星辰、风伯雨师、五岳四渎。所以在先秦,禘礼与郊礼(南郊)都是祭天的礼仪。

根据司马迁的推算,殷商天子的血统皆能追溯到上古之帝,所以先秦时,人们把祭祖的禘礼与祭天的郊礼看作一回事,并没有任何理解上的困难。但是,随着历史的发展,朝代的更迭,天子越来越难以追溯自己与上古帝王的血缘联系。有汉一代,儒者们就意识到了问题的严重性,所以,勉强把刘氏的血统追溯到上古时御龙的刘累。但之后的朝代，无论如何无法再追溯到上古的血统了。三国时，魏国儒者王肃便提出，禘礼就是合祭祖先之礼，与祫祭是一回事，以区别于郊礼。这一观点影响甚大，既然已存在了祫礼，那么禘礼就显得越来越不重要了。元明以后，禘礼就被彻底取消了。

2. 至上神的演变

先秦时，天子所祭之天，即上帝，即各代天子的祖先。祖先有许多位，所以所祭祀的上帝数量并不明确，上帝只是一个笼统的祖先概念。

秦始皇统一中国后，秦人自己的上帝就成了全国的上帝。秦人的最高信仰是四帝，《史记·封禅书》说："唯雍四畤上帝为尊。"也就说，秦人在雍地祭祀他们的四位上帝，即白帝、青帝、黄帝、炎帝，他们在众神中最为尊贵。雍四畤的祭祀极为隆重，三年一祭，春夏用皮毛纯色的牺牲祭祀，秋冬用畤驹四匹。根据帝的颜色，分别使用木禺龙栾车一驷，木禺车马一驷。每一帝使用黄犊羔四个，珪币数枚，祭祀时直接埋于地下。但依据秦人的习俗，地面上不设俎豆等礼器，是一种质而不文的祭祀方式。

汉取代秦以后，汉人信仰的五帝成了为国家的最高上帝。承袭了秦代雍地祭祀的习惯，汉人也在雍地祭祀上帝，只是增加了一帝。但随着专制政权逐渐形成，类似诸侯联盟的五帝信仰也必然要被改造。汉武帝时，谬忌建议朝廷祭祀太一神，说："天神贵者太一，太一佐曰五帝。古者天子以春秋祭太一东南郊。"（《史记·封禅书》）他的建议被汉武帝采纳，于是国家最高神灵变成了太一神，五帝则为其辅佐。"太一神"是汉人创造出来的，没有任何历史渊源。为了弥补这缺陷，西汉末年，王莽据《尚书·召诰》"皇天上帝，改厥元子"一语，尊至上神为"皇天上帝太一"。

东汉时,《春秋纬》又创造出了五帝的名字,即中央黄帝含枢纽、东方青帝(或苍帝)灵威仰、南方赤帝赤熛怒、西方白帝白招拒、北方玄帝汁光纪,一说为神斗(黄帝)、灵府(苍帝)、文祖(赤帝)、显纪(白帝)、玄矩(黑帝)。东汉大儒郑玄认为,这五帝与太一或皇天上帝都是至上神,这一观点被称为"六天说"。

事实上,六天说消解了最高神的至上性,与专制政权所需要的至上神崇拜格格不入。于是东汉末年,儒者王肃提出反对意见,认为上帝只能有一位,且昊天上帝才可称为天。他的意见得到了采纳,三国时,便不再认可五帝的至上性。蜀国尊至上神为"皇天上帝",魏国尊至上神为"皇皇帝天",吴国尊至上神为"皇皇后帝",名称虽小有出入,但唯一至上神的观念被完全确定下来了。

有晋一代,从《周礼·大宗伯》中找到"昊天上帝"一名并确定下来,北朝时延续这一称名,南朝梁武帝称之为"天皇大帝"。有唐一代,《大诏令》明确规定,天只能是昊天上帝,五帝是天的辅佐,不能称天。宋以降,"昊天上帝"的称法最终被固定了下来,一直被使用到封建时代的终结。

二、祭天礼仪

在古代,天与地的关系问题不仅仅是一个自然科学的问题,同时也是宗教问题。所谓天与地的关系,是指天地是分开的还是一体的。从直观的角度看,天在上,地在下,所以天地是有区别的,因此祭天与祭地是两件事,需要分开做,这个叫作天地分祭。但是按照浑天说的看法,地是被天包裹起来的，所以地不过是天的一部分，祭天就包括了祭地，这个叫作天地合祭。

天地分祭还是合祭，历史上纷争不断，并无定论。比如有明一代，是分祭还是合祭就反复过几次。洪武元年至二年（1368—1369），朝廷以圜丘祭天，方丘祭地；洪武六年（1373），合祭天地；洪武八年（1375），又天地分祭；至洪武十二年（1379），又合祭天地；嘉靖时，又主张天地分祭。我们可以看见，今天北京的天坛，圆形圜丘的外墙是方形的，这就是当年天地合祭时留下的遗迹。

由于合祭、分祭的争议，导致祭天仪式情况复杂，难以详细梳理。因此，本节仅选取明代洪武初年天地分祭时的祭天礼仪（郊祀），虽难以全面反映古代祭天礼仪的情况，但管中窥豹，亦可略见一斑。

1. 祭天的礼器

除了常见的诸如笾、豆、鼎、簋等常规礼器外，祭天还有特殊的礼器，比如燔柴炉、瘗坑，以及最为重要的大型建筑——圜丘。

儒家认为，神灵需要血食，意即用肉食祭祀。然而，天高高在上，如何把祭品送到上帝那儿，于是古人便想到用火把祭品烧了，让烟气上升到云端，进献到上帝那儿。《尚书·舜典》记载了舜接受禅让后的祭祀礼仪："肆类于上帝，禋于六宗，望于山川，遍于群神。""类"就是火烧祭品进献上帝的礼节。《尔雅》说："祭天曰燔柴。"一般来说，祭天使用的是一个纯色的牛犊。祭祀时，把牛犊放进燔柴炉里焚化，使烟气上达。

焚化牛犊用的礼器称为燔柴炉，今天我们还能在天坛圜丘的东南隅见到。燔柴炉座南朝北，由绿琉璃砖砌成，高9尺，直径7尺，东西南三面各有台阶九级。事实上，它就是一个巨大的圆筒形窑炉。

天坛圜丘旁的燔柴炉

　　燔柴炉的不远处有一个瘗坑，以及数只燎炉。瘗坑，由绿琉璃砖砌成，是巨大的埋在地下的圆盘，直径约 1 米，深约 30 厘米。用于瘗埋牛毛、牛血，以喻不忘祭地之意。燎炉是祭天时焚烧供品给配祀上帝的皇帝祖先以及日月星辰诸神的。祭祀后，从配位撤下已故皇帝的祭品，分别放置在这数个燎炉内焚烧，每一位祖先可以歆享一个燎炉内的祭品。今天天坛圜丘旁可见到八个燎炉，这是由于咸丰皇帝定下规矩，配祀上帝的清代祖先自努尔哈赤至道光为止，正好八位皇帝，以后的皇帝不准配祀上帝。此后，清代祭祀上帝时，配祀的便只有八位皇帝，故有八个燎炉。

　　祭天最为重要的其实是圜丘，圜丘是一个敞开的建筑，直接面对上天。祭祀时，皇帝请出昊天上帝牌位，置放于圜丘的中心，本朝已故的

天坛圜丘旁的燎炉与瘗坑

天坛圜丘

皇帝以及日月星辰、五岳四渎的牌位放在上帝牌位的两边,作为配祀,陪伴上帝歆享最为尊贵的祭礼。

作为祭祀至上神的特殊建筑物,圜丘被要求按照一个非常奇特的标准建造。《周易》将数分为天数(奇数)与地数(偶数)两类,建造圜丘时所涉及的一切数量关系,都必须使用天数,由此突显天之为天的至上性。圜丘分为三层,每层四面的台阶(出陛)各九级。最高层台面的直径为九丈,名"一九";中间层台面的直径为十五丈,名"三五";最下层台面直径二十一丈,名"三七"。如此,一、三、五、七、九几个天数全都包括在内了,而三层台面的直径之和为四十五丈,恰合乾卦"九五"这个至尊之数。

圜丘最高层中央镶嵌有一块圆形石,称为天心石,又叫太极石,典出《尚书·咸有一德》:"克享天心,受天明命。"围绕天心石,砌有九块扇形石板,名"一九",这个圆圈叫作第一层第一重;第二重为十八块扇形石板,名为"二九"。以此类推,每重都是九的倍数,直到第九重,用石板八十一块,名为"九九",合重阳之数,又合天有九重的说法。圜丘分三层,高层每面栏杆九块,四面共三十六块;中层每面栏杆十八块,四面共七十二块;下层每面栏杆二十七块,四面共一百零八块。三层栏杆之和为二百一十六块,合《系辞》"乾之策,二百一十有六"的说法。质言之,圜丘在建造中所涉及的数量关系无不呼应"天数",其用意之深可见一斑。

2. 祭天的准备

祭天,是祭礼的主体,其实祭天的同时还要祭地(皇地祇)以及日月、山川、海渎等,并以皇帝的祖先作配祀,所以也统称为郊祀。郊祀,其实在正式祭祀前几天就已经开始了,因为每次郊祀都离不开非常繁琐的准备工作。

参与郊祀的官员全都需要斋戒,斋戒前二日,太常司官只能住在自己的府衙内,第二天开始致斋,持续三日。斋戒当日,礼部官同太常官命各城隍庙焚香三日。

正祭前二日,皇帝于奉先殿用祝文、酒菜告备仁祖(朱元璋的父亲)配享。其祝文曰:"维某年某月某日,孝子皇帝元璋,敢昭告于皇考仁祖淳皇帝。兹以正月某日恭祀上帝、皇祇于大祀殿,谨请皇考配神,伏惟鉴知。"次日,太常司官同光禄司官视察牺牲的准备情况,然后向皇帝复命。确定分献官二十四员,正祭陈设共二十七坛。其中,正殿三坛,分别是上帝、皇地祇(土地)的神位,南向,仁祖配位,在东西向。

上帝位用犊一只,登一个,盛太羹,笾、豆各十二个。笾中盛的是盐、藁鱼、枣、栗、榛、菱、芡、鹿脯、白饼、黑饼、糗饵、粉餈;豆中盛的是韭菹、菁菹、笋菹、芹菹、醓酱、鹿醢、兔醢、鱼醢、脾析、豚拍、饣食、糁食。簠、簋各两个,盛的是黍、稷、稻、粱。献祭的玉用苍璧。帛一匹,苍色,织文为"郊祀制帛"。

皇地祇(土地)及仁祖配位坛陈设俱与上帝坛同,但祭祀皇地祇的玉用黄琮,帛用黄色,于殿东南设酒尊六枚,爵九个,篚三个,皆西向。殿西设祝文①案一张,北向。

于丹墀(chí)②内设祭坛四个,分别是大明(太阳)之祭坛,其祭礼称

---

① 祝文,古代祭祀祖先或鬼神的文辞。
② 丹墀,古代宫殿前面的台阶以红漆涂饰,故称之。

朝日,东西向;夜明(月亮)之祭坛,其祭礼称夕月,西东向;星辰坛两个,皆东西相向。大明坛的祭品使用犊一只,登一个,笾、豆各十个。笾比上帝坛少去糗饵、粉餈;豆比上帝坛少去饈食、糁食。簠、簋各两个;帛一匹,红色;酒尊三个,爵三个,筐一个。夜明坛的陈设与大明坛相同,但帛用白色。星辰坛各用犊一只,羊三只,豕三只;登一个,铏两个,盛和羹;酒盏三十余枚,与夜明坛同。

墙(wéi)^①外另有二十个坛,东十坛,北岳、北镇、东岳、东镇、东海、太岁、帝王、山川、神祇、四渎;西十坛,北海、西岳、西镇、西海、中岳、中镇、风云雷雨、南岳、南镇、南海。每坛各用犊一只,羊一只,豕一只;登一个,铏两个,笾、豆各十个,簠、簋各两个,酒盏十枚,酒尊三个,爵三个,筐一个,帛一匹。五岳、五镇、四海的帛用代表各自方位的颜色,唯有太岁神祇(十二辰之神)用白色。帝王坛用帛十六匹,山川坛用帛两匹,风云雷雨坛用帛四匹,俱白色。四渎坛用帛四匹,俱黑色。自大明以下,帛的织文皆作"礼神制帛"。唯神祇坛设铏三个,无太羹^②;羊、豕各五只;笾、豆各八个,无黑白饼、脾析、豚拍;而帝王、山川、四渎、中岳、风云雷雨、神祇坛,酒盏各三十个,其余祭品数量与岳、镇相同。

3. 祭天的仪式

就位　典仪唱"乐舞生就位,执事官各司其事,陪祀官与分献官就位"。导引官导引皇帝至御位。内赞奏"就位"。百官就位。

迎神　典仪唱"燔柴,瘗毛血,迎神"。协律郎举麾(举旗指挥),奏《中和》之曲:"昊天苍兮穹窿,广覆焘兮庞洪。建圜丘兮国之阳,合众神

---

① 墙,主祭坛四周的矮墙。
② 太羹,即大羹,祭祀宗庙、上帝时用的不加五味的肉汤。

兮来临之同。念蝼蚁兮微衷，莫自期兮感通。思神来兮金玉其容，驭龙鸾兮乘云驾风。顾南郊兮昭格，望至尊兮崇崇。"乐止。内赞奏"四拜"。百官四拜。

奠玉帛　典仪唱"奠玉帛"。奠玉帛。奏《肃和》之曲："圣灵皇皇，敬瞻威光。玉帛以登，承筐是将。穆穆崇严，神妙难量。谨兹礼祭，功征是皇。"内赞奏"升坛"，至上帝前，奏"搢圭"，执事官持玉帛跪进于皇帝之右。奠讫。奏"出圭"，跪进于皇祇前，再次跪进于仁祖前。礼毕复位，乐止。

进俎　典仪唱"进俎"，协律郎举麾，奏《凝和》之曲："祀仪祇陈，物不于大。敢用纯犊，告于覆载。惟兹菲荐，恐未周完。神其容之，以享以观。"斋郎抬出祭品，内赞奏"升坛"，至上帝前，奏"搢圭，进俎"。至皇祇前，奏"进俎，出圭"。再至仁祖前，奏"搢圭，进俎，出圭"。礼毕复位，乐止。

初献礼　典仪唱"行初献礼"，协律郎举麾，奏《寿和》之曲："眇眇微躬，何敢请于九重，以烦帝聪。帝心矜怜，有感而通。既俯临于几筵，神缤纷而景从。臣虽愚蒙，鼓舞欢容，乃子孙之亲祖宗。酌清酒兮在钟，仰至德兮玄功。"舞生跳《武功》之舞。内赞奏"升坛"，至上帝前，奏"搢圭"，执事官持爵跪进于皇帝之右。奏"献爵，出圭"，持爵至皇祇前，但执事者以爵跪进于皇帝左。奏"诣读祝位跪"，百官皆跪。乐止。读祝官取祝跪于神位右，读讫，乐作，奏"俯伏，兴，平身"，百官皆俯伏，兴，平身。再持爵至仁祖前，奏"搢圭，献爵，出圭"。礼毕复位，乐止。

亚献礼　典仪唱"行亚献礼"，奏《豫和》之曲："荷天之宠，眷驻紫

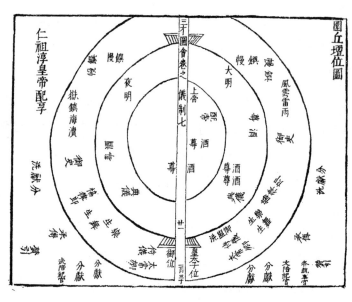

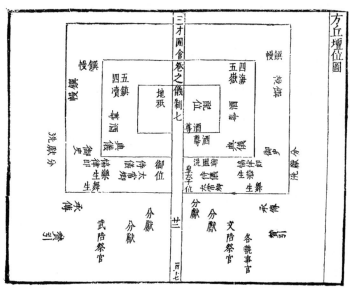

引自《三才图会》

坛。中情弥喜，臣庶均欢。趋跄奉承，我心则宽。再献御前，式燕且安。"舞生跳《文德》之舞。礼与初献同，无读祝环节。乐止。

终献礼　典仪唱"行终献礼"，奏《熙和》之曲："小子于兹，惟父天之恩，惟恃天之慈，内外殷勤。何以将之？奠有芳齐，设有明粢。喜极而抃，奉神燕娭。礼虽止于三献，情悠长兮远而。"舞生跳《文德》之舞。礼与亚献同，乐止。太常卿进入殿西，东向而立，唱"赐福胙"，内赞奏"诣饮福位跪"，搢圭。光禄司官以福酒跪进，奏"饮福酒"；光禄司官持胙（祭肉）跪进，奏"受胙"，出圭，俯伏，兴，平身，复位。奏"四拜"，百官皆四拜。

彻（同"撤"）馔　典仪唱"彻馔"，奏《雍和》之曲："烹饪既陈，荐献斯就。神之在位，既歆既右。群臣骏奔，彻兹俎豆。物倘未充，尚幸神宥。"执事官从各坛撤下祭品，乐止。

送神　典仪唱"送神"，奏《安和》之曲："神之去兮难延，想遐袂兮翩翩。万灵从兮后先，卫神驾兮回旋。稽首兮瞻天，云之衢兮眇然。"内赞奏"四拜"，百官皆四拜，乐止。

望燎　典仪唱"读祝官捧祝，进帛官捧帛，掌祭官奉馔，各诣燎瘗位"。奏《时和》之曲："焚燎于坛，灿烂晶荧。币帛牲黍，冀彻帝京。奉神于阳，昭祀有成。肃然望之，玉宇光明。"执事官各捧祝、帛、馔出，至燎所[①]焚烧祭品。内赞奏"礼毕"。

第三节　祭 祖 之 礼

孔子说："生，事之以礼；死，葬之以礼，祭之以礼。"（《论语·为政》）

---

① 燎所，焚烧祭品的地方。

祖先祭祀是中国传统社会生活，包括民间社会中，最为重要的文化习俗。自天子至庶人，按时祭祀祖先，或许与呼吸空气一样重要。传统儒家认为，父母在时要以礼事奉，父母去世也当以礼祭祀。当然，所谓礼是有等级区别的，但以虔敬的态度去祭祀先人则是共通的。

一、祭祖之礼相关常识

1. 祭祖礼的历史与形式

古代天子既立始祖之庙，又推始祖所自出之帝，祭祀时，以始祖配祀，称为禘礼，是古代天子祭祖中最为重大的礼仪。

早期王朝的皇族是可以在血缘上追溯到上古帝王的，比如周人以后稷为始祖，而帝喾为所自出之帝，所以周人立太庙以喾为所自出之帝，而以后稷配之。祭天之礼一节已经阐述过，早期天子所出的祖先，就是他们的上帝，周人的上帝就是帝喾。只是在室内进行的称为禘礼，在室外进行的称为郊礼。

虽然禘礼很重要，但自宋神宗始，不得不被废除。因为汉以降，已经很难从血缘上为皇族追溯上古的帝王了。宋神宗时，有儒者建议行禘礼以标榜所谓政通人和，但神宗回答："禘者，本以审禘祖之所自出，故礼，不王不禘。秦汉以后，谱牒不明，莫知其祖之所自出，则禘礼可废也。"(《宋史·礼十》)既然弄不清血缘联系，那么强调血缘的禘礼也就必然是要消亡的。又随着宋明理学的崛起，"上帝"或"天"概念的逐渐抽象化与性理化，它与血缘上祖先的关系已经渐行渐远，实际上，此后禘礼与郊礼也就成为两回事了。

有明一代，禘礼的不可行已经成为儒者们的共识，当时人认为"汉唐以来,世系无考,莫能明其始祖所自出"。并认为,宋以前"所谓禘祭,不过祫已祧之主,序昭穆而祭之,乃古之大祫,非禘也"(《翰林记》卷七)。也就是说,宋代的禘礼实际上是古代集中祭祀祖先的祫祭,早已名不副实。

但嘉靖十年(1531),情况有所变化,颁诏书曰:"朕仰惟太祖肇创洪图,奠清宇宙,扫除腥秽,复我文明。克享天心,君临亿兆,必自上世之积,乃出中夏之元圣。顾追报之典未举,而昧幼之怀罔遂。朕躬承祖鉴,恭行大禘礼。今孟夏之吉,祀始自出之祖于太庙,奉皇祖配。每逢辛丙之年一举。著为成范,钦哉。"虽难以查考所自出之帝,但皇帝仍勉强举行禘礼,嘉靖帝决定仅在牌位上写"皇初祖"三字,并以太祖配祀。嘉靖在谱系完全失传的情况下,仍强行禘礼,也正从侧面体现了禘礼对于稳固皇权的重要性。

禘礼外,最重要的是祫礼,意即将祖先牌位集中祭祀。上古不成文地规定了三年一祫,于孟冬进行;五年一禘,于孟夏进行。周代以降,天子每年都要行禘祫礼,四时还有额外的祫祭。比如,明代朝廷所供奉的祖先中,朱元璋以上有他的高祖(德祖玄皇帝)、曾祖(懿祖恒皇帝)、祖父(熙祖裕皇帝)、父亲(仁祖纯皇帝)。每年十二月中旬大祫,(洪武元年时)德祖皇考妣神位居中南向,懿祖皇考妣神位居东第一位西向,熙祖皇考妣神位居西第一位东向,仁祖皇考妣神位居东第二位西向。以后,仁宗、英宗、孝宗、睿宗,在东边寝殿西向而祭;宣宗、宪宗、武宗,在西边寝殿东向而祭。其中,成祖在东殿北向而祭。祭祀时,皇帝为德祖帝后献祭,大臣十二人分祭诸帝,内臣十二人献诸后。

按照周礼,禘祫外,天子还有祠、禴、尝、烝四时之祭,也属祫祭,区别在于祭品的不同。祠祭时,要献羔羊与水于祖先寝庙;禴祭时,献雄鸡与麦、黍于祖先寝庙;尝祭时,献犬与稻谷于祖先寝庙;烝祭时,献鱼于祖先寝庙。这些定期祭祀,属于宗庙常祀。明代的规矩为,立春特享,皇帝祭太祖,大臣八人祭诸帝,内臣八人祭诸后。立夏时祫,太祖南向,成祖北向,其余七宗东西相向。立秋与立冬时祫皆如夏礼。

普通人的祭祖礼没有那么复杂。《礼记·王制》规定,天子可以向上追溯七代祖先以祭祀,诸侯祭祀五代祖先,大夫祭祀三代祖先,士人和庶民只能祭祀自己的父亲。也就是说,普通人只要限制祭祀祖先的代数即可,祭祀方式上并无过多的规定,也无僭越的可能性。

2. 宗庙制度

祭祀祖先的地方称为庙,这一称呼有别于佛教的寺、院与道教的宫、观,是儒教祠祀祖先之场所的特定称谓。《礼记·王制》规定:"天子七庙,三昭三穆,与太祖之庙而七。诸侯五庙,二昭二穆,与太祖之庙而五。大夫三庙,一昭一穆,与太祖之庙而三。士一庙。庶人祭于寝。"《礼记》规定了早期中国的祖先祠祀制度,也就是说,根据社会等级的不同,所祭祀的祖先代数是有区别的,地位越高,可祭祀的祖先代数越多。

在所祭祀的祖庙中,还有迁庙与不迁之庙的区别。迁庙,指随着代数的增加,超出了规定祭祀的代数范围,则要把神主藏起来不再祭祀。古人认为,高祖以上,与子孙亲尽了,因此不再祭祀,故又称为毁庙。而不迁之庙,指不受代数限制,永远得到子孙祭祀的祖先。一般来说,只有天子才能祭祀不迁之庙,又称祧庙。

　　但这一定制到了宋代逐渐被淘汰了,北宋初的儒者程颐说:"士大夫必建家庙……以太祖面东,左昭右穆而已。……太祖之设,其主皆刻木牌,取生前行第或衔位而已。"(《二程外书·朱公掞录拾遗》)可见,有宋一代,士大夫在家庙祭祀中已经不受代数限制的约束了。至南宋,朱熹倡导起民间的祠堂制度,他说:"君子将营宫室,先立祠堂于正寝之东,为四龛以奉先世神主。"如果遇到紧急状况时,必须首先保护祠堂内的物品,"或有水火盗贼,则先救祠堂,迁神主遗书,次及祭器,然后及家财"(《朱子家礼》卷一)。也就是说,南宋时,没有爵位的人也可以在庙中祭祀祖先了。

　　到明代,祠堂正式被国家列入祀典。《明史·礼志》规定,仿照朱熹的祠堂制度,品官可建立本家族的祠堂,于是彻底打破了贵族家庙祭祖的权力垄断。明代规定,品官祠堂祭祀为高祖、曾祖、祖、祢四世,庶人能祭祀的祖先为祖、祢,这也是庶人祠堂祭祀与品官祭祀的唯一不同处。虽然所祭代数有所限制,但庙祭祖先已经成为国家制度。

　　有清一代,全民性的宗族制度得到国家鼓励。康熙九年(1670),颁布了"上谕十六条",首条"敦孝弟以重人伦",其次即为"笃宗族以昭雍睦"。雍正二年(1724),又颁布《圣谕广训》逐条解释"上谕十六条",其中说到"立家庙以荐烝尝,设家塾以课子弟,置义田以赡贫乏,修族谱以联疏远",这就是敬奉祖先、教化乡里、守望相助、团结族人。清朝官方清楚地认识到,要向更为基层的百姓贯彻儒家伦理,祠堂比书院更有效果。

　　质言之,家庙制度的平民化,即祠堂制度的普及,不但是儒家教化方式不断改进的表现,更是中国社会对儒家价值不断需求的结果。

3. 神主的历史与规制

神主牌位，是中国传统祭祖礼仪中最为重要的道具，在典籍中一般省称为"主"，最早见于《礼记·曲礼》。又称"神牌"、"神位"，"牌位"一名出现较晚。

古人祭神是有明确对象的，祖先不可能真的来，但古人认为，祭祀时，祖先的气是会因为子孙的感动而聚拢来。神主牌位的作用，就是使神灵之气聚拢来时有所依凭。因此古人讲："祔而立主，使神依之也。"（《读礼通考》卷五十六）牌位因为依附了灵魂而有灵性，所以又称为神主，有主宰的意思。

其实在古代，不仅仅祭祀祖先需要神主，祭祀自然神也需要神主。上文所提到的在皇天上帝、日月星辰的祭祀中，其祭祀对象都是神主牌位。当然，自然神只有天子与各地主祭的地方官才能感格而来，普通百姓是不能祭祀的。

事实上，早期也并非任何人死后都能立神主，只有天子、诸侯才有立神主的权力，士大夫及以下都无权立神主。但是在祭祀的仪式中，祭祀的对象是不可或缺的，或者说，来歆享祭祀的鬼神是需要有所凭依的，为了变通，古人使用"几"、"束帛"、"筵"等来代替，从而解决了形式上的问题。《仪礼》中的许多仪式场合都会摆放"几"、"帛"，其目的就是用以迎接神灵。

此外，也有把石头作为神主的。有一次，周厉王的太庙失火，为了吸取教训，保护牌位，朝廷于是为所有木质牌位都特制了石函。存放神主的石函称之为祏（shí），后世继承了这个传统。孔颖达说："每庙木主皆以石函盛之，当祭则出之，事毕则纳于函，藏于庙之北壁之内，所以辟

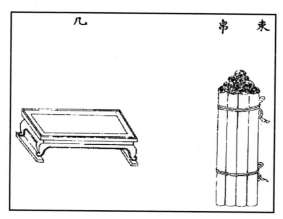

引自《钦定仪礼义疏》卷四十一

火灾也。"(《左传注疏》卷四十八)可能因此获得了灵感，卫国大夫孔悝别出心裁地把石头制作成神主来祭祀，规避了大夫不能立神主的规矩，于是大夫立石主成为当时的风气，这故事叫作"孔悝反祏"。

后来，木神主的使用逐渐普及开来。为了进行等级区分，至元六年（1269），元朝皇帝竟将祖先的神主改为木质镀金。《元史·祭祀志》记载："十二月，命国师僧荐佛事于太庙七昼夜，始造木质金表牌位十有六，设大榻金椅，奉安祏室前，为太庙荐佛事之始。……昔者，因修太庙，奉迁金牌位于馔幕殿，设以金椅，其栗主①却与旧主牌位各贮箱内，安置金椅下。"(卷七十四)太庙里供奉起金牌位，而原来的旧木主则安置在金椅下，其奢华可见一斑。也难怪，后来元朝的太庙竟招来了盗贼的垂涎，真是令人捧腹。

普通人家的神主虽不如此精致，但也总是被格外尊崇。《朱子家

---

① 栗主，用栗木做成的神主，后世通称宗庙神主为栗主。

礼》规定，普通人家也应该把神主藏在椟中，南向安置，神龛外垂下小帘，置香炉香盒于其前。这样的布置，虽然简单朴素，却又不失慎重与典雅，可见神主在传统中国人心目中地位之特别。

神主的制作与书写规范成于宋儒程颐撰写的《作主式》，该规范成为后世神主制作的标准。他规定，神主的基座（趺）四寸见方，象征四季；总高一尺二寸，象征十二月；身宽三十分，象征每月三十天；基座与牌位皆厚十二分，象征每日十二时。牌位正面写"属"（如高、曾、祖、考）、"称谓"（官、号、排行），旁题主祀者之名（如孝子某奉祀）。背面"陷中"处，书爵与姓名（如故某官某公讳某字某第几神主），陷中长六寸，阔一寸。如果子孙延续而辈分增高，可以涂改更正。（《二程文集》卷十一）

程颐给出的是适用于民间的神主制作规范，总体上较为俭朴实用。而官方使用的神主牌位，除了沿袭传统上一般的规范外，还需要更多的特殊规范，突显皇家的至高无上，从而服务于国家宗庙祭祀。《元史·

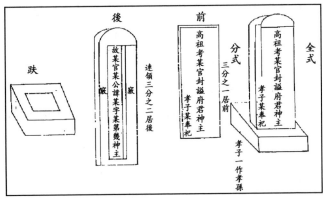

程颐绘牌位图，引自《二程集》

祭祀志》记载，元朝至元三年（1266），太保刘秉中考古制，制定神主"高一尺二寸，上顶圜径二寸八分，四厢合剡一寸一分。上下四方穿，中央通孔，径九分，以光漆题尊谥于背上。匮跌底盖俱方，底自下而上，盖从上而下，底齐跌，方一尺，厚三寸，皆准元祐古尺图。主及匮跌，皆用栗木，匮跌并用玄漆，设祐室以安奉"。

　　较之元朝，明朝对神主牌位的规格制定得更为详细。《明史·礼志》记载："凡神位，天地、祖宗曰神版，余曰神牌。圜丘神版长二尺五寸，广五寸，厚一寸，跌高五寸，以栗木为之。正位题曰昊天上帝，配位题曰某祖某皇帝，并黄质金字。从祀风云雷雨位版，赤质金字。神席，上帝用龙椅龙案，上施锦褥，配位同。从祀，位置于案，不设席。方丘正位曰皇地祇，配位及从祀，制并同圜丘。奉先殿帝后神主，高尺二寸，广四寸，跌高二寸，用木，饰以金，镂以青字。龛高二尺，广二尺，跌高四寸，朱漆镂金龙凤花版，开二窗，施红纱，侧用金铜环，内织金文绮为藉。社稷，社主用石，高五尺，广五尺，上微锐。立于坛上，半在土中，近南北向，稷不用主。洪武十年，皆设木主，丹漆之。祭毕，贮于库，仍用石主埋坛中，微露其末。后奉祖配，其位制涂金牌座，如先圣楼用架罩。嘉靖中，藏于寝庙。帝、社稷神位以木，高一尺八寸，广三寸，朱漆质金书。坛南置石龛，以藏神位。王府州县社主皆用石，长二尺五寸，广尺五寸。日月坛神位，以松柏为之，长二尺五寸，广五寸，跌高五寸，朱漆金字。余仿此。"（卷四十七）

　　从明代的文献记载看，其制作，从材料、尺寸到装饰，较之前代都有过之而无不及，兼顾审美与标准化的双重要求，可谓把国家神灵的尊荣体现得无以复加。

二、皇室享太庙之礼仪

皇室享太庙的礼仪中,历朝的祭祀对象是不同的,且祭祀的歌曲、祭祀的形式都变化较大。本节选取的是明代洪武二十一年(1388)时,皇室享太庙的礼仪。

1. 享太庙之礼前的准备

正祭前需斋戒,斋戒前一日,太常司官住宿于本司内。次日起,斋戒三日。又次日,皇帝视察牺牲准备情况,以示虔敬。

正祭之日,太庙祭享的陈设为,每庙用犊、羊、豕各一只;登、铏各两个,分别盛大羹与和羹①;笾、豆各十二个,笾盛形盐②、蒇鱼、枣、栗、榛、菱芡、鹿脯、白饼、黑饼、糗饵、粉糍;豆盛韭菹、醓醢、菁菹、鹿醢、芹菹、兔醢、笋菹、鱼醢、脾析、豚拍、饱食、糁食;簠、簋各两个,簠盛黍、稷,簋盛稻、粱。祭品与郊祀同;帛两匹,白色,上织文曰"奉先制帛";于殿东设酒尊三只,金爵八只,瓷爵十六只,筐四个;于殿西设祝文案一张。

亲王配享,设四坛,共二十一位,第一坛犊、羊、豕各一只,登、铏各两个,笾、豆各十个,簠、簋各两个,帛两匹,爵六只;第二、第三坛,设登、铏各六个,帛六匹,爵十八只;第四坛,设登、铏各七个,帛七匹,爵二十一只,其余与第一坛同,帛皆用白色,织文皆曰"展亲制帛";于殿东设酒尊三只,筐四个,南北向放置。

功臣配享,设十坛,每坛用羊一只,豕一只,铏一个,笾、豆各两个,簠、簋各一个,爵三只,筐一个,白色帛一匹,织文曰"报功制帛",于殿西

---

① 和羹,配以不同调味品制成的羹汤。
② 形盐,制成虎形的盐,供祭祀用。

设酒尊三个,南北向放置。

2. 享太庙之礼仪

就位　典仪唱"乐舞生就位,执事官各司其事"。导引官导皇帝至御位,内赞奏"就位"。

迎神　典仪唱"迎神",协律郎举麾,奏《太和》之曲:"庆源发祥,世德惟崇。致我眇躬,开基建功。京都之中,亲庙在东。惟我子孙,永怀祖风。气体则同,呼吸相通。来格来崇,皇灵显融。"内赞奏"四拜",百官皆四拜,乐止。

奠帛初献礼　典仪唱"奠帛,行初献礼",协律郎举麾,奏《寿和》之曲:"思皇先祖,耀灵于天。源衍庆流,由高逮玄。玄孙受命,追远其先。明禋世崇,亿万斯年。"舞生跳《武功》之舞,执事官各捧帛,以金爵受酒献于神御前,读祝官取祝跪于神御右,内赞奏"跪",百官皆跪。典仪唱"读祝",乐止。读讫,进于神御前,乐作。内赞奏"俯伏,兴,平身"。百官皆俯伏,兴,平身。乐止。

亚献礼　典仪唱"行亚献礼",协律郎举麾,奏《豫和》之曲:"对越至亲,俨然如生。其气昭明,感格在庭。如见其形,如闻其声。爱而敬之,发乎中情。"舞生跳《文德》之舞,执事官各以瓷爵受酒献于神御前。

终献礼　典仪唱"行终献礼",协律郎举麾,奏《熙和》之曲:"承先人之德,化家为国。毋曰予小子,基命成绩。欲报其德,昊天罔极。殷勤三献,我心悦怿。"舞生跳《文德》之舞,仪同亚献,乐止。

赐福胙福酒　太常卿进立于殿东,西向,唱"赐福胙"。光禄司官捧福酒胙自神御前中门左出,至皇帝前。内赞奏"搢圭"。光禄司官以福酒跪进,内赞奏"饮福酒";光禄司官以胙跪进,内赞奏"受胙"。出圭,俯伏,兴,平身。内赞奏"四拜",百官皆四拜。

彻馔　典仪唱"彻馔",协律郎举麾,奏《雍和》之曲:"乐奏具肃,神其燕嬉。告成于祖,亦右皇妣。敬彻不迟,以终祀礼。祥光焕扬,锡以嘉祉。"执事官各彻馔。乐止。太常卿诣神御前,跪奏"礼毕,请还宫"。

送神　赞礼唱"送神",协律郎举麾,奏《安和》之曲:"显兮幽兮,神运无迹。鸾驭逍遥,安其所适。其灵在天,其主在室。子子孙孙,孝思无斁。"内赞奏"四拜",百官同。乐止。

望燎　典仪唱"读祝官捧祝,进帛官捧帛,各诣燎位"。奏乐,内赞奏"礼毕",其祝文曰:"时惟孟春,礼严祭祀。谨以牲醴庶品,用伸追慕之情。"最后,于燎炉中焚烧祭品。

三、品官享家庙之礼仪

除了皇室外,祭祖是社会各阶层都必须要做的事。本节再选取明代初年品官享家庙的礼仪,庶几可以反映皇室以外社会成员祭祖的概貌。

1. 享家庙之礼前的准备

和皇室一样,品官也需四时祭祀。祭祀前需要占卜吉日,占卜之日主祭者着盛服,率兄弟子孙立于祠堂阶下,北面置一桌子,上设香炉、香盒、杯珓(jiào)①。主祭以下皆再拜之后,由主祭焚香薰珓,念祝辞曰:"某将以来月上旬某日祗荐岁事于祖考。"随后掷珓于地,如果一俯一仰则为吉,不吉就再卜一次。如果决定中旬之日祭祀却占卜为不吉,则不

---

①　杯珓,古人用以占卜的器具,用玉做成蚌壳状,或用竹木制之。两片可分合,掷于地,观其俯仰,以占吉凶。

再卜，而是直接把祭祀时间确定为下旬之日。若选择腊日、忌日、俗节进行祭祀的话，则不必卜。

正祭前三日，主祭率众丈夫致斋于外，主妇率众妇女致斋于内。斋戒的要求是，沐浴更衣，饮酒不得至乱，食肉不得茹荤，不听音乐，不参与任何丧葬活动。

正祭前一日，主祭率子弟及执事洒扫正寝，洗拭桌椅。首先，于堂西北壁下南向设高祖考妣神位，考西妣东，各用一椅一桌而合之。曾祖考妣、祖考妣、考妣依次向东排开，且各神位需有所间隔。其次，于东西壁下别设旁亲无后及卑幼先亡者祔食位。再次，凡伯叔祖考妣、伯叔考妣、兄弟嫂妻、弟妇、子侄、子侄妇等成员，皆以右男子左妇女、东西相向的形式排开。堂中设香案一张，上置香炉、香盒。香案前及逐个神位前地上设束茅聚沙，东阶上设酒案一张，并别置桌子于其东，上设酒注一个、酹酒盏一个、盐碟、醋瓶等；西阶上设火炉、汤瓶、香匙、火箸，并别置桌子于其西，上设祝版。阼阶下设盥盆、帨巾各两份，其东又设陈馔用的大床一张。

还是正祭前一日，主祭率众丈夫检查牺牲，主妇率众妇女涤濯祭器，务必保证祭品与祭器的绝对清洁。陈设的祭品为：每位享果六品，菜蔬及脯醢各三品，肉、鱼、馒头、糕各一盘，羹、饭各一碗，肝、肉各一串。

2. 享家庙之礼的仪式

行事　正祭之日，主祭者有官位者需着唐帽束带，妇人曾受封的需穿戴花钗翟衣，士人未为官者着幅巾深衣，庶人则着巾衫结绦。主祭以下俱着礼服，盥手揩干后至正寝神位前。设蔬果、酒馔、脯、醢、醋碟外，还需设酒瓶于架上，置炽炭于炉中。主妇炊暖祭品，令祭品极热，合盛于东阶下大床之上。接着，众人集中到祠堂前阶下序立，主祭位于东，兄弟以下位于主祭之东稍后，子孙及外执事者位列于主祭之后；主妇位于西，弟妇姊妹位于主妇之西稍后，女子、子妇及内执事者位列于主妇之后，皆北向。如果有伯叔父母在，其位次并居于主祭主妇位稍前，主祭之母则特位于主妇之前。序立之后，主祭自阼阶登堂，焚香告曰："孝孙某，今以仲春之月（夏、秋、冬同）有事于显高祖考某官府君，显高祖妣某封某氏；显曾祖考某官府君，显曾祖妣某封某氏；显祖考某官府君，显祖妣某封某氏；显考某官府君，显妣某封某氏，以某亲某官府君、某亲某封某氏祔食，敢请神主出就正寝，恭伸奠献。"告讫，将祝文放入盒子内，祔位亦各置一笥，由各执事者捧之。主祭前导，主妇以下跟从至正寝，将盒子置于西阶桌子上。主祭开启盒子奉于诸考神主前，主妇则奉盒子于诸妣神主前，祔位则各用子弟一人奉之，完成后，主祭以下皆降阶回到原位。

参神　主祭以下序立后，根据祠堂礼仪立定，行拜礼。若年长者或疾病者，可以安置在特定场所休息。

降神　迎接祖先。主祭登堂，诣香案前焚香，少退后立定。执事者三人，一人向酒注中倒酒，一人取东阶桌子上盘盏立于主祭之左，一人执注立于主祭之右。主祭于神主前下跪，捧盘盏者亦跪进盘盏，执注者跪斟酒于盏。主祭者接受后，左手执盘，右手执盏，灌于茅上。随后，以盘盏授执事者，俯伏，兴，再拜，降阶，复位。

进馔　为祖先献食。主祭登堂，主妇从之，执事者三人，一人以盘奉鱼肉，一人以盘奉米面食，一人以盘奉羹饭，奉至高祖位前。为主神

进馔的顺序是：主祭奉肉奠于盘盏之南，主妇奉面食奠于肉西；主祭奉
鱼奠于醋碟之南，主妇奉米食奠于鱼东；主祭奉羹奠于醋碟之东，主妇
奉饭奠于盘盏之西。各祔位由诸子弟妇女进馔，完毕后，主祭以下皆降
阶，复位。

酳献　为祖先献酒。主祭登堂，诣高祖位前，执事者执酒注立于其
右，冬月时需先暖酒。主祭奉高祖考盘盏位前东向立，执事者西向，斟
酒于盏，主祭奠于神位前。接着，奉高祖妣盘盏，如前仪。奠讫，于神位
前北向立，两位执事者举高祖考妣盘盏立于主祭之左右。主祭下跪，执
事者亦跪，主祭受高祖考盘盏，右手取盏祭至茅上，随后将盘盏交还执
事者，回到原位。接着受高祖妣盘盏，如前仪。随后，俯伏，兴，少退，立
定。执事者将炙烤的肝盛入盘中，由长兄奉之，奠于高祖考妣前。祝取
祝版，立于主祭之左，跪读曰："某年某月某朔某日，孝孙某官某敢昭告
于显高祖考某官府君、显高祖妣某封某氏，气序流易，时维仲春，追感岁
时，不胜永慕，敢以洁牲柔毛，粢盛醴齐，祗荐岁事。以某亲某官府君、
某亲某封某氏祔食，尚享。"读毕，兴。主祭行再拜礼，退回原位，献祝文
如初。同样地，每逐位读祝毕，不参加亚、终献的男丁各自回到本位。
祔位酳献如前仪，但不读祝，献毕，皆降阶复位。祭祀曾祖、祖、考时，祝
文需有所改动，曾祖前称孝曾孙，祖前称孝孙，考前称孝子，改"不胜永
慕"为"昊天罔极"。祔位的规定是，伯叔祖父祔于高祖，伯叔父祔于曾
祖，兄弟祔于祖，子孙祔于考。

侑食　向祖先劝食。主祭登堂，执酒注，为诸神位斟满酒，立于香
案之东南；主妇登堂，将匙插入饭中，使柄朝西并放正筷子，立于香案之
西南，皆北向行再拜之礼，降阶，复位。

阖门　退出庙堂,等候祖先进食。主祭以下皆出庙堂,祝阖门,无门处即降下帘子。主祭于门外东西向站立,众丈夫跟随其后;主妇于门外西东向站立,众妇女跟随其后。

启门　为祖先奉茶。祝叫门三次,提示祖先将要开门,于是打开庙门。主祭以下及原先在外休息的尊长皆就位。主祭、主妇奉茶,分进于考妣之前,诸子弟妇女则为祔位奉茶。

受胙　执事者在香案前设席,主祭就席北面站立,祝则立于主祭之右、高祖考之前举酒盘盏。主祭跪,祝亦跪。主祭受盘盏,祭酒,啐酒[①]。祝则从诸神位前的饭食中各取少许,奉至主祭之左,并为主祭祝福,说:"祖考命工祝承致多福,于汝孝孙,使汝受禄于天,宜稼于田,眉寿永年,勿替引之。"主祭置酒于席前,俯伏,兴,再拜,跪受饭,亲尝一口后,捧在怀里,再取酒饮尽。完毕后,主祭再次俯伏,兴,西向立于东阶上,祝东向立于西阶上,祝宣布礼成,降阶后复位。此时,与祭者皆行再拜之礼,主祭不拜,随后降阶复位。

辞神　主祭者以下皆行再拜之礼。

纳主　主祭者与主妇皆登阶,各自将奉神主收纳入椟中。与来时的礼仪一样,送还祠堂。

彻　主妇再回到庙堂监督撤馔的工作。剩留在盏注或其他器皿中的酒,都要倒回瓶中,密封起来,因为这是"福酒"。果蔬、肉食从祭器中腾出,放入家用宴器,并监督祭器的洗涤与收藏。

馂　分食祭祀剩余的食物。祭祀后在堂中设席,按照男女尊卑,分

---

① 啐酒,祭毕饮福酒。

为两列,东西相对就坐,分食祭祀后的食物。如果酒馔不足,可以用其他酒食代替。完毕后,主祭命执事给所有人分发胙肉,当日都必须吃完。

礼毕。

第四节　祭社稷之礼

社稷即土神与谷神,祭祀社稷神之礼是古代仅次于郊礼与祭祖礼的最重要的礼。中国人口众多,吃饭是第一位的大事,也是社会稳定的首要因素,社稷神就是掌管耕地与稼穑的神灵,因此,按时按高规格祭祀社稷神也是古代重大的政治活动。

一、祭社稷之礼相关常识

1. 社稷神

《礼记·祭法》说:"王为群姓立社,曰大社;王自为立社,曰王社;诸侯为百姓立社,曰国社;诸侯自为立社,曰侯社。大夫以下成群立社,曰置社。"此外,还有为已经灭亡的国家立的社,叫作亳(bó)社。因此说,社稷神不是唯一的,不同等级身份的人所祭祀的社稷神是不同的。

一般来说,早期的社稷神由上古未做过天子的官吏或英雄人物担当,并由相应级别的诸侯来祭祀;又或者,当地的社稷神乃由该地诸侯的远祖担任。秦汉以后,社稷神就由级别对应的地方官员来主祭。随着郡县制的深入人心,社稷神逐渐摆脱了与祭祀者的血缘联系;又随着人的理性化程度的提高,社稷神逐渐不再被认为是某个具体的人物。

从而，出现了较为抽象的土神与谷神，意即转变为土谷之精灵了。

祭祀社稷的目的是求福报功。《白虎通·社稷》说："王者所以有社稷何？为天下求福报功。人非土不立，非谷不食。土地广博，不可遍敬也；五谷众多，不可一一祭也。故封土立社，示有土尊；稷，五谷之长，故立稷而祭之也。"其实不仅如此，很多重大的政治或宗教活动也都要在社稷神面前完成，比如向社稷神献俘，处决囚犯，祈求风调雨顺，甚至在日食之时祈求社稷神救日等，所以社稷神是古代吉礼中所祭祀的极为重要的神灵之一。

但凡事总有例外，孟子有过一段关于社稷神的说法，常为人所津津乐道。他说："诸侯危社稷，则变置。牺牲既成，粢盛既洁，祭祀以时，然而旱干水溢，则变置社稷。"（《孟子·尽心下》）意思是，如果诸侯（国君）不能按时祭祀土谷之神，那就要另立诸侯；如果对土谷之神的祭祀尽心尽力，却仍然遭受水旱灾祸，那就要另立本地的土神与谷神。所以孟子强调"民为贵，社稷次之，君为轻"，认为国君与社稷神都是为民服务的。孟子的这一民本主义观点反映了当时的一种宗教观念，如《礼记·祭法》所说，大夫、庶人所立之社称"置社"。孟子所说的"变置社稷"就是指土谷之神中的等级较低者，就是说大夫、庶人所立的社稷神是经常被更换的，这完全取决于它的灵验程度。

今天的北京还保存着明清两代帝王使用过的社稷坛。该坛呈正方形，由汉白玉砌为三层，坛中使用的是从全国各地运来的五种颜色的土，按照东方青色、南方赤色、西方白色、北方黑色、中央黄色铺就而成，象征"普天之下莫非王土"，又象征金木水火土五种元素。坛中央还放置一块专门用以接受祭祀的，代表大地与社稷神的江山石。

总的来说,社稷神直接掌管了人的口粮,是人赖以生存的物质基础的重要象征,因此在古代的地位相当重要。

2. 祭社稷之礼的沿革

最早对祭社稷之礼记载较为翔实的是东汉时期。建武二年(26),朝廷规定在太庙之右建社稷坛,称太社稷。太社稷之坛为方形,只设墙门,不设屋宇。每年二月、八月及腊月各祭祀一次,牺牲用太牢。郡、县所建的社稷坛由郡、县的最高长官主祭,牺牲用羊和猪。州所置社稷坛较为特殊,只有社而无稷。因为州是中央派出机构,与军事有关,军队自古有随军载社的传统,却无载稷的传统。比如《史记·周本纪》记载,武王到达孟津与诸侯会盟时,陪同他共同完成会盟仪式的随军战车上载的正是文王的木主,当时也称为社主。同样地,晋太元十一年(386),苻登准备东征。东征前,他在军中设一豪华战车,"羽葆青盖,车建黄旗,武贲之士三百人以卫之",里面供奉的正是苻坚的牌位。或许,当时的所谓社神,也有土地的主人的意思。

东汉时,在太社稷的祭祀中,仅由后稷为配祀。祭祀时所跳的舞为耕田舞,舞生由十六名男童组成,舞蹈动作分为芟除、耕种、耘耨、驱雀、获刈、舂簸六部分,象征的是农人的耕作。

宋代时,除承袭以往的社稷祭祀礼仪外,也有所改变。宋以前,州县的社稷坛神主皆为木质,时间久了容易腐烂。有宋一代,礼部认为,社稷神本通达天地之气,应沐浴于风雨之中,因此,为了避免神主朽坏,于是改为石质。从此以后,古代的社稷神主皆为石柱。

元代时,社与稷的祭祀是分开的,社坛由五色土填充,稷坛仅由黄土填充;社主用白石制作,稷则不用主。社神的配祀为后土,稷神的配祀为后稷。社稷坛所用的树为松树。

明代初年,社神与稷神仍然分祭。但洪武十年(1377),朝廷依据"稷非土无以生,土非稷无以见生生之效","社为九土之尊,稷为五谷之长,稷生于土,则社与稷固不可分"等理论认为,社与稷的祭祀不能分开,于是合祭社稷,在午门右侧建社稷坛。立句龙为社神的配祀,立后稷为稷神的配祀。后来,又先后改为以朱元璋的父亲、朱元璋以及朱棣为配祀。有明一代,朝廷还把原先只延伸到县一级的社稷祭祀扩展到乡里,要求每里,即一百户,立坛一所,祭祀五土五谷之神。此后,社稷神信仰便开始深入人心,而社稷坛的祭祀制度则一直延续到清代末年。

二、祭社稷之礼

由于社稷祭祀历朝皆有改革,有明一代的改革更为频繁,因此难以将所有的社稷祭祀之礼一一呈现。本节所选取的,是明代洪武初年社稷异坛同墙的祭祀礼仪。

1. 祭社稷前的准备

皇帝于正祭前斋戒数日,正祭前二日,于奉先殿告备仁祖,祝文曰:"维某年某月某日,孝子皇帝元璋,敢昭告于皇考仁祖淳皇帝。兹以正月某日,恭祀太社太稷,谨请皇考配神,伏惟鉴知。"

正祭前一日,皇帝需视察牺牲、祭坛的准备情况。洪武元年(1368),社稷祭祀分为太社与太稷,同墙二坛。太社在东,太稷在西北,祭品用犊、羊、豕各一只,登一个,铏三个,笾、豆各十个,笾比上帝坛少去糗饵、餈;豆比上帝坛少去饆食、糁食;簠、簋各两个,分别盛黍、稻与稷、粱；帛各一匹，黑色，织文曰"礼神制帛"。玉各用两圭有邸。仁祖配位，东西向。共设酒尊三个，爵九个，筐三个，于坛西北，东向；祝文案一张。

2. 祭社稷的仪式

就位　典仪唱"乐舞生就位，执事官各司其事"，导引官导引皇帝至御位。

迎神　内赞奏"就位"，典仪唱"瘗毛血，迎神"。协律郎举麾，唱"迎神"，乐奏《广和》之曲："五土之灵，百谷之英。国依土而宁，民以食而生。基图肇建，祀礼修明。神其来临，肃恭而迎。"内赞奏"四拜"，百官四拜。乐止。

奠玉帛　典仪唱"奠玉帛"，乐奏《肃和》之曲："有国有人，社稷为重。昭事云初，玉帛虔奉。维物匪奇，敬实将之。以斯为礼，冀达明祇。"

进俎　典仪唱"进俎"，乐奏《凝和》之曲："崇坛北向，明禋方阐。有洁牺牲，礼因物显。大房载设，中情以展。景运既承，神贶斯衍。"

初献礼　典仪唱"行初献礼"，乐奏《寿和》之曲，太社云："高为山林，深为川泽。崇丘广衍，亦有原隰。惟神所司，百灵效职。清醴初陈，颙然昭格。"句龙配云："平治水土，万世神功。民安物遂，造化攸同。嘉惠无穷，报祀宜丰。配食尊严，国家所崇。"太稷云："黍稷稻粱，来牟降祥。为民之天，丰年穰穰。其功甚大，其恩正长。乃登芳齐，以享以将。"后稷配云："皇皇后稷，克配于天。诞降嘉种，树艺大田。生民粒食，功垂万年。建坛于京，歆兹吉蠲。"舞生跳《武功》之舞。执事官各捧玉、帛、爵献于神位前，读祝官取祝跪于神位前左，内赞奏"跪读祝"，读讫，进于太社神位前，俯伏，兴，平身。百官亦俯伏，兴，平身。乐止。

亚献礼 典仪唱"行亚献礼"，乐奏《豫和》之曲，太社云："广厚无偏，其体弘兮。德侔坤顺，万物生兮。锡民地利，神化行兮。恭祀告虔，国之祯兮。"句龙配云："周览四方，伟烈昭彰。九州既平，五行有常。坛位以妥，牲醴之将。是崇是严，焕然典章。"太稷云："亿兆林林，所资者谷。雨旸应时，家给人足。仓庾坻京，神介多福。祇荐其仪，昭事维肃。"后稷配云："躬勤稼穑，有相之道。不稂不莠，实坚实好。农事开国，王基永保。有年自今，常奉蘋藻。"舞生跳《文德》之舞。执事官各捧爵献于神位前。乐止。

终献礼 典仪唱"行终献礼"，乐、舞皆同亚献。乐止。太常卿进立于坛西，东向，唱"赐福胙"。光禄司官捧福酒及胙，自神位前由正门左出，至皇帝前。内赞奏"搢圭"，奏"饮福酒"，奏"受胙"，出圭，俯伏，兴，平身。内赞奏"四拜"，百官四拜。

彻豆 典仪唱"彻豆"，乐奏《雍和》之曲："礼展其勤，乐奏其节。庶品苾芬，神明是达。有严执事，俎豆乃彻。穆穆雍雍，均其欣悦。"执事官各诣神位前撤下祭品。乐止。

送神 典仪唱"送神"，乐奏《安和》之曲："维坛洁清，维主坚贞。神之所归，依兹以宁。土宇靖安，年谷顺成。祀事昭明，永致升平。"内赞奏"四拜"，百官四拜。乐止。典仪唱"读祝官捧祝，进帛官捧帛，掌祭官捧馔，各诣瘗位"。

望瘗 典仪唱"望瘗"。乐奏《时和》之曲："晨光将发，既侑既歆。瘗兹牲币，达于幽阴。神人和悦，实获我心。永久禋祀，其始于今。"祝文曰："惟神赞辅皇祇，发生嘉谷，粒我烝民，万世永赖。时当仲春，礼严告祀。谨以玉帛牲齐粢盛庶品，备兹瘗祭，以皇考仁祖淳皇帝配神。"乐止。内赞奏"礼毕"。于瘗坑处填埋祭品。

第五节　祭孔子之礼

宋代无名氏云："天不生仲尼，万古长如夜。"这句话形象地反映了孔子之于中国文化的根本意义。但其实孔子的绝对地位是渐进形成的，并非一蹴而就。孔子祭祀从早期官方的中祀，上升到国家的大祀，最后普遍为全国之通祀，成为中国传统中最为重要的信仰之一。最终祭孔之礼成为吉礼中最为重要的礼仪之一，这一祭祀礼仪的演变充分反映了中国人孔子信仰的逐渐深入。

一、祭孔之礼相关常识

1. 孔子地位的晋升

孔子得到官方祭祀的最早记载，在汉高祖十二年（前195），刘邦自楚过鲁，祭祀孔子，封孔子第九代孙孔腾为"奉祀君"，但这只是普通的地方性名人祭祀，政治意味并不高。而司马迁作《史记·孔子世家》时，却赋予孔子以"至圣"的称号，他说："天下君王，至于贤人众矣，当时则荣，没则已焉。孔子布衣，传十余世，学者宗之。自天子王侯，中国言六艺者，折中于夫子，可谓至圣矣。"也就是说，在学术界里，孔子的地位是登峰造极的。至西汉平帝元始元年（1），官方追谥孔子为"褒成宣尼公"，孔子由此获得了爵位。

而从东汉开始，由于官方逐渐意识到要重视国家意识形态的建构，于是儒学的创始人被特别抬高起来。王莽时,孔子祭祀列入国家祀典,祭孔成为常例。建武五年(29),光武帝派大司空以官方形式正式祭祀孔子。永平二年(59),汉明帝特别巡幸辟雍,亲祀孔子。元和二年(85),汉章帝以太牢祭祀孔子及七十二贤。

东汉初年,大量的谶纬开始出现。孔子被描绘为"感天而生"的神灵。如纬书《春秋演孔图》开篇就说,孔子乃是其母感黑帝而生的玄圣,诞生时,胸口有字——"制作定世符运"。《后汉书·郑玄传》又记载了当时大儒郑玄获得孔子托梦的故事,说:"康成既老,梦孔子告之曰:'起,起,今年在辰,明年在巳。'既寤,以谶合之,知命当终。"在郑玄的影响下,孔子信仰逐渐成为中国传统信仰中的一支主流。

汉末战乱,百祀堕坏,但魏文帝曹丕即位后,立刻下诏重修孔子祭祀。正始二年(241),齐王曹芳以太牢祭祀孔子,并以颜回配祀。晋代则开创了由太子或皇帝亲祀孔子的制度。至南北朝时,南齐永明三年(485),以上公礼仪祭祀孔子,并首次在制度上确定祭孔的礼仪、礼器与乐舞。与此同时,北魏朝廷沿袭旧制,以太牢祭祀孔子。太和十九年(495),北魏孝文帝又亲祀孔子。北齐则有规定,在官方祭祀孔子外,各地学校在每月朔望①必须向孔圣行礼。北周宣帝大象二年(580),追封孔子为"邹国公"。

隋朝,官方规定太学每年四季四个仲月都要向先师行释奠礼,府州县学每年两次。另外,从太学到州县学,每年都要行乡饮酒礼。

---

① 朔望,农历每月的初一与十五。

唐高宗乾封元年(666),孔子在公爵的基础上,又被加封为"太师";武则天天授元年(690),又封为"隆道公";神龙元年(705),唐中宗又加谥"文宣";唐玄宗开元二十七年(739),首次加封为"文宣王",孔子至此得以称王。

宋真宗大中祥符元年(1008),孔子被继续追谥为"至圣文宣王";元武宗至大元年(1308),又加封"大成至圣文宣王";明嘉靖九年(1530),朝廷下诏,认为孔子是先圣先师,不宜称王,故去"文宣"、"大成"等王号,仅称"至圣先师",庙宇改称庙不称殿,去塑像,祭祀用神主;清代顺治二年(1645),回到明以前的习惯,仍然为孔子加封,其时封号为"大成至圣文宣王先师",王号又得到恢复。

2. 配祀制度的变迁

古代祭祀礼仪中有配祀制度,意思是陪伴主神共同接受世人祭祀。孔庙的配祀是有等级之分的,直接陪伴孔子左右的称配享,供奉于正殿之内;配享以下称从祀,从祀分先贤与先儒,先贤(十二哲)亦供奉于正殿内,先儒供奉于殿外两庑内。愈往下,神灵的数量愈多。

孔庙的配祀制度始自曹魏时代。正始二年(241),齐王曹芳以太牢祭祀孔子,并以颜回配享。这个配祀制度延续到唐代。贞观二十一年(647),朝廷正式建立孔庙配享从祀制度。从祀者为左丘明、卜子夏、公羊高、穀梁赤、伏胜、高堂生、戴圣、毛苌、孔安国、刘向、郑众、杜子春、马融、卢植、郑玄、服虔、何休、王肃、王弼、杜预、范宁二十一人,他们和颜回一起,被称为先师。其中,除颜回外,都是历代经学大师,不是孔子同时代人。

唐玄宗开元八年(720),孔门弟子也被请进了孔庙,合颜回而为十哲：德行，颜回、闵子骞、冉伯牛、仲弓；言语，宰我、子贡；政事，冉有、季路；文学，子游、子夏。当时，唐玄宗规定，孔子的配祀分为三等。第一等，颜回，配享，称先师，坐像；第二等，其余十哲与曾参，从祀，坐像；第三等，孔门七十弟子和二十一贤哲图像于壁。二十一贤的地位有所下降。

宋真宗在追谥孔子为"至圣文宣王"后，又追封十哲为公，七十二弟子为侯，其他先儒，或为伯，或赠官。后来在王安石的建议下，孟子被封为邹国公，和颜回并列，配享孔子。并在从祀中增列了荀况、扬雄、韩愈。崇宁年间，宋徽宗下诏，使王安石配享孔庙，地位在颜回、孟轲之下，其他孔门弟子之上。政和三年(1113)，宋徽宗又加封王安石为舒王。但宋钦宗靖康元年(1126)，王安石又被褫夺了王爵，毁了塑像，从配享降为从祀。

与此同时，金朝章宗亲自向孔子行释奠礼，并亲自为孔子作赞文。金朝采纳北宋祭孔制度，也把孟子升为配享，与颜回并列。而从祀的孔门弟子及汉唐以下诸儒，原来封为公的被升格为国公，封侯的升为国侯，封伯的升为侯。规定文宣王、兖国公、邹国公的祭品为一羊一豕，为国家中祀。

元代延祐三年(1316)，元仁宗下诏，以颜回、曾参、子思、孟轲配享孔庙。同时加封孟轲父为国公，母为夫人。至顺元年(1330)，元文宗又加封孔子父叔梁纥为启圣王，母颜氏为启圣王夫人；并追封颜回父为杞国公，母为杞国夫人，妻为兖国夫人。且在从祀中又增补了汉代的董仲舒，北宋的周敦颐、程颢、程颐、张载、邵雍、司马光，南宋的朱熹、张栻、吕祖谦，以及元朝的许衡。

明代嘉靖九年(1530)，大学士张璁上言说，叔梁纥是孔子的父亲，颜路是颜回的父亲，曾点是曾参的父亲，孔鲤是子思的父亲，颜回、曾参、子思三人配享孔子，而他们的父亲却在两庑从祀，堂上的圣贤岂能安心？于是朝廷决定在大成殿后另外建屋祭祀，以叔梁纥为主神，颜路、曾点、孔鲤及孟孙氏(孟子父)四人配享。配合孔子去王号而称"至圣先师"，四配中颜回称复圣、曾子称宗圣、子思称述圣、孟子称亚圣，十哲以下皆称先贤，左丘明以下皆称先儒，去公、侯、伯等爵位。毁塑像，祭祀一律用木主。与此同时，从祀中先贤与先儒的名单被进行了重大调整。事实上，有明一代，孔庙从祀的儒者名单一直再被调整。至崇祯年间，左丘明、周敦颐、程颢、程颐、张载、朱熹、邵雍皆升格为先贤，位于七十贤人之下，汉唐诸儒之上。

清代康熙五十一年(1712)，朝廷推崇程朱理学，又将朱熹升格为先哲，由是十哲成了十一哲，为了对称，又升格孔门有若为先哲，而成十二哲。道光年间，朝廷又增加了一批从祀儒者，从祀的先儒有明末的刘宗周、黄道周、孙奇逢，北宋的李纲，南宋的文天祥。光绪年间，又增加了汉儒许慎，明末的王夫之、黄宗羲与顾炎武。至是，孔庙内从祀的儒者达到了一百三十四位。

二、祭孔仪式

和其他的祭礼一样，古代的祭孔仪式也损益频繁。本节选取的是明代洪武初年，国子监举行的祭孔之礼。

1. 祭孔前的准备

祭孔所需的祭品非常丰盛，至清代，太学祭孔已达到了最高等级神灵的祭祀规格。太学祭孔之牺牲用太牢,孔子位前,设登一个,盛太羹;铏两个,盛和羹;簠、簋各两只,分盛稻、黍与粱、稷;笾、豆各十二个,分别盛盐、槁鱼、枣、栗、榛、菱、芡、鹿脯、白饼、黑饼、糗饵、粉糍与韭菹、醯酱、菁菹、鹿醢、芹菹、兔醢、笋菹、鱼醢、脾析、豚胉、饱食、糁食;福爵三只,盛献酒;俎,盛牺牲。府州县祭孔,牺牲用豕与羊;笾十个,比上帝坛少去糗饵、蕡;豆十个,比上帝坛少去饱食、糁食。其余都一样。此外,还需要烛架、祝板、盥盆、帛筐、毛血盘、馔盘、太尊、牺尊、香盒、象尊、山尊、雷尊、著尊、彝、斚、茅沙地、香鼎、花瓶、香盘、胙盘、洗①、勺、燔炉等。

祭孔时的乐器准备也较为特别,主要的乐器有柷(zhù,敲柷表示乐舞开始)、敔(yǔ,刷敔表示乐舞结束)、大鼓、大钟、特钟、特磬、镈磬、编钟、编磬、登歌钟、登歌磬、琴、瑟、箫、排箫、凤箫、洞箫、笙、龙笛、篪、搏拊、埙、鼗鼓、悬鼓、田鼓、楹鼓、足鼓、应鼓,等等。

四配祭祀,其坛位陈设中,每坛用豕、羊各一,各分作四份;簠、簋各一只,分盛黍与稷;笾六个,盛菁菹、鹿醢、芹菹、兔醢、笋菹、鱼醢;豆六个,盛盐、槁鱼、枣、栗、菱、鹿脯;筐一个,盛白帛一段,长一丈八尺。其余如府州县祭孔之规制。

十哲祭祀,其坛位陈设中,每坛用豕一只,分作五份;铏一个,盛和羹;笾四个,盛菁菹、鹿醢、芹菹、兔醢;豆四个,盛盐、枣、栗、鹿脯。其余如四配祭祀之规制。

两庑祭祀中,四位先儒共享一坛位。明初,东庑有先儒五十五位,用豕一只,分作五十五份;西庑有先儒四十七位,用豕一只,分作四十七份。

---

① 洗,盛水的器皿。

其坛位陈设中,每坛设爵四个,豕肉四份,无铡。其余如十哲祭祀之规制。

2. 祭孔仪式

月朔,皇帝幸太学,行释奠礼。

祭典前十五日,礼部提请钦定分奠官九员,由协律郎率乐舞生预演礼乐。

祭典前十日,大小文官、知会、陪祭官等于这日午后在各自衙门内沐浴更衣,并夜宿各自衙门内,斋戒二日。

祭典前四日,寺卿、少卿会同礼部尚书、侍郎、祭酒、司业至神乐观更衣、演乐,并前往牺牲所检查牺牲的洗涤情况。

祭典前三日,博士典簿同礼部四司司务至神乐观视察乐舞。博士于是日写祝文呈堂。

祭典前一日清晨,寺官乘马,鼓乐、迎香,奉祝文、牲帛至先师庙,同祭酒、司业、监礼、御史、祠祭、司郎中,导引至丹墀,行一拜礼;再诣彝伦堂,皇帝遣官填祝版名,并观演礼;皇帝至宰牲所视察牺牲的准备,以及视察乐舞生、陈设、乐器等准备情况。

祭典当日午后,乐舞生陈设乐器,有司准备先师及配祀祭品。

祭典开始时,皇帝至庙门外,降辇,礼部鸿胪引导皇帝入庙门御幄,奏请皇帝换上皮弁服,请皇帝准备行礼。太常寺官引导皇帝出门,导引官引导皇帝由中道进庙门级上,入庙内。

就位　典仪唱"乐舞生就位,执事官各司其事,分献官、陪祀官各就其位"。内赞引导引献官至盥洗处,搢笏[1],出笏,引至拜位。百官各就

---

[1]　搢笏,插笏。古代官员的官服没有口袋,于是将笏直接插在腰带上,叫搢笏。

位,分献官各列于百官前,北向立。

迎神 典仪唱"迎神作乐",奏《咸和》之曲:"大哉宣圣,道德尊崇,维持王化,斯民是宗。典祀有常,精纯益隆。神其来格,於昭圣容。"乐止。赞者引导众官四拜。

奠帛 典仪唱"奠帛",奏《宁和》之曲:"自生民来,谁底其盛。惟王神明,度越前圣。粢帛具成,礼容斯称,黍稷非馨,惟神之听。"奏"搢圭"。寺卿捧帛跪进于皇帝之右,皇帝受帛,献毕,奠帛于神位前。少卿捧爵跪进于皇帝右,皇帝受爵,献毕,奠于神位前。内赞奏"出圭"。分奠官以次,献官爵于各神位前,退,乐止。

初献礼 典仪唱"行初献礼",奏《安和》之曲:"大哉圣王,实天生德。作乐以崇,时祀无斁。清酤惟馨,嘉牲孔硕。荐羞神明,庶几昭格。"执事官各捧帛、爵诣神位前,赞者引引遣官由东级上,至先师庙左门入,赞者诣至圣先师孔子神位前,搢笏,奠帛,献爵,出笏。赞者诣读祝位,乐暂止。赞者跪,传赞同。赞者读祝,俯伏,兴,平身,传赞同。奏乐。赞者诣复圣颜子神位前,搢笏,奠帛,献爵,出笏;再诣宗圣曾子神位前,仪同;再诣述圣子思子神位前,仪同;再诣亚圣孟子神位前,仪同。赞者复位,乐。

亚献礼 典仪唱"行亚献礼",奏《景和》之曲:"百王宗师,生民物轨。瞻之洋洋,神其宁止。酌彼金罍,惟清且旨。登献惟三,於戏成礼。"礼仪同初献礼。

终献礼 典仪唱"行终献礼"。礼仪与乐曲皆同亚献礼。

饮福酒受胙 典仪唱"饮福酒,受胙"。赞者引赞诣饮福位,引遣官至殿内。赞者跪,搢笏,饮福酒,受胙,赞者出笏,俯伏,兴,平身,复位。赞者行再拜礼,传赞同。

彻馔　典仪唱"彻馔"，奏《咸和》之曲："牺象在前，豆笾在列。以享以荐，既芬既洁。礼成乐备，人和神悦。祭则受福，率遵无越。"执事官各诣神位前撤下祭品。乐止。

送神　典仪唱"送神"，奏《咸和》之曲，"有严学宫，四方来宗。恪恭祀事，威仪雍雍。歆兹惟馨，神驭旋复。明禋斯毕，咸膺百福。"赞者四拜，传赞同，乐止。寺卿诣先师前，启帛，奉出中门。奏"礼毕"。内赞导皇帝由中道出，导引官导至御幄，更翼善冠、黄袍。礼部入奏，请幸彝伦堂，皇帝升舆，礼部鸿胪导至太学。

望瘗　典仪唱"读祝官捧祝，掌祭官捧帛、馔，各诣瘗位"，唱"望瘗"，奏乐。执事官各捧祝、帛、馔下级，赞者诣望瘗位，赞引引遣官至两庑分献官所在瘗所焚烧祭品，内赞唱"礼毕"。祝文曰："皇帝谨遣某致祭于至圣先师孔子，惟师德配天地，道冠古今，删述六经，垂宪万世。惟兹仲春，谨以牲帛、醴齐、粢盛、庶品，祗奉旧章，式陈明荐。以复圣颜子、宗圣曾子、述圣子思子、亚圣孟子配。尚飨。"

配祀的祭祀与孔子的祭祀是同时进行的。在初献礼读祝时，赞引引十哲（或十二哲）分献官至先师庙左右门外立。两庑分献官至庑门外立，待庙内赞者诣亚圣孟子神位前，两庑分献官进诣各神位前，奠帛、献爵、复位，亚献与终献皆同。

第六节　其他重要吉礼

吉礼之所以在传统礼制中占有最重要的地位，乃是因为它以祭神之礼为主，且中国古代官方所信仰的神祇数量相当庞大，因此，吉礼的总量也就占比最大。除了以上主要神祇的祭祀之外,国家规定每年需要祭祀的神祇还有历代帝王、先农、先蚕、先医、各路军神、城隍神,甚至还有无祀的厉鬼,可谓名目繁多,令人啧啧称奇。

一、祭历代帝王之礼

中国古代有祭祀历代帝王中英明神武者的传统,之所以历朝历代对之前的朝代皆礼敬有加,这主要是受天命转移观念的影响。古人认为,改朝换代的本质是前一朝的气数尽了,同时上天选择了当前朝代,因此,对于之前的朝代,历朝都会在礼数上加以尊重。

明代洪武年间,祀典规定,建历代帝王庙,祭祀三皇五帝及历代创业之帝,也包括元世祖忽必烈,其余守成之贤君,则于其陵寝祭祀。而嘉靖七年(1528),撤元世祖忽必烈神位。万历年间,所祀历代帝王的位次为:中室,太昊伏羲氏、炎帝神农氏、黄帝轩辕氏;东一室,帝金天氏、帝高阳氏、帝高辛氏、帝陶唐氏、帝有虞氏;西一室,夏禹王、商汤王、周武王;东一室,汉高祖皇帝、汉光武皇帝;又西一室,唐太宗皇帝、宋太祖皇帝。从祀为:东庑,风后、皋陶、龙、伯益、傅说、召公奭、召穆公虎、张良、曹参一坛;西庑,力牧、夔、伯夷、伊尹、周公旦、太公望、方叔、萧何、陈平一坛;又东,周勃、冯异、房玄龄、李靖、李晟、潘美、岳飞一坛;又西,邓禹、诸葛亮、杜如晦、郭子仪、曹彬、韩世忠、张浚一坛。

祭坛陈设为:三皇分作三案,每案有神帛一匹,瓷爵三个,登一个,铏两个,簠、簋各两个,笾、豆各十个,共同分享犅牛一头、羊一头、豕一头;五帝分作五案,汉高祖、光武两案,唐太宗、宋太祖两案。配祀,风后至曹参九位共用一案,各素帛一匹,爵三个,酒盏共三十个,铏一个,簠一个，簋两个，笾四个，盛形盐、枣、栗、鹿脯；豆四个，盛菁菹、鹿醢、芹菹、醓醢，共同分享羊一头，豕一头。周勃至岳飞七位，力牧至陈平九位，邓禹至张浚七位，其祭坛布置皆相同。

祭祀之日，典仪唱"乐舞生就位，执事官各司其事"。赞引引献官至盥洗所，赞搢笏，出笏。又引至拜位，赞就位。

典仪唱"迎神"，协律郎举麾奏乐，奏《雍和》之曲："仰瞻兮圣容，相銮舆兮景从。降云衢兮后先，来俯鉴兮微衷。荷圣临兮苍生有崇，眷诸帝兮是临，予顿首兮幸蒙。"乐止。赞四拜，陪祭官亦四拜。

典仪唱"奠帛，行初献礼"。奏《保和》之曲："秉微诚兮动圣躬，来列坐兮殿庭。予今愿兮效勤，奉礼帛兮列酒尊。鉴予情兮忻享，方旋驾兮云程。酒行兮爵盈，喜气兮雍雍。重荷蒙兮载瞻载崇，群臣忻兮跃从，愿睹穆穆兮圣容。"执事官各捧帛、爵进于献官，赞献于神位前。助祭者引赞升坛至三皇位前，赞搢笏，执事官以帛进于献官，赞献爵，三出笏。随后，按顺序分别至五帝神位、夏商周三王神位，汉高祖、汉光武、唐太宗、宋太祖神位前献爵。最后至读祝位，读祝官取祝跪于献官左，读祝文，曰："皇帝谨遣致祭于太昊伏羲氏、炎帝神农氏、黄帝轩辕氏、帝金天氏、帝高阳氏、帝高辛氏、帝陶唐氏、帝有虞氏、夏禹王、商汤王、周武王、汉高祖皇帝、汉光武皇帝、唐太宗皇帝、宋太祖皇帝，曰：昔者奉天明命，相继为君。代天理物，抚育黔黎。彝伦攸叙，井井绳绳。至今承之，生民多福。思不忘报，特祀以春秋。惟帝英灵，来歆来格。尚享。"读祝毕，进于神位。赞俯伏，兴，平身，复位。乐止。

典仪唱"亚献礼"，奏《中和》之曲："酒斟兮礼明，诸帝熙和兮悦情。百职奔走兮满庭，陈笾豆兮数重。亚献兮愿成。"执事官各以爵献于神位前,乐止。

典仪唱"终献礼",奏《肃和》之曲:"献酒兮至终,早整云鸾兮将旋宫。予心眷恋兮神圣,欲攀留兮无从。蹑云衢兮缓行,得遥瞻兮达九重。"仪同亚献。

典仪唱"饮福受胙"。赞至饮福位,跪,搢笏。执事官以爵进赞,饮福酒;执事官以胙进赞,受胙,出笏,俯伏,兴,平身,复位。赞二拜。

典仪唱"彻馔",奏《凝和》之曲:"纳肴羞兮领陈,烝民乐兮幸生。将何以兮崇报,惟岁时兮载瞻载迎。"执事官各于神位前彻馔,乐止。

典仪唱"送神",奏《寿和》之曲:"旛幢缭绕兮导来踪,鸾舆冉冉兮归天宫。五云拥兮祥风从,民歌圣佑兮乐年丰。"赞四拜,平身。陪拜同。乐止。

典仪唱"读祝官捧祝,掌祭官捧帛、馔,各诣燎位"。望瘗,奏《豫和》之曲:"神机不测兮造化功,珍羞礼帛兮荐火中。望瘗庭兮稽首,愿神鉴兮寸衷。"乐止。赞"礼毕"。

二、祭城隍之礼

城隍神信仰在中国非常普遍。从字面上讲,城指城墙,隍指护城河,是城市的重要守备。因此所谓城隍神,其实是人们对城市保障的寄托,并进而对城市防御工事进行了神格化。又因为天下城市众多,所以城隍神也不定于一尊,比如上海的城隍神是霍光,杭州的城隍神是文天祥,苏州的城隍神是范仲淹,等等。

说到各地的城隍神都是怎么来的,这就非常有趣了。《聊斋志异·考城隍》记载了一个故事。有个叫宋焘的人,生前未能考上功名,然而病重时，却被鬼使神差地拉到地府去参加了城隍神的选拔考试。得知考试通过后，他却向考官哭诉起来，说老母无人奉养，请求为母亲养老送终后再去上任，于是考官查阅了书生母亲的阳寿时间后，便放他还阳去了。后来母亲去世的那一天，书生便沐浴更衣，接着就断气了。这个故事透露出来的信息是，原来城隍神是要选拔的，能者居之。古人认为阳有府衙，阴有城隍，是保一方平安的关键角色，所以各地的城隍神都是生前有过功绩的先贤。因此，在吉礼中，祭祀城隍也是非常重要的。

有明一代，城隍神的地位被抬得很高，甚至被封爵位。但在祭祀礼仪上，城隍神很多时候是与风云雷雨和山川一起合祭的。比如明代规定，各布政司、府、州、县在春、秋仲月上旬必须择日同坛祭祀三神位，其中风云雷雨居中，山川居左，城隍居右。神牌上写"某府某州某县境内山川之神"或"某府某州某县城隍之神"。风云雷雨用帛四匹，山川用帛二匹，城隍用帛一匹，俱用白色。

三神合祭，大体与社稷祭祀之礼相同。献官及斋戒、省牲、陈设、正祭、迎神，都与社稷礼同。但于临祭时，执事者必须先把毛血填埋进瘗坑中，而通赞则不唱"瘗毛血"。在奠帛、初献时，献官必须先至风云雷雨神位前，次诣山川神位前，次诣城隍神位前，再次诣读祝之所。祝文曰："维洪武某年，岁次某月某朔某日，某官某等敢昭告于风云雷雨之神，某府州县境内山川之神，某府州县城隍之神，曰：惟神妙用神机，生育万物。奠式民居，足我民食。某等钦承上命。今当仲春（或"秋"），谨具牲醴庶品，用申常祭。尚享。"读祝毕，行亚献、终献之礼，与初献相同。不同的是，亚献与终献不再奠帛与读祝。在饮福受胙环节，所取用的胙肉是风云雷雨神位前的羊脚肉。而彻馔、送神、望燎的环节，亦同社稷祭祀礼仪。至于祭品都是通过燎炉焚烧给神灵，而不是像社稷祭祀那样填埋进瘗坑。

三、祭厉之礼

祭祀厉鬼，是古代国家较为特殊的祭礼，不为现代人所熟悉。所谓厉，是鬼的一种，早期的涵义是，人死后肉体虽已腐化，但游魂未散尽，时间久了就变成了害人的厉鬼。著名的故事如"伯有为厉"，说的就是郑国的子产通过为厉鬼祭祀的方法，化解了含冤而死的伯有的戾气，从而安抚了被惊扰的国民。后来，厉的涵义有所改变，主要指没有子嗣的人死后所成的鬼，或中断了祭祀而化成了厉鬼。这种鬼因为缺乏祭祀，所以又称无祀之鬼。因为厉鬼会害人，所以有明一代，国家以官方的形式专门设坛祭祀，以免厉鬼对社会稳定造成危害。

明代洪武年间正式确立祭厉的官方礼仪，要求各府州县于城北郊外设坛，于每年春清明日、秋七月十五日、冬十月一日，祭无祀鬼神。府州所设祭坛称作郡厉，县所设祭坛称作邑厉。祭祀所用牺牲为羊三头、豕三头、饭米三石，香烛酒纸使用无限制。

祭厉之礼并不复杂。先期三日，主祭官斋沐更衣，准备香烛酒果，随后告备本处城隍，并向城隍鞠躬后行再拜之礼。随后诣城隍位前下跪，进爵、献爵、奠爵、鞠躬，行再拜之礼，焚烧告文。祭祀当天，设城隍位于坛上，祭物用羊一头、豕一头；坛下左右设无祀鬼神之位，神位上写"本府（或本县）境内无祀鬼神"，祭物用羊两头、豕两头以及羹饭，等等。陈设完毕后，通赞者唱"执事者各就位，陪祭官各就位，主祭官就位"。随后向神位鞠躬，行四拜之礼。诣神位前，下跪，三献酒。最后诵读祭文,再鞠躬,行四拜之礼,焚化祭文,礼毕。

祭郡厉文如下:"维洪武年月日,某府官某遵承礼部札付,为祭祀本府阖境无祀鬼神等众事,该钦奉皇帝圣旨:普天之下,后土之上,无不有人,无不有鬼神。人鬼之道,幽明虽殊,其理则一。故天下之广,兆民之众,必立君以主之。君总其大,又设官分职于府州县以各长之。各府州县又于每一百户内设一里长以纲领之。上下之职,纲纪不紊,此治人之法如此。天子祭天地神祇及天下山川,王国各府州县祭境内山川及祀典神祇,庶民祭其祖先及里社土谷之神。上下之礼各有等第,此事神之道如此。尚念冥冥之中无祀鬼神,昔为生民,未知何故而没,其间有遭兵刃而横伤者,有死于水火盗贼者,有被人取财而逼死者,有被人强夺妻妾而死者,有遭刑祸而负屈死者,有天灾流行而疫死者,有为猛兽毒虫所害者,有为饥饿冻死者,有因战斗而殒身者,有因危急而自缢者,有因墙屋倾颓而压死者,有死后无子孙者。此等鬼魂或终于前代,或没于近世,或兵戈扰攘,流移于他乡,或人烟断绝久缺其祭祀,姓名泯没于一时,祀典无闻而不载。此等孤魂,死无所依,精魄未散,结为阴灵。或倚草附木,或作为妖怪,悲号于星月之下,呻吟于风雨之时。凡遇人间节令,心思阳世,魂杳杳以无归。身堕沉沦,意悬悬而望祭。兴言及此,怜其惨凄,故敕天下有司,依时享祭。在京都有泰厉之祭,在王国有国厉之祭,在各府州有郡厉之祭,在各县有邑厉之祭,在一里又各有乡厉之祭,期于神依人而血食,人敬神而知礼。仍命本处城隍以主此祭。钦奉如此,今某等不敢有违,谨设坛于城北,以(三月清明日、七月十五日、十月一日)置备牲醴羹饭,专祭本府阖境无祀鬼神等众,灵其不昧,永享此祭。

"凡我一府境内人民，倘有忤逆不孝、不敬六亲者，有奸盗诈伪、不畏公法者，有拗曲作直、欺压良善者，有躲避差徭、靠损贫户者，似此顽恶奸邪不良之徒，神必报于城隍，发露其事，使遭官府。轻则笞决杖断，不得号为良民；重则徒流绞斩，不得生还乡里。若事未发露，必遭阴谴，使举家并染瘟疫，六畜田蚕不利。如有孝顺父母，和睦亲族，畏惧官府，遵守礼法，不作非为，良善正直之人，神必达之城隍，阴加护佑，使其家道安和，农事顺序，父母妻子，保守乡里。我等阖府官吏等，如有上欺朝廷，下枉良善，贪财作弊，蠹政害民者，灵必无私，一体昭报。如此则鬼神有鉴察之明，官府非谄谀之祭，尚享。"

第三章
凶礼——慎终追远

凶礼，《周礼·大宗伯》规定其内容是"哀邦国之忧"，主要包括丧礼与荒礼两类。其细目包括为逝者安魂的丧礼、祈禳（ráng）①灾年的荒礼、向邻国问安的吊礼、为邻国募资的襘礼、安抚难民的恤礼。其中，丧礼最为重要，且相当复杂，是凶礼的主体部分。总体来说，古代社会对各种严酷情况的尽哀，一方面是为了追思，一方面也是为了警惧，是为"慎终追远"。

第一节 凶礼概说

凶礼的主体内容是服丧之礼，民间有"礼莫重于丧"之说。丧礼较之其他的礼，在时间上可长达三年之久；在仪节使用上，细节特别之多，甚至每一环节都有讲究。记载丧礼的主要文本为《仪礼》的《丧服》，《礼记》的《杂记》、《丧服小记》、《大传》、《丧大记》、《问丧》、《服问》、《三年

---

① 祈禳，祷告神明以求福除灾。

问》《丧服四制》等。上自帝王，下至庶民，没有不用到此礼的。至于荒礼、吊礼、禬礼、恤礼等国家礼仪，于历代礼志都有所记载，因为仅止于官方，加上历史的限定性，所以普通人了解的较少。

一、丧服制度

丧服制度是根据家族关系的远近亲疏确立的，是丧礼中最重要的仪节。家族关系的远近亲疏意味着感情的深浅，感情深的，需要服丧重；感情浅的，则服丧轻。《荀子·礼论》称为"称情而立文"，所以丧服制度与人情的亲密程度有根本的关系。郑玄说："不忍言死而言丧也，以丧是弃亡之辞。若全存居彼，弃亡于此也。"（《三礼图集注》引《目录》）之所以称丧，原是因为不忍心称亲人之逝去为"死"，而变通地称之为离去，似乎亲人在彼岸世界（注：儒家所说的彼岸世界是灵魂归去的泰山，不是天堂、地狱）还是鲜活的，故而"丧"是一种富于人情味的说法。

儒家认为，决定家族关系之亲疏的根据是血缘。《礼记·丧服小记》说："亲亲，以三为五，以五为九。"三，指父、己、子三代；五，指祖、父、己、子、孙五代；九，指再分别向上与向下推两代，为高祖、曾祖、祖、父、己、子、孙、曾孙、玄孙九代。旁系亲属，从兄弟算起，到从父兄弟（同祖父兄弟），到从祖兄弟（同曾祖兄弟），最远到族兄弟（同高祖兄弟）。上下九代，合旁系众族，称作九族。

之所以血缘关系上下推及九代，是因为这是人一生中所能见到的直系亲属的极限。九族的亲疏关系，儒家是通过礼来进行客观区分的。儒家认为，父、己、子三代是最亲的，然后亲密度依次递减，礼书称之为

"减杀(shài)"。根据减杀原则,丧服制度被制定为五等十一类,由重至轻,依次为斩衰(cuī)、齐(zī)衰、大功、小功、缌麻五个等级。直系向上,亲情的递减称为"上杀",比如为父亲服最重的斩衰,为祖父母服次一等的齐衰不杖期,为曾、高祖父母则只服齐衰三月;直系向下,亲情的递减称为"下杀",父为嫡长子服斩衰,为嫡孙服齐衰不杖期,为曾、玄孙仅服缌麻;亲情向旁系亲属的递减,称为"旁杀",比如为亲兄弟服齐衰不杖期,为从父兄弟服大功,为从祖兄弟服小功,为族兄弟仅服缌麻。

传统丧服制度等级如下:

斩衰　服丧三年,一般限于子女为父亲、妻子为丈夫、父亲为嫡长子、媳妇为公婆、诸侯为天子等服丧。斩衰是丧服中最重的一种,这是因为"其恩厚者其服重,故为父斩衰三年,以恩制者也"(《礼记·丧服四制》)。

齐衰　分为四等:

① 齐衰三年。父卒为母服,母为长子服。之所以为母服丧要次一等,是为了突出"国无二君,家无二尊"的父系思维。

② 齐衰杖期。父在为母服,夫为妻服。丧服同齐衰三年,丧期则为一年。

③ 齐衰不杖期。为祖父母,世、叔父母,兄弟等服。丧服与丧期与上同,唯不杖。

④ 齐衰三月。为曾祖父母等服,庶人为国君服。

大功　丧服用粗熟布为之。分为两等:

① 大功殇九月、七月。为子女的长殇(十九岁至十六岁)、中殇(十五岁至十二岁)与兄弟的长殇、中殇服。

② 大功九月、七月。为从父兄弟、丈夫的祖父母等服。

小功　分为两等：

① 小功殇五月。为叔父的下殇（十一岁至八岁）与兄弟的下殇等服。丧服用稍粗熟布为之。

② 小功五月。为从祖祖父母、从祖父母，外祖父母等服。

如果孩子未满八岁而死，则为“无服之丧”，仅仅哀哭。哀哭的时间量化为生一月哭一日。如果孩子生下来尚未取名就死了，则不必为之哀哭。

缌麻　服丧三月，丧服用稍细熟布为之。为族曾祖父母、族祖父母、族父母、族兄弟，妻之父母、舅、甥、婿等外戚服。《礼记·大传》说："四世而缌，服之穷也。"缌麻是丧服中最轻的一种。

应用于九族的五等丧服制，也称作"五服"，因此"五服"也被用来指代家族关系，成为衡量家族中远近亲疏关系的尺度。五服之外，如遇有丧，《礼记·大传》也做了规定。其一"五世，袒免"，五世指高祖以上、玄孙以下，不必为之服丧，只要入殓与出殡时左袒（左臂袒露）、着免（wèn，头上绑一条一寸宽的丧带）即可；其二"六世，亲属竭矣"，如果亲缘关系更远，那么即使是同一祖先血脉，亲属关系也算是中断的，因此可以在服丧上不做任何表示。此外，还有两种特殊的丧服，其一称作"繐衰"，介乎小功之上大功之下，丧服用细熟麻布制作，特用于诸侯之臣为天子服丧的情况；其二称作"锡衰"，丧服由细而滑的麻布制成，一般用于大夫吊命妇或命妇吊大夫时使用。

丧服关系其实非常复杂，除了为直系亲属服丧之规定外，古代还有为姑、嫂、侄等旁系亲属服丧的规定，细目之多，难以胜数。今举先秦主要的丧服关系如下，图中丧服制度的减杀一目了然。

				高祖父母 （齐衰三月）		
			族曾祖父母 （缌麻）	曾祖父母 （齐衰三月）		
		族祖父母 （缌麻）	从祖祖父母 （小功）	祖父母 （不杖期）	外祖父母、从母（小功）	
	族父母 （缌麻）	从父母 （小功）	世父母、叔父母 （不杖期）	父 （斩衰三年）	母 父卒则为母 （齐衰三年）； 父在为母 （杖期）	从母昆弟、舅、舅之子、甥（缌麻）
族昆弟 （缌麻）	从祖昆弟 （小功）	从父昆弟 （大功）	昆弟 （不杖期）	己	妻 （杖期）	妻之父母 （小功）
	族昆弟之子 （缌麻）	从父昆弟之子 （大功）	昆弟之子 （不杖期）	子 长子 （斩衰三年）； 众子 （不杖期）	嫡妇 （大功）； 庶妇 （小功）	
		从父昆弟之孙 （缌麻）	昆弟之孙 （小功）	孙 嫡孙（不杖期）；庶孙 （大功）		
			昆弟之曾孙 （缌麻）	曾孙 （缌麻）		
				玄孙 （缌麻）		

二、丧服的制作

丧服一般由这样几部分构成：衣、裳、首绖、腰绖、绞带、杖、屦，也统称作"衰绖"。古代衣服，上称"衣"，下称"裳"，故有斩衰衣、斩衰裳或齐衰衣、齐衰裳。"衰"指的是丧服上衣前襟处所缝的布条，而"绖"指的是扎冠的绳子和系腰的绳子,故有首绖、腰绖之分。古人穿衣时需用到带子,分为束衣用的大带与系挂饰物用的革带。但穿丧服时则必须替换为麻绳,大带换成腰绖,革带换成绞带。衣与带都是很重要的物件,所以衰绖也就成了丧服的特殊称名。当然,也有用齐衰指代丧服的,如《论语·乡党》中,孔子说:"见齐衰者,虽狎,必变。"意即出于礼貌,面对着丧服的人要严肃庄重。

丧服的制作非常有讲究,重点在于突出等第,这主要表现在用料的精粗、制作的方法、加工程度的深浅,以及丧杖等物件的搭配上。

古人织布的精粗用"升"表示,一升由八十根经线(八十缕)构成,线缕越多,布料越精细。古人日常制衣的布料为十六升,斩衰服所用布料仅为三升,冠为六升。(为父称为正服,用料三升;为君称为义服,用料三升半。)又名之以"斩",是因为制作斩衰的布料用刀斩断后不再缝边。宋儒聂崇义说:"不言裁割而言斩者,取痛甚之意。"(《三礼图》)加工麻类植物需要经过去表皮、撕分韧皮层、捶打脱胶、漂白、纺线、织布六个步骤。制作斩衰时,各道工序皆要粗浅,最终形成颜色粗恶的布料,这是为了象征孝子遇大丧无心修饰而一切从简。斩衰还要配以丧杖,其长度一般与丧主①的心齐平。服斩衰的人与逝者关系一定最近,因此也是家中地位最高的人,所以配饰使用的是竹杖,这是身份的象征。

齐衰的布料为四升,冠为七升。制作上,比起斩衰,齐衰仅仅可以缝边而已。其加工的程度稍精于斩衰,但色泽仍显得粗恶。齐衰有杖期、不杖期之别,杖期所使用的是桐杖。

---

① 丧主,丧事的主持人。古代丧礼以死者嫡子为丧主,嫡长子死,则以嫡长孙充任。

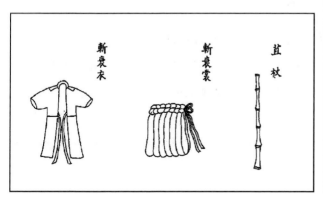

引自《五礼通考·丧礼》

引自《五礼通考·
丧礼》

大功所用布料,分为大功殇用七升,大功成人用八升或九升;小功用布料十升或十一升;缌麻为十四升,几乎接近日常服饰。大功布制作已较为精细,纤维柔和,只是颜色不太白。小功布的颜色显得更白,而缌麻就做得更为精细。

丧服分为五等,最长的丧期要达三年,但却不是说三年内都必须穿着最重的丧服。古人为了"哀而不伤",要求人们让哀伤随着时间递减,最终能自然地脱丧,这就出现了丧服的过渡服饰——受服。比如斩衰使用三升布,既葬之后就改为六升布;齐衰使用四升布,受服改为七升布;大功九月,在服三月后需改为小功衰。时间短的,如三个月丧期的,就不再使用受服。总之,丧服制作需遵循两个原则:其一须遵守丧主与逝者的亲疏程度;其二须辅助丧主节哀顺变自然脱丧。

三、丧礼的意蕴

《礼记·大传》将服丧条例归纳为六种原则："一曰亲亲,二曰尊尊,三曰名,四曰出入,五曰长幼,六曰从服。"亲亲,就是用礼的方法表达对亲人的哀思,突出亲人在血缘上的亲疏关系;尊尊,就是用礼的方法表达对权力者的哀思,突出权力者的等级地位。前者属于家族伦理,后者属于政治伦理,这是儒家制定丧服制度的基本伦理依据。

1. 出于人情

丧礼中,最重的斩衰需服丧三年。之所以要这么久,是因为父母恩重,不容怠忽。《论语·阳货》记载了宰我对通行的三年之丧的质疑,他对孔子说:"服丧三年,时间太长了。君子三年不行礼仪,礼仪必然败坏;三年不演奏音乐,音乐就会崩溃。旧谷吃完,新谷登场,钻燧取火的木头轮用了一遍,所以一年也就可以结束了。"孔子反问他说:"父母去世一年后就吃稻米、穿锦衣,你心安吗?"宰我坦然地说:"心安。"孔子生气地说:"你心安就那样去做吧! 反正君子守丧的时候,觉不出食物与音乐的美好,甚至日常生活都是不安的。如今你心安,就那样去做吧!"宰我出去后,孔子感叹说:"宰我真是不仁啊! 孩子生下来长到三岁,然后才离开父母的怀抱。三年丧期,这是天下通行的丧礼。宰我对他的父母有三年的敬爱之情吗?"孔子把三年之丧的道理讲得很明白,因为父母至少把孩子抱在怀中三年,孩子才能长成熟,因此为父母服丧三年,这实在是报恩的自然情感使然。

事实上,这种出于自然情感的亲子之爱,即使出家人也无法抗拒。

道教就规定,道众必须对父母嘘寒问暖。如《洞玄灵宝道学科仪》规定:"出家之人,若道士、女冠,身心依道,俗化全一隔,然于鞠养,有殊常俗。若在远,随四时省问;若在近,随月朔省问;在寒在热,在凉在暄,定省之时……若逢病患,孝友之心,自须辛苦,勤力医药,朝夕爱护,不得于所生父母有所吝惜。"《太平经》还告诫道众应该为父母养老送终准备资财:"父母之年,不可豫知。为作储待,减省小费,岁岁有余……父母年尽,无以饷送,复为不竟孝之意。"因此,尽孝也是道教的一个基本信条。

其实,所谓了却尘缘的佛教也非常重视出于报恩的自然情感的孝。北宋禅僧契嵩作《孝论》,说:"生我,父母也;育我,父母也。吾母又成我之道也。昊天罔极,何以报其大德!"又如《佛说父母恩重难报经》写道:"人生在世,父母为亲。非父不生,非母不育。是以寄托母胎,怀身十月。岁满月充,母子俱显。生堕草上,父母养育。卧则兰车,父母怀抱。和和弄声,含笑未语。饥时须食,非母不哺。渴时须饮,非母不乳。"这就是在反复强调,每个人的生命都是父母所赐,且母亲怀胎十月,哺育艰难,父母恩重,岂能不报!

可见,在孝的问题上,出于报恩的自然情感,并没有出家与在家的区别。至明代,《大明律》明确规定,凡僧尼、道士、女冠,都必须拜父母,祭祀祖先,按五服制度服丧。有违背的,杖责一百并勒令还俗。质言之,孝乃是天伦,父母恩重,不忍怠忽,故而成为丧礼制定的首要根据。

2. 服务政治

丧服不仅仅用于表达对亲人逝去的哀思,在古代,丧服还有其特殊的政治价值。鲁僖公六年(前654)夏,诸侯攻打郑国。为了营救郑国,楚国将挑事的许国包围了。不得已,入冬后,诸侯国开始屈服,许僖公也不得不亲自去见楚王请降。当时,许僖公的请降效仿了微子见武王的方式。他双手反绑,嘴里衔着玉璧,把自己装扮成死罪的犯人,士则用车载着棺材,大夫则着"衰绖",如出殡的样子,祈求得到楚王的宽恕。

鲁僖公十五年(前 645)时,秦晋韩原之战,晋国兵败,晋惠公被擒,秦穆公想用晋惠公祭天。而晋惠公的姐姐正是秦穆公的夫人穆姬,听闻此事,穆姬赶忙带着太子罃、儿子弘与女儿简璧登上堆满柴薪的高台,派使者免冠束发着"衰绖"迎接秦穆公,并要挟说:若赐死晋惠公,那自己也将携儿女赴死。秦穆公见后只好作罢。

以上两则故事中,丧服成为了政治博弈中的关键要素,故事主角通过丧服来博取对手的同情,从而换回了一定的政治利益。

进入魏晋时代,由于司马氏以孝治天下,强化了"移孝作忠"的原则,于是丧礼也被赋予了绝对的政治意涵。认真服丧的孝子被认为是国家的栋梁,反之,则成为吏治选拔中被鄙弃的对象。《世说新语·任诞篇》记载说,阮简素以旷达闻名,守父丧期间,一次外出,路遇大雪,于是客居浚仪令家中。浚仪令用肉汤招待了阮简,阮简毫无顾忌地喝下了肉汤。不久后,阮简守丧期间喝肉汤的事被人告发,就因此,他三十年没有再被朝廷启用。

阮简因为一碗肉汤而断送了政治前途,这正是因为他服丧的"不虔诚",与作为治国首要原则的孝道有所抵牾,等于是触犯了政治禁忌。触犯政治禁忌,在任何一个时代都是重罪。正因为孝道在古代政治中居于重要地位,因此丧礼执行得到位与否,也就成为传统中国社会的重要政治行为,具有难以回避的政治意涵。

第二节　士　丧　礼

《仪礼》中的士丧礼，并不是丧礼的全部，而是较为复杂的丧礼的一部分，主要是入殓的礼仪。先秦较为详细记载士丧礼的文献就是《仪礼》，这也成为后世相关礼仪的经典依据。

一、士丧礼相关常识

士丧礼主要是处理遗体的礼仪，大概包括招魂、设奠、报丧、沐浴、饭含、袭尸、小敛、大敛、朝夕哭、筮宅、卜葬日等环节。士丧礼的意义在于，通过对逝者的遗体进行礼节性的处理，充分表达生人对逝者的爱戴与思念。由于不忍心草草对待，故而形成了非常复杂的入殓之礼。

本节介绍部分仪式流程中的陈设安排，以及部分重要礼器的样式。

哭位的安排　为了避免家人去世时可能造成的混乱场面，特别重视秩序的儒家根据族人与逝者远近亲疏的关系，制定了相应的哭位。逝者的尸体被安放在正室南墙的窗下，头朝南而足朝北。丧主与逝者关系最近，哭位在尸床东侧，丧主之妻在西侧，两人是坐着的。丧主的身后站着他的庶兄弟，面朝西；妾和众子孙站在丧主之妻的身后，面朝东。大功以上亲属在逝者身边，小功以下亲戚中，妇人立在室外的堂上，而男子则立在堂下，这是按照他们平日的活动范围来规定的。但不管站在哪个位置，他们都须面朝北，正对尸床的方向。

小敛时的陈设　小敛衣物的衣领须朝南，由西向东摆放，一行放不下时，就向相反的方向转行，总共十九套。准备好收紧衣服用的绞。衾被用缁布做被面，用赤色做里子，被端不缝起。堂之东陈设干肉、肉酱、醴、酒，以及盥洗器具，堂之西为抬尸的士准备盥洗器具。在正寝的门外设一个鼎，鼎面朝西。鼎中放的是切割成七块的小猪，剥去蹄甲的前肢左右各一，后髀左右各一，胁骨两块，以及一块与脊骨相连的肺。鼎之西设俎一个，首尾按东西摆放，盛素食，俎上放着匕，匕柄朝东。

大敛时的陈设　大敛衣物的衣领也须朝南，摆放与小敛一样。依次陈放绞带、单被一条、絮被两条，以及国君、丧主的庶兄弟、死者的朋友等赠送的衣服总共三十套。堂之东放瓦甒两个，分盛醴、酒，配以角质的觯（zhì）①与木质的勺；豆两个，分盛未切碎的腌菹菜与螺肉酱；笾两个，分盛未挑选的栗子与干肉四条。堂之西放筐两个，分盛黍与稷，上面放鱼和腊肉。门外南北向放鼎三个，上鼎放切成两半的小猪，中鼎放九条鳟鱼或鲫鱼，下鼎放去除髀骨的风干兔子的左半部分。鼎之西设俎一个，首尾按东西摆放，俎上放匕，匕柄朝东。

朔月奠的陈设　在停柩期间，每月初一都需要设奠祭祀。所设祭品为一只小猪、鱼和风干的兔子，分别放在三个鼎中，鼎放在庙门外。堂东陈放用瓦敦盛的黍和稷。祭品的陈设秩序是：盛肉酱的豆在北，盛菹的豆在南，豚俎在两豆之东，鱼俎在豚俎之东，腊肉放在俎与豆之北。牲肉用巾布盖住。

士丧礼中较为重要的礼器，如下：

铭旌　又称作"神明之旌"，是用来区别逝者身份的。因此，铭旌除了用来写逝者姓名以外，也必须按照逝者身份等级制作。一般的规定

---

① 觯，一种酒器。

是,天子九尺,诸侯七尺,大夫五尺,士三尺。若不命之士①,一般是用一块长一尺的黑色布,一块长二尺的赤色布,宽皆三寸,拼接而成。赤色部分上写"某氏某人之柩"。布条绑在三尺长的竹竿上,立在屋檐之下、西阶之上。

掩　用来包裹逝者头部的练帛,长五尺,宽二尺,前后两端撕开。上端有丝绳在颅后打结,下端也有两根丝绳在颔下交叉,颈后打结。

冒　尸套,上下身各一个。上身的尸套用黑色,长度与逝者的双手对齐;下身的尸套用红色,只是宽度比上身稍窄一些。尸套的制作,须依照君用锦冒,大夫用玄冒,士用缁冒的规定。冒的边是不缝起来的,上有带,君的冒系七个结,大夫的冒系五个结,士的冒系三个结。

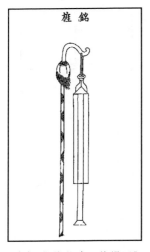

引自《仪礼义疏·礼器四》

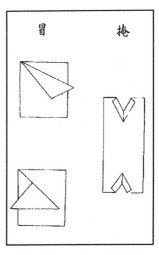

引自《仪礼义疏·礼器四》

---

①　不命之士,没有官爵名分的士。

幎目　用于覆盖逝者面部，用缁布制成，里子用的是红色的布，一尺二寸见方，四角有丝绳，系于逝者脑后。

握手　包裹逝者的手，用玄纁色的布制成，里子用纁色的布，长一尺二寸，宽五寸，中部紧缩一寸。握手的中间填入棉絮，两端各有丝绳，先以一端绕手腕一匝，另一端向上钩住中指，再绕过手腕，于手掌后节处打结。

重　重是一根横木，两头挂的是给逝者准备的食物。夏祝将饭含时剩下的米盛进两个鬲中，在西墙下煮成粥，用粗布把鬲盖住后，悬挂在横木上。然后将横木树在中庭三等分的南侧一分处。重的尺寸也被分为士三尺，大夫五尺，诸侯七尺，天子九尺。因为逝者新亡，还没有制作木主，所以重鬲①也有代替木主的意思。《礼记·檀弓》说："重，主道也。"

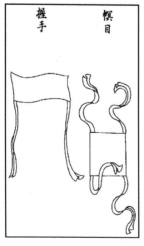

引自《仪礼义疏·礼器四》

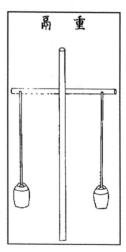

引自《仪礼义疏·礼器四》

---

① 重鬲，古代丧礼中使用的悬挂于重木的瓦瓶。

绞　为逝者穿衣时，收紧衣服用的布。小敛绞，纵向一幅，横向三幅，布的两端都撕开。大敛绞，纵向三幅，横向五幅。

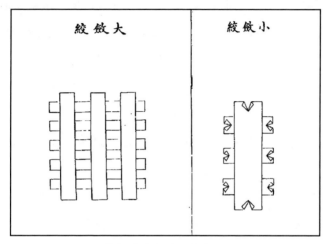

引自《仪礼义疏·礼器四》

二、士丧礼的流程

招魂　努力挽回逝者的仪式。逝者必须在正室中离去，但在逝者弥留之际，守护者首先要判断弥留者是否正式死亡。古人的做法是"属纩以俟绝气"（《礼记·丧大记》），也就是用一种非常轻薄的丝絮放在弥留者的鼻孔下，如果纩纹丝不动，那就宣告弥留者正式离去。但这不是亲人愿意得到的消息，于是就要举行招魂的仪式，希望通过仪式，再把逝者的魂气唤回到体魄上来。这是亲人最后的努力，这个仪式就叫作"复礼"。

复礼的实施，必先命一人担任"复者"，负责招魂。再找到一套逝者生前穿过的能代表逝者身份的礼服,将衣与裳缀连起来。复者把逝者的礼服搭在肩膀上,将衣领插入自己的衣带中固定,从东边爬上屋脊,面朝北呼喊:"噢——归来吧,某人。"连喊三遍后,将衣服从屋前扔下,堂下有人负责接住,从阼阶上堂进屋,覆盖在死者身上,象征魂气被带了回来。当然,复礼是不可能达到起死回生之目的的,所以《礼记·檀弓》说:"复,尽爱之道也。"若复礼结束而无法出现奇迹,就要为逝者设奠。

设奠 为逝者进行安葬前的祭祀,"奠"意为安置,有安魂的意思。设奠前,先用角质的匙插入逝者的牙齿之间,使之张开,以便在口中放入珠玉;用小几压束逝者的双足,使之端正,以便为其穿鞋。家人将干肉、肉酱以及醴酒放置在尸体的东侧,在堂上用帷幕隔开尸体,然后进行祭祀。

报丧 主人在西阶之东,面朝南吩咐使者,交代使者向国君报丧事宜,然后拜而送之。

吊唁 慰问丧主的仪式。国君使人来吊唁时,丧主要在门外迎接。接待宾客时不能哭泣,引导使者从西阶上堂,面朝东而立。使者在中庭中宣告国君的命令,宣毕,丧主方能哭泣。哭泣要跪拜,额头触地,然后顿足,顿足三次为一番,需顿足三番。这样的规定,是遵君命节哀的意思。

助丧 帮助丧主办理丧事的仪节。当国君派襚者①送来衣被助丧时,丧主需到门口迎接。襚者左手执衣领,右手执裳腰,与吊唁者一样,

---

① 襚者,国君派来赠送助丧衣物的人。

入门后从西阶上堂致君命。待丧主行拜礼后，襚者入室，将衣裳覆盖在逝者的敛被上。随后，丧主拜送襚者，下西阶出门。如果不是国君所派的使者前来，丧主不必到门口迎接。当亲友送来衣被助丧时，若大功以上亲属，不必通报，直接入室内把衣被放在指定处；若庶兄弟或朋友前来，需向丧主通报，丧主拜谢后，将衣被放在指定处。待吊唁者退出后，丧主号哭而不顿足。

建旗旐 正式通告逝者的离开。旗旐的使用需按照身份等级确定。诸侯有自己的旗帜，但如果是没有资格建旗的不命之士，就需要特制布条来做。

沐浴 为逝者洗净身体的仪式。沐浴，由国君派来参与丧事的夏祝协助完成。夏祝首先在堂上淘米，淘米水是用来为逝者洗头的。他将所得淘米水交给管人，管人用鬲将淘米水煮熟，夏祝再将煮过的淘米水倒入敦中备用。沐浴由逝者生前的仆从负责执行，丧主等亲属皆出门回避。沐浴时，先用淘米水为逝者洗头，梳理好头发，用巾揩干，接着为逝者洗身体。洗尸体的水用国君赐冰时盛放的夷盘①接住，然后倒入堂下的坎穴中。随后，为逝者修剪指甲、胡须。最后，用丝带为逝者束发，插上发笄，穿好贴身衣服。如果是夏天，就用夷盘盛冰，置之尸床下，防止尸体腐坏。

饭含 喂逝者吃饭的仪式。古人的观念是吃饱了上路，所以处理尸体中，很重要的一步是在逝者的口中放入食物。负责饭含过程的有司商祝，首先将爵弁服、皮弁服、褖衣依次放在尸床上。丧主则在室外，

---

① 夷盘，古人用冰寒尸使不腐臭，夷盘是盛冰冰尸的大盘。

袒露左臂，先洗净双手，再洗贝。宰将勺子插入米敦中，商祝捧巾布，跟随丧主入室。商祝首先抽去逝者的枕头，再用巾布覆盖逝者的面部，这是为了避免饭含时有米粒掉落。接着商祝抽去逝者口中角质的匙，由丧主用角匙舀取米，放入死者口内右侧。放三次后，再放入一枚贝，左侧与中间也是如此摆放。最后在剩余的空间内继续放米，直至放满。《礼记·檀弓下》说："饭用米贝，弗忍虚也。"完成后，丧主穿好原本袒露的左衣袖，回到原来的位置。

穿衣 为逝者整顿衣着的仪节。商祝用"掩"覆盖住逝者的面部及头顶，将两个丝绳经颅后交叉，在颐下打结。再将前面的丝绳经额部向后交叉，在颈后打结。然后用丝绵塞住两耳，用"幎目"覆盖面部，将丝绳向脑后打结。接着为死者穿衣，除贴身衣服外，再穿三套（爵弁、皮弁、褖衣），用大带束腰，将手板插入带间。然后在逝者的拇指上套上扳指，丝绳扎在腕口。再为逝者戴上袖套，其丝绳与扳指相连。为逝者穿鞋子时，除了在足面系紧鞋带外，还要把多余的鞋带连绑在一起，以免双足分开。最后，把尸体装入尸套，将大敛用的衾被盖在上面，把用过的巾布、角匙、乱发、指甲等埋在堂下两阶间的坎穴中。

设重 设置灵魂依凭的器物。重是挂着两个鬲的横木，鬲中装了粥，是为逝者准备的食物。由于逝者新亡，不及准备神主，因此重成为代替神主的过渡物品。

小敛 第一次正式安置尸体。商祝在室内铺两重席，下一重为莞草席，上一重为竹席，席上一次叠放绞带、衾被、散衣以及祭服。铺设完毕，抬尸的士洗手后，将尸体从尸床上抬至竹席上，然后回到堂下西阶前。接着，商祝再到堂上的东西两楹间安放竹床，铺设的顺序和在室内一样。完毕后，商祝掀开帷幕的出入口，丧主面朝西抚尸顿足痛哭，顿足不计次数，其他人也都如此。哭毕，丧主用麻挽发，袒露左肩，他的庶兄弟用布束发，他们的配偶则将麻与发合结在一起。然后，众人与士一道，将尸体抬到两楹间的床上，并把夷衾①覆盖在上面。同时，众男女再次顿足哭泣。

小敛奠祭　奠祭时，由两位抬鼎人洗手出门，右边的抬鼎人右手执匕，左边的抬鼎人左手持俎。两人分别用另一只手抬鼎，入寝门，将鼎放在阼阶之前。右边的人用匕首挑出鼎中的肉，左边的人用俎接过，牲肉被倒扣在俎中。接着，夏祝拿着醴，执事们分别拿着酒、干肉、肉酱和俎，从阼阶上堂，走到尸体的东侧。此时，主丧的男子们开始顿足痛哭。尸体的东侧放着笾、豆、醴、酒，奠祭在尸体的东侧举行。待祝从尸体的足前绕到西侧，再从西阶下堂时，妇人们开始顿足痛哭。祝再从重木的南侧绕至东侧，主丧的男子们再次顿足痛哭。祭毕，丧主到庙门外拜送宾客。随后，其他的亲属们轮流号哭。

大敛　第二次正式安置尸体。丧主与亲属从西阶上堂，从逝者尸体的足部绕到东侧，面朝西，袒露左肩。妇人们站在尸体的西侧，面朝东。有司在阼阶上铺席，同小敛一样，商祝依次将绞带、单被、絮被、衣服放在席上。铺席完毕，抬尸者将逝者尸体抬到大敛的席上。此时，丧主顿足号哭，不计次数。大敛完毕，撤去帷幕，丧主抚尸痛哭，妇女亦然。

殡　安置尸体入棺木的仪式。丧主将尸体捧入棺木，棺木放入西阶下称为"肂"(sì)的坎穴中，同时顿足号哭。棺木四旁各放一个筐，筐

---

① 夷衾，古代丧礼中用来覆盖尸体、灵柩的被单。

内放炒熟的黍与稷。最后，用木料覆盖棺木，并涂上泥，丧主再次顿足号哭。祝将铭旌插在坎穴的东侧。主人回到阼阶下，继续顿足痛哭，然后穿好左衣袖。殡是停柩的意思，根据《礼记·王制》，由于丧礼的规模不同，天子须殡七个月，诸侯殡五个月，大夫以下殡三个月。

大敛奠祭　士盥洗后，抬鼎至阼阶前，面朝西，将鼎中的食物陈放到俎上。鱼头朝左，鱼鳍朝前，放三列，每列三条鱼；放腊肉时，将骨的根部朝前。和小敛一样，祝执醴，执事者跟随其后，执酒、笾、豆、俎，从阼阶上堂。此时，男人们顿足痛哭。陈放祭品完毕后，执事者出室，面朝南站在户室之西，祝最后出室，合上门。随后，祝绕经西楹的西侧，从西阶下堂，执事者紧随其后。此时，妇人们顿足痛哭。祝再绕经重木之南，朝东方走去，回到门东。此时，男子们再次顿足痛哭。

送宾　丧主在寝门外拜送宾客，然后入室，再次与同族兄弟朝着灵柩方向号哭。待同族兄弟退出，丧主到寝门外拜送。等众主人都退出殡宫[1]时，停止哭泣，在寝门外等候有司合上门。最后，丧主向众主人拱手行礼，准备居丧。

成服　从逝者始死日起第三天，丧主及亲属开始正式服丧。

朝夕哭奠　朝夕两次或哀痛时哭泣的规定。经过大小敛，哀痛稍缓，缩短哭泣时间，是要丧主节哀顺变。早晨时，丧主于庙门东侧即位，服丧的男子、妇女，应服丧的异姓男子，以及异国有爵位者等各就其位。待殡宫之门打开后，妇人顿足，但不哭；丧主则向众人行三拜礼后，入庙

---

① 殡宫，停放灵柩的房舍。

门号哭。此时,执事撤大敛祭品,改设朝奠祭席。祝和执事执醴、酒、干肉、肉酱从西阶上堂,男子们顿足而哭。祭品摆放和大敛一样,唯不设巾。摆好祭品,执事和祝依次出户,祝率先从西阶下堂,此时妇人顿足而哭。待众执事绕经庭中重木以南向东走时,男子顿足号哭。宾客出门时,妇人再次顿足号哭。众主人皆出庙门后,哭声停止。众人在庙门外各就其位,待庙门合上后,各自居丧。

　　朔月奠与荐新　每月初一,须再行朔月奠,仪节与朝夕哭奠一样。有新的收成时,还要行荐新之祭,其礼仪与朝夕奠、朔月奠一样,其意思是,要把应季的食品献给逝者。

　　筮择墓地　通过卜筮确定墓地的仪式。挖掘墓地时,先挖四角,所起土壤堆在四角之外;挖中央时,所起土壤堆在墓的南侧。朝哭之后,众人随丧主来到墓地之南,面北而立,接触绖(dié)带①。此时,主人命令卜筮者说:"哀子某,为其父某甫筮宅。度兹幽宅,兆基无有后艰?"("哀子某人为父某甫筮选墓地。今选定此处幽宅,将来会有灾难吗?")卜筮者领命后,朝着墓中央用筮(shì)草②卜筮。筮毕,卜筮者将所卜得的卦交给丧主右边的宰臣。宰臣看后,交还卜筮者,与下属共同占筮卦的吉凶。占毕,禀告丧主说:"占之曰从。"因为吉利,所以丧主再穿上绖带,号哭而不顿足。如果不吉,则重新选择墓地。

　　卜葬日　占卜落葬日期的仪式。卜葬日用的是龟甲,火由苇束点着。族长与宗人皆穿着吉服,待一切准备就绪后,丧主解去绖带,搭在左肩。族长检视龟甲后,递给宗人,以丧主的口吻说:"哀子某,来日某,

---

　　①　绖带,古代丧服所用的麻布带子。
　　②　筮草,古代用蓍草占卦卜吉凶。

卜葬其父某甫。考降，无有近悔？"("哀子某人，占得某日，将落葬其父
某甫。成此幽室下棺，有无咎悔之事？")宗人领命后，将辞命传达于龟，
再把龟交给卜人，卜人于是用荆枝灼烧龟甲。事毕，宗人向族长与丧主
禀告说："占曰：某日从。"("某日吉利。")宗人再将占卜结果告知丧主
之妇，以及通报未到场的宾客。最后，丧主再次系上绖带，到殡前号哭。
宾客退出，丧主出庙门拜送。

士丧礼完成。

第三节　既 夕 礼

既夕礼的重点是安葬棺柩。《说文解字》说："葬者，藏也。"妥善地
掩藏逝者遗体，这是文明开化的表现，而由此形成一套完整的礼仪，则
是文明进步的表现。

一、既夕礼相关常识

既夕，意思是夕哭之后。丧家在葬前两日的夕哭之后，开始讨论落
葬的安排。既夕礼大致包括请期、启殡、迁柩、朝祖庙、载柩、饰车、祖
奠、大遣奠等环节。既夕礼重在通过朝祖庙、装饰柩车等环节，把逝者
仍然当作生人对待，体现了生人为逝者送行时的依依不舍。

既夕礼中，陪葬用的明器是有讲究的。明器就是陪葬品，又称冥
器，其实都是活人世界的物品，主要包括日常生活中的器物、兵器、燕饮
时的器具等。三礼中所规定使用的明器并非后世想象的那样精致花
哨，更非奇珍异宝，而是做工粗恶，不能真正使用的器物。比如琴瑟笙

笙都没有音调,钟磬是无法悬挂的,弓箭只是有个样子,配套的弓弦、拨、箭袋等一应俱全,但无法使用。之所以做工如此粗恶,是为了严格区分死人与活人的界限。《礼记·檀弓》说:"孔子谓:为明器者,知丧道矣,备物而不可用也。哀哉!死者而用生者之器也。不殆于用殉乎哉!"意思是,让死人用活人的东西,这无异于殉葬。所以《礼记》主张尽哀思即可,明器从简,这的确是一种进步的观念。后世发展出的金碧辉煌的墓室、巧夺天工的陪葬品等厚葬形式,其实是骄奢淫逸的产物、等级观念的延伸,是早期进步观念的倒退。

既夕礼中较为重要的礼器,如下:

功布 《既夕礼》云:"商祝执功布以御柩。"意思是,商祝在启殡前,专门拂拭灵柩;在送葬时,又执功布在柩车前导引。功布是用来使神依凭的礼器,类似后世所谓魂帛。

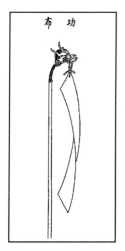

引自《仪礼义疏·
礼器四》

引自《仪礼义疏·礼器四》

輁轴　迁灵枢用的器具，六人拉着一副担架似的东西。《既夕礼》云："迁于祖用轴。"入葬前需要禀告祖先，这是效法商的制度。《礼记·檀弓》说："殷朝而殡于祖，周朝而遂葬。盖象平生时将出，必辞尊者。"意思是，在殷商时，出殡前要将逝者的尸体送去祖庙祭祀，就好像健在时辞别父母远行那样。郑玄描述说："轴，状如转辚，刻两头为轵；輁，状如长床，穿桯前后，着金而关轴焉。"（《仪礼注疏·既夕礼》）转辚，指的是车轴两头在轮外的转轮，是一种轴轮一体的转轮。輁，是载死者尸体的床，由木柱槛（桯）前后穿起，并包裹了金属板以固定轮轴。大夫、诸侯以上则有四周，称之为輴（chūn），天子以龙修饰。

遣策　策，即竹简；遣，即送。用来登记宾客所赠之助丧之物或助葬之明器的清单。人数百名以上书于策，不及百名则书于方。方是方形的板，又称作赗（fèng）方。竹简可以随登记人数之多寡而灵活增减，所以登记人数多时就用遣策。

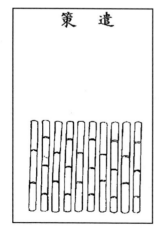

引自《仪礼义疏·礼器四》

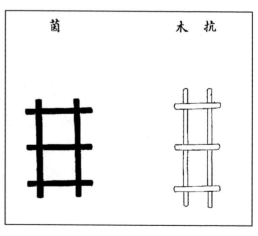

引自《仪礼义疏·礼器四》

抗木：隔土用的木板架子，五块木板构成，三根在上横放，两根在下竖放，这是象征"天三合地二，人藏其中焉"（《仪礼义疏·礼器四》）。

茵　铺在墓室底部的粗布，为避免棺木接触墓底泥土而设。茵一共有五块，下三块横向放置，上两块纵向放置。

抗席　茵在棺下，用来隔土；席在棺上，用来防尘。落葬后，棺木上先架抗木，再铺抗席，上再架抗木。抗木粗糙的一面朝上，抗席则粗糙的一面朝下。

棺饰　在迁柩时，灵柩会被一个长方形的尖顶"屋子"罩住，"屋子"的上半部分称为"柳"，用布覆盖住；下半部分是长方形木框。"柳"的前

引自《仪礼义疏·礼器四》

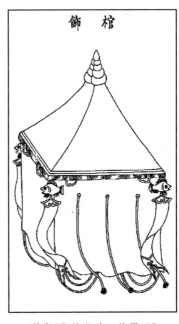

引自《仪礼义疏·礼器四》

面和两侧由竹管围绕,称作"池",象征屋檐下的霤(liù)①。车顶的圆盖由红、白、青三色构成。棺的两侧各扎数条帛带。

二、既夕礼的流程

请期　确定启殡日期的仪式。灵柩被暂时安置在殡宫的坎穴(肂)之中,落葬前需要启出。落葬前二日夕哭之后,丧主确定启殡的日期。同时,通知众宾客参加葬礼。

启殡　从肂中取出灵柩的仪式。启殡之日,天色微明时,男子用布缠头,妇人将麻与头发合结,在各自的哭位集结。殡宫门外点着两个烛炬。丧主向来宾行拜礼后,袒露左肩,进入殡宫,此时妇人不哭。商祝用布缠头,亦袒露左肩,执大功布入门,走上西阶最上一层,但不上堂。连续喊三次"噫兴",以警醒死者的神灵。接着,再连喊三次"启殡",告知死者的神灵行将出发,然后命令男女号哭。此时,执火烛的士入内,夏祝拿起旌旗插到庭中的横木上,商祝则用大功布拂拭灵柩上的灰尘。与此同时,丧主顿足号哭。

朝祖庙　通告祖先的仪式。将灵柩从肂中启出后,装入輁轴,迁送至祖庙。迁柩队伍的顺序是,最前面的是插铭旌的重,接着是祭品,然后是烛炬,然后是灵柩,接着又是烛炬,丧主及亲属紧随其后。灵柩至祖庙时,由西阶抬上堂。这是因为,在祖庙中,祖先才是主人,因此不能从阼阶上堂。灵柩随即被安置在两楹之间的夷床上,头朝北。丧主及妇人跟随灵柩上堂,丧主站在灵柩东侧,面朝西,众主人则立于东阶之

---

① 霤,屋檐水。

下。重被插在中庭。此时,设奠者从西阶上堂陈设祭品,再从西阶下堂。一切准备就绪,丧主开始号哭顿足。然后下堂答拜宾客,又到阼阶前号哭,并穿好左衣袖。丧主之妇与大功以上亲属,于东阶上朝西站立。

同时,逝者生前的车马被拉入祖庙庭中,车辕朝北停放。逝者生前用的车分为乘车、道车与槁车,乘车的横木上盖着鹿皮,车上放着盾牌、箭袋、马缰、皮弁服、旐旗、缨带、辔绳、马络头等;道车上放着逝者的朝服,这是逝者上朝时用的车;槁车上放着逝者的蓑衣、斗笠,这是逝者田猎时乘的车。最后,将驾车的马也迁入庭中,马的胸前绕着三种颜色的缨带,圉(yǔ)人①与御者在马的身边守候。祭祀完毕,丧主顿足号哭。后送宾客至门外。

饰柩车　通告祖先后,需要把灵柩装上车运往墓地,运送灵柩的车由商祝进行装饰。古人认为,孝子启殡见棺,就好像见亲人本身;装饰柩车,就好像亲人仍居住在帷屋内。所以,装饰柩车是孝道的表现,是"事死如事生"观念使然。

陈明器　落葬前需要先布置墓地。首先,在墓底铺上粗疏的浅黑色的布,四周有边缘,竖放两块,横放三块。从西向东排放的是,包裹羊肉、豕肉的苇包两个;畚箕三个,分别盛黍、稷、麦;瓮三只,分别盛醋、酱、姜桂末,以上用大功布覆盖。瓦甒(wǔ)两个,分别盛醴、酒,用小功布覆盖。此外,墓室中还须陈放弓箭、耒耜(lěi sì)②、敦两个、盂两个、

_____

① 圉人,古官名,古代掌管养马放牧事宜的官员。
② 耒耜,古代一种似犁的翻土农具。

盘、匜（yí）①等日常生活用具，铠甲、头盔、盾牌等兵器，以及手杖、竹笠、雉扇等燕居器物。

祖奠　祭祀路神（"祖"）的仪式。一切准备就绪，商祝将柩车掉头朝南，意思是准备前往墓地，所以这之前必先祭祀路神。于是有司设祭，丧主则穿上左衣袖，顿足号哭。此时，妇人下堂，站立到东西两阶之间。执事者挽转车头，祝把旌旗放到茵上，有司将重也指向南方。待夕阳西下时，正式设祖奠，丧主顿足号哭。有司将驾车的马再次迁入庭中。此时，宾客告辞出门，丧主送至庙门外。有司再次确认落葬日期，随后主人回到原位。

国君与士大夫等助丧　赠送钱财助丧，称作"赙"。国君派人致送的助丧之物是黑色与浅黄色的帛五匹，马两匹。当国君派人来时，丧主要放下丧杖，到庙门外迎接，不可号哭，入门后再袒露左臂。国君赠送的马匹非常珍贵，所以被拴在庭中的重上。使者北面传达国君之命后，丧主拜谢，号哭，顿足三番。使者放下赠送的帛后离开，丧主拜送，并穿好左袖，拿起丧杖，回到原位。卿大夫及士等致送助丧之物来时，马匹被安置在重之南，帛则放在柩车之左。服丧的族中兄弟，既可以赠送助丧之物，也可以赠送随葬物品。与丧主熟识的人，只赠送助丧物品，不赠送随葬物品。与逝者熟识的人，既可以赠送助丧之物，也可以赠送随葬物品。与生者熟识的人，除了可以赠送助丧物品外，也可向丧主赠送财物。不过，所有的赠物都须清楚地写在"遣册"之上，在送葬队伍启程前宣读。宣读"遣册"时，只有丧主及其配偶可以号哭，其他人则要

---

① 匜，先秦礼器之一，用于沃盥之礼，为客人洗手所用。

忍住。

　　大遣奠　正式安葬棺木前的仪式，又称葬奠。祭祀当天微明，在庙门口设五只鼎，去股骨的羊的左半边，肠五节、胃五节、划割而不切断的肺一块；去肠胃的肢解开的小猪一只；鱼数条；腊兔与鲜兔各一只，祭祀时盛于俎中。鼎之东，设豆四个，呈方形排列，分别盛牛胃，在西南，其北盛蚌肉酱，其东盛腌葵菜，其南盛螺肉酱；笾四个，呈方形排列，分别盛枣，在螺肉酱之南，其南盛米饼，其东盛栗，其北盛干肉；笾的西侧，陈放醴与酒。祭毕，甸人①将重带出庙门，倚靠在门左侧墙上。马匹从庙门中央牵出，套上车。撤祭品者进入，丧主等众人顿足号哭。撤祭品者只取牲肉的后端包裹，不包鱼和干兔，接着撤明器。待撤祭品者出门时，众人又皆顿足号哭。

　　宣读遣册　丧主之史在柩之东，面朝西，宣读助丧物品清单。此时只有丧主及其配偶可以号哭，众人不能号哭。史宣读遣册时，助手在旁抽算筹计数。读毕，命众人号哭。接着命众人停止号哭，丧主夫妇亦不得号哭，公史②开始宣读随葬物品清单。读毕，宣布众人可以号哭。

　　发引　挽引柩车前往墓地的仪式。"引"又写作"纼"（zhèn），又称作"绋"，这是用挽引柩车的绳索代指发引的仪式，今人所谓挽联、挽歌皆由此而来。柩车出发前，商祝执功布在前，引导队伍前行，有司只将羊与豕的后腿用"苞"包裹带往墓地。柩车有八位士来抬，为了保持运输过程中灵柩的平衡，柩车两边都系了红色或黑色的"披"（帛带），每条披由两人拉住。天子一边六披，大夫一边四披，士一边两披。柩车开始

---

　　① 甸人，古官名，主管籍田及公族行刑之官。
　　② 公史，古官名，诸侯掌管典礼的官吏。

行进时，丧主袒露左臂，顿足号哭。当柩车到达城门时，如遇国君派宰夫①前来送帛，那么丧主要放下丧杖，停止哭泣，于车辕左侧听命。一般情况下，柩车不能在路上停下。

落葬　送葬队伍到达墓穴（墓穴又称作"圹"，kuàng）后，执事者先将明器陈设在墓道的两侧。在墓室底部垫好茵，系好下棺的绳索。下棺的绳索称为"绋"（fú），天子六绋、诸侯四绋、大夫二绋。众人在墓道两边守立，不再号哭，等候落葬。下棺称为"窆"（biǎn）。待灵柩落葬后，丧主顿足号哭，并为逝者献上长一丈八尺的黑色和浅黄色的帛五匹，接着向灵柩叩首，又起立顿足号哭。献毕，丧主及妇人共同拜谢宾客，再就各自哭位顿足号哭三遍，宾退出。接着在棺木上放置木架，木架上铺抗席，抗席上再放抗木。最后，往墓穴里填土，一共填三遍。完成后，丧主向帮忙填土与夯土的乡人拜谢，然后回到原位继续顿足号哭。

反哭　丧主及族人返回祖庙与殡宫号哭的仪式。丧主由西阶上堂，面朝东而立，号哭；众主人则在西阶前面朝东而立，号哭。丧主之妇登堂入室后，又顿足而哭，回到阼阶的位子上，与男子们轮流号哭三遍。吊唁的宾客劝慰说："如之何？"（"这是无可奈何的事。"）于是丧主叩首拜谢。待送走宾客后，再前往殡宫，各就其位，男女轮流号哭三遍。同族兄弟、众主人依次出门离开，丧主向众人行拱手礼后，分别回丧居服丧。

既夕礼完成。

———————

① 宰夫，古官名，掌管君王饮食膳馐之官。

第四节　士　虞　礼

郑玄注解《仪礼》说："虞，安也。骨肉归于土，精气无所不之。孝子为其彷徨，三祭以安之。朝葬，日中而虞，不忍一日离。"所以，虞礼，是出于亲情之不忍而为逝者安魂的仪式。

一、士虞礼相关常识

士虞礼是迎接逝者的精气或灵魂回殡宫进行祭祀的仪式。和所有宗教一样，儒家也有自己的灵魂观念。儒家灵魂观念有两个重要特点：其一，"魂气无不之"。《礼记·檀弓》记载了一个故事，延陵季子的长子死了，他在长子的坟头号哭后，说："骨肉归复于土，命也；若魂气，则无不之也，无不之也。"孔子听到后，赞赏说："延陵季子之于礼也，其合矣乎！"灵魂在人死后弥漫开去的观念，得到了孔子的肯定，故而魂气这个观念成为儒家的基本看法。其二，"神不歆非类，民不祀非族"。南宋儒者陈淳在《北溪字义·鬼神》里讲过一个故事，说有一户人家祭祖，祭毕，有人询问这家主人，刚才祭祀时，看见有一着公服的官员模样的人在门口踌躇不进，而有一蓬头祖身、手提屠刀的人却径直前去大吃祭品，不知是怎么回事。这家主人不解。这时，有一长老说，你们家过去无嗣，无奈取屠夫家的孩子为嗣，就是今日的主祭者，所以祭祀时，只是把他本来的祖先给感召来了。这是说，祭祀是会感召来祖先灵魂的，而且只能感召自己血脉嫡系的祖先。前一个特点，讲的是灵魂的一般存在方式；后一个特点，讲的是灵魂在祭祀时的存在方式。这两个特点，构成了儒家灵魂观念的基本原则,尤其是后一个特点,成为传统中国人注重祭祀的根本原因。因为传统认为灵魂是活生生的,所以士虞礼及此后各类祭祀的根本意义,就在于安顿逝者的灵魂。当然,在此过程中,生人的心灵也得以慰藉。

立尸的规矩 古人祭祀时需要立尸,"尸"是神(魂)的依凭,代替神(魂)接受祭祀。一般由逝者的孙辈扮演,如果逝者是男性,则由男性孙辈扮演,不一定是嫡孙;如果逝者是女性,则由异姓,一般选择孙妇扮演,但必须正室,不可选妾室。不仅祭逝者,古代祭天地山川也要立尸。之所以祭祀要立尸,从儒家的角度讲,是为了聚阴阳二气;从现实的角度讲,是为了让祭祀有明确的对象,不至于盲目。

当然,特殊情况不能被忽视,比如家族中没有可以作尸的人,虞祭该如何进行?《仪礼》规定,所有的礼器之准备皆与有尸时一样,而祭品中则不再准备专门为尸所设的大羹、肉汁及大块的肉,祝读毕祝辞后也不再行绥(suí)祭及一食九饭之礼,取而代之的是男女们顿足哭泣三遍,时间大致与一食九饭之礼相同。其余如开门时丧祝①需发出"噫兴"声提醒逝者、飨食、尸之佐食者②祭祀等环节,皆与有尸时一样。然而,尸毕竟是"象神主"而用的,所以随着后世神主牌位普遍化,尸的角色也就被逐渐淡化了。

阴厌、阳厌的规矩 阴厌是把祭品放在逝者房中不被阳光照射到的西南隅进行祭祀的仪式,目的是为神明准备食物。如果是把祭品放在西北隅,那么称为阳厌。如果受祭者是不幸早夭的殇子,那么祭祀时

---

① 丧祝,古官名,大丧时于灵柩前引路。
② 佐食者,古代祭祀中进献祭品,助尸享用的人。

则不能立尸，只能用阳厌或阴厌。如果早夭的是宗子，那么祭祀时使用的是阴厌；如果早夭的是庶子或无后者，那么必须到宗子家祭祀，并且只能用阳厌。

飨尸过程中的两种祭祀　堕祭，将祭品插入酱或盐中再取出的祭祀，祭毕不吃。振祭，将祭品插入酱或盐中再取出，振摇一下，摇落过多的盐粒，然后祭祀，祭毕要尝一口。堕祭与振祭，又合称为绥祭。

虞祭的次数与时间规定　相对于士丧礼与既夕礼，虞祭形式较为简约，但次数较多，有时间要求。士三虞共四天，大夫五虞共八天，诸侯七虞共十二天，天子九虞共十六天，初虞则统一都在落葬当天举行。虞祭的时间有柔日刚日之分，在干支纪日法中，天干为甲、丙、戊、庚、壬的为刚日，天干为乙、丁、己、辛、癸的为柔日。落葬日必须为柔日，因此初虞必定在柔日，然后隔一日再虞，最后一次虞祭在前一次虞祭的第二日，所以最后一次虞祭在刚日。

卒哭　卒哭是停止哭泣的礼，有节哀的意思。卒哭的时间为最后一次虞祭的次日。虞祭结束，意味着距离逝者的离去已经有一段时间了，过度悲伤就不太合适了，需要有所节制。卒哭这一天，祭祀的意义有所改变，意味着丧祭正式结束。《礼记·檀弓下》说："卒哭曰成事。是日也，以吉祭易丧祭。"就是说，卒哭之前的祭祀属于丧祭，卒哭之后的祭祀则属于吉祭。

小祥　在葬礼后的第十三个月举行周年之祭，称为小祥。孝子改穿练衣、戴练冠，这是一种由大功布加灰练制成的布做的，练衣的领口则镶红色的边。练服是由凶礼向吉礼过渡的服饰，因此，小祥又名练祭。

大祥　在葬礼后第二十五个月举行的两周年之祭,称为大祥。大祥之祭,意味着丧主即将除服。大祥之祭前一晚,丧主穿朝服宣布大祥的时间,次日便行大祥之祭。大祥之后,丧服改为由白色生绢做成的,冠边镶以白绫的缟冠。大祥后五天,可以弹奏不成曲调的琴;逾月后可吹笙,声调和谐。

禫(dàn)　禫的时间有两种说法,葬礼后第二十五个月,与大祥同一个月举行;或第二十七个月,与大祥相隔一个月举行。禫,有澹然的意思,就是说,至禫祭时,丧家的哀恸有所平复。因此,禫祭之后,丧家正式脱丧。

期年之丧的特殊情况　期年之丧只有一年,但也必须包含小祥、大祥、禫。《礼记·杂记下》规定:"期之丧,十一月而练,十三月而祥,十五月而禫。"就是说,小祥、大祥、禫的举行时间可根据实际情况进行调整。

二、士虞礼的流程

虞祭的准备　虞祭前,致祭者必须沐浴,但不用梳头。执事在庙门外宰杀牺牲,并分解为七块,于镬中烹煮。煮熟后,将牺牲左半边的肩、臂、前胫骨、股骨、脊骨、肋骨及切成块的肺从镬中捞出,置于鼎内。宰杀烹煮的过程中,丧主不亲临。陈设在庙门外的牺牲必须头朝北,牺牲身体的右半边放在地上。祭祀时取用的是猪颈肉,与不切断的肺一道放入上鼎内。鳟鱼或鲫鱼九条,放入中鼎内。除去后股的左半边的腊兔,放在下鼎内。鼎摆放在庙门外右侧,摆放时,牲肉之骨的根端和鱼鳍都要朝前。西楹柱东设豆两个,盛菹菜与肉菜;其东设铏一个。铏东设有主人献给祝的豆两个以及主妇献给祝的笾四个。东西阶之间,还要陈设牲俎，放的是牺牲的髀骨、颈骨、脊骨、肋骨以及切断的肺；设敦两个，盛黍与稷。室内的北墙下，放醴与酒各一甒，用粗葛布覆盖其口。逝者居室的西南隅，设凭神的小几一张。于西阶的西南处设洗，其西设水，其东设篚，内盛五寸长的白茅。西阶之南设供尸洗手的匜，匜之东设竹箪，盛巾布一块。中午时，举行虞祭。

阴厌　飨尸前，先祭祀逝者灵魂的仪式。阴厌时，祭品皆陈设于室内西南隅，终年不见阳光，故得名。祭祀时，丧祝先取白茅洗净，再下堂洗涤酒斝，再上堂后，众人停止号哭。祝随丧主入室内朝西站立。赞者进上菹菜豆与螺肉酱豆，又将鼎抬入，用匕取出牲肉。由西向东，分别是牲肉俎、鱼俎、腊肉俎，俎之南放盛黍、稷的敦，豆之南放盛菜羹的铏。丧祝酌醴酒于斝中，并命令尸的佐食者打开敦。同时，丧祝将酒斝放在铏之南后，回到原位。准备就绪，祝祷请逝者的灵魂来享用祭品。此时，尸的佐食者挽起袖子，先将黍、稷放在切碎的白茅上祭祀，祭毕，再重复，共祭祀三次。然后，取猪颈肉，用同样的方法祭祀，祭一次取一块，亦祭祀三次。随后，丧祝拿起斝祭祀，用勺把醴从斝中舀出，浇在白茅上，再把斝添满，回到原位。丧主叩首再拜。最后，丧祝读祝辞，曰："哀子某，哀显相，夙兴夜处不宁。敢用洁牲刚鬣、香合、嘉荐普淖、明齐溲酒，哀荐祫事，适尔皇祖某甫。飨！"（"哀子某人及众亲属，日夜悲恸。冒昧用牲猪、黍、菹醢、黍稷、新水酿的酒等举行祫祭，献给皇考某。请歆享！"）读毕，丧主叩首再拜，号哭出门，回到西阶。

迎尸　迎接尸入庙的仪式。尸入庙时，身后须跟随一名身着衰绖、双手捧篚的丧主的兄弟。尸入门时，众人顿足号哭，执事者为尸浇水洗手，宗人递上巾布。祝引尸上堂后，宗人诏告丧主等再次顿足号哭。尸入室后,像之前那样顿足,但停止号哭。丧主和丧祝拜请尸安坐,尸回拜后坐下。

　　飨尸　为尸献酒献食的仪式。尸用左手拿起觯,再取菹菜,在肉酱中蘸一下,放在两豆间堕祭。尸的佐食者取黍、稷和肺递给尸,尸接下后祭祀。祭毕,再放回原处,丧祝则读祝辞,丧主则再拜叩首。尸尝一口醴酒,再放回觯。佐食者拿肺与脊递给尸,尸振祭后,再放回豆中。佐食者再拿起盛黍的敦,放到席上。然后,尸祭祀铏中的菜羹,并尝一口。完成后,进入最重要的"九饭"环节。尸用手抓一次称为一饭,分三次咽下,每饭后喝大羹肉汁一口。第一次三饭后,佐食者递上肋条肉,尸进行振祭,然后将肉和剩下的饭放入筐中。第二次三饭后,佐食者递上猪小腿肉,尸进行振祭。第三次三饭后,佐食者递上猪肩肉,尸进行振祭。接着,佐食者又奉上鱼俎和腊俎。尸吃完后,佐食者将剩下的食物放入筐中。

　　丧主洗涤废爵(无足之爵),酌酒献尸,是为初献。尸接爵,与丧主互行拜礼后,饮酒一口。宾之长向尸献肝,尸振祭后品尝一口,再饮尽酒爵。丧祝为尸酌酒,尸持酒爵酢①丧主,丧主接爵,与尸互行拜礼后,坐下祭酒,然后饮尽酒爵。丧主再酌酒献给丧祝,丧祝接爵,与丧主互行拜礼后,左手持爵,右手祭菹菜与肉酱,接着又祭肺、祭酒,祭毕后尝一口。宾之长又为丧祝献上肝,又振祭,祭毕后,饮尽酒爵。最后,丧主将空爵放入筐中,回到原位。

　　丧主之妇在房中洗涤足爵(有足之爵),酌酒献尸,是为亚献。尸接

----

① 酢,zuò,以酒回敬。

爵，与妇互行拜礼后，饮酒一口。丧主之妇取盛枣、栗的笾献给尸，尸祭枣、栗，又祭酒；丧主之妇又向尸献烤肉，尸祭烤肉后，饮尽酒爵。丧主之妇又为丧祝酌酒，并献上笾食与烤肉；又向尸的佐食者献酒，其仪节皆同。最后，丧主之妇持空爵回房。

来宾之长洗涤繶爵（爵身有篆文的爵），酌酒献尸，是为三献。所献食物为烤肉，其余仪节与初献、亚献同。

送尸　为尸饯行的仪式。逝者的神将离开，众人不舍而号哭。请尸坐下，丧主、丧主之妇以及来宾之长再次行三献之礼。然后，尸起身，随丧祝出，丧主的庶兄弟捧着篚跟在尸身后号哭。尸出室时，众人顿足号哭。尸下堂、出门时，丧主与众人再次顿足号哭。

阳厌　尸出门后，丧祝入室，将神前的祭品撤下，改放到屋的西北隅，祭席前设几一张，因为终年能照到阳光，故得名。屋子的西北角则用席进行围隔。丧主自己拿着俎出室，赞者负责关门。

送宾　丧主送宾出殡宫，至殡宫门外时，众人停止哭泣，皆回到朝夕哭的位置。宗人向丧主禀告，虞祭事毕。然后丧主送来宾出大门，行叩首拜谢之礼。

第一次虞祭完成。

第五节　荒　礼

《周礼·大宗伯》说："以荒礼哀凶札。"在灾害来临前后，国家会举行一些相关活动来预防或缓解灾害对百姓造成的伤害，这就是荒礼。《礼记·王制》说："国无九年之蓄曰不足，无六年之蓄曰急，无三年之蓄曰国非其国也。三年耕必有一年之食,九年耕必有三年之食,以三十年之通,虽有凶旱水溢,民无菜色,然后天子食,日举以乐。"事实上,荒礼重在备荒,储备丰盈,也就无惧灾荒。而当一个国家要仓皇地被迫救荒时,说明这个国家的政治已经非常糟糕了。

一、荒礼相关常识

荒礼有一定的特殊性,虽然称之为礼,但不是系统的礼仪。当灾害来临时,国家是不可能像之前的吉礼、丧礼那样拨付出巨额资金来办礼乐活动的。所以荒礼的主体,其实是备荒的政策,其次才是救荒与祈祷等活动。

1. 备荒的制度

从理论上讲,救荒不如备荒,准备充足,一旦灾荒来临时便能从容应对。备荒,就涉及经济政策,是国家治理中的重要手段。有文献记载的最早的备荒政策,是战国时李悝在魏国实行的常平仓制度,这是最早从价值规律角度调节粮价的制度。

《汉书·食货志》记载李悝为魏文侯详细分析了百姓日常开销的情况,他说:"籴甚贵伤民,甚贱伤农。民伤则离散,农伤则国贫。故甚贵与甚贱,其伤一也。善为国者,使民无伤而农益劝。今一夫挟五口,治田百亩,岁收亩一石半,为粟百五十石,除十一之税十五石,余百三十五石。食,人月一石半,五人终岁为粟九十石,余有四十五石。石三十,为钱千三百五十,除社闾、尝新、春秋之祠用钱三百,余千五十。衣,人率用钱三百,五人终岁用千五百,不足四百五十。不幸疾病死丧之费,及上赋敛,又未与此。此农夫所以常困,有不劝耕之心,而令籴至于甚贵者也。"这是说，按照传统的十一税，意即十成抽一成的税收制度，那么最底层的老百姓在交税与基本开支以后，将连疾病死丧的费用都难以支付。

于是，李悝通过对丰歉情况的分析，改革了税收制度。他认为："善平籴者，必谨观岁有上中下熟。上熟，其收自四，余四百石；中熟自三，余三百石；下熟自倍，余百石。小饥则收百石，中饥七十石，大饥三十石。故大熟则上籴三而舍一，中熟则籴二，下熟则籴一，使民适足，价平则止。小饥则发小熟之所敛，中饥则发中熟之所敛，大饥则发大熟之所敛，而粜之。故虽遇饥馑水旱，籴不贵而民不散，取有余以补不足也。行之魏国，国以富强。"这就是说，国家首先要为丰歉情况评级，将丰歉分为上、中、下三熟与小、中、大三饥，一方面按不同情况收税，一方面按不同情况进行粮食收购或投放，以此来平抑物价。如果遇大熟之日，粮价下降，那么国家就买进市面上四分之三的粮食；如果遇中熟之日，就买进一半；若遇下熟之日，则买进一成的粮食。如果遇到饥荒发生时，市面上的粮食涨价了，国家就根据饥荒的评级，将对应的丰收时收购的粮食投放进市场，从而达到平抑粮价的目的。

简言之，常平仓是储粮备荒以供应官需民食而设置的粮仓，后来渐成制度，充分运用了供求关系的变化来调剂粮食供应。在市场粮价低的时候，国家适当提高粮价进行大量收购，一方面充盈仓廪，一方面避免粮贱伤农。在市场粮价高的时候，国家适当降低价格出售存粮，于是防止了谷贵伤民。所以，这种平抑物价的措施，对当时的政治、社会都有积极意义。

然而西汉元帝初元五年（前44），社会发展情况有所变化，当时的儒臣认为，常平仓虽有利，但施行既久，渐渐造成了"外有利民之名，而内实侵刻百姓，豪右因缘为奸，小民不能得其平"（《后汉书·刘庄传》）的弊病。于是不得已，国家以与民争利为由废除常平仓。东汉明帝永平年间，国家又拟设置常平仓，儒臣刘般又以上述理由再次极力反对，最终作罢。然而常平仓制度没有销声匿迹，在此后的历朝历代中都被断断续续地使用着。

至北宋年间，常平仓制度受到重大改革，以钱款借贷的形式被重新推出，这就是王安石的青苗法，被称为常平新法。

然而青苗法的推出，却遭到了许多儒者的反对。其中，司马光更是宁愿辞官，也要求皇帝废除青苗法，他说："今言青苗之害者，不过谓使者骚动州县，为今日之患耳。而臣之所忧，乃在十年之外，非今日也。夫民之贫富，由勤惰不同。惰者常乏，故必资于人。今出钱贷民而敛其息，富者不愿取。使者以多散为功，一切抑配，恐其逋负，必令贫富相保。贫者无可偿，则散而之四方；富者不能去，必责使代偿数家之负。春算秋计，展转日滋，贫者既尽，富者亦贫。十年之外，百姓无复存者矣。"（《宋史·司马光传》）

青苗法是一种国家贷款方式，每年两次，在麦苗青黄不接的时候放贷，又称青苗钱。因为贷款是直接借钱，所以司马光认为：首先，这会使人养成惰性，这是贫穷之为贫穷的根源。其次，贷款就需要还利息，虽然青苗钱不是高利贷，但利息并不低。王安石本来规划的是二分利，但在实际操作中，不良官员会伺机增息，于是给农民造成一定负担。再次，青苗钱是一种贷款，但却不是自愿贷款，而有国家强制性。富者不愿贷款，贫者又无偿还的保障。针对富者，王安石进行了强行摊派（抑配）；针对贫者，则制定了保甲法，以十户为一保，进行借贷管理。也就是说，富者既要完成贷款任务，又要做贫者的借贷担保。这就不仅造成了意愿上的问题，一旦贫者无力偿还，甚至逃跑，那么富者将损失惨重。所以司马光说，十年之后，"贫者既尽，富者亦贫"，富人变穷，穷人更穷。

其实不仅如此，青苗钱还有很多问题，比如还贷刻板，只能用钱不能用物；还贷时间固定，不能拖欠。当然，这是行政管理上的无奈，但终究比不过民间借贷的灵活性，于是给农民造成沉重的负担。此外，在实际操作中，为了避免贫者无力偿还贷款，有些官员只能将青苗钱贷给富者，这又违背了赈济目的。如宋元之际马端临所总结的："青苗钱所以为民害者三，曰：征钱也，取息也，抑配也。"（《五礼通考·荒礼》）

不得不叹息的是，王安石本是要通过青苗法来实现"富国"、"强兵"的目的，但是由于个人意愿、地区差异、制度缺陷等种种因素的影响，农民在整体上遭受了重大损失。最终，王安石因为他严重的改革失败而不得不黯然离场。

2. 官方的态度

荒礼，主要包括备荒与救荒的相关制度与政策，兼及少量的仪式礼节，这与实际情况有关。但与其他礼制很不同的是，荒礼还特别注重统治者的引导性的态度，意即天子或官员要刻意表现出食不知味、忧心忡忡的样子。天子与官员是古代百姓的家长，他们的生活态度对于百姓会有一定的心理暗示。天子通过减少膳食、穿粗布衣等方式，向百姓传达父母与子女的心连心，这对于荒政期间的政治稳定与社会稳定意义重大。

《春秋穀梁传·襄公二十四年》规定，灾荒最严重时，自天子、诸侯至百官,都必须表现出与民同忧的姿态。《春秋穀梁传》将灾荒分为五级,"一谷不升谓之嗛,二谷不升谓之饥,三谷不升谓之馑,四谷不升谓之康(通'虚'),五谷不升谓之大侵"。当发生最严重饥荒时(大侵),"君食不兼味,台榭不涂,弛侯,廷道不除,百官布而不制,鬼神祷而不祀"。意思是,君王饮食没有滋味,台榭不再清理,诸侯出巡不清道,百官穿粗布衣服,祭祀时只是祈祷而不安排祭品。

《逸周书·籴匡解》规定,年谷足时,官方的做法是"宾、祭以盛。大驯钟绝,服美义淫,皂畜约制,余子务艺。宫室城郭修为备,供有嘉菜,于是日满"。意即举行盛大的祭祀。年谷不足时,官方的做法是"宾、祭以中盛。乐惟钟鼓,不服美,三牧、五库补摄。凡美不修,余子务穑,于是纠秩"。意即祭祀与音乐的规模都减小,不穿漂亮的衣服,一切从简。年饥时,"勤而不宾,举祭以薄。乐无钟鼓,凡美禁。畜不早(皂)群,车不雕攻,兵备不制,民利不淫。征当商旅,以救穷乏。闻随乡,不鬻熟。分助有匡,以绥无者,于是救困"。意即用最为简略的方法祭祀,省去音乐,放弃修饰,禁止一切审美活动。大荒时,"有祷无祭。国不称乐,企(食)不满壑。刑罚不修,舍用振穷,君亲巡方,卿参告籴,余子俸运。开廪同食,民不藏粮,曰有匡。俾民畜唯牛羊,于民大疾惑,杀,一人无赦。男守疆,戎禁不出。五库不膳(缮)。丧礼无度,祭以薄资。礼无乐,宫不帏。嫁娶不以时,宾旅设位有赐"。意即停止祭祀活动,只做简单的祈祷,也不再修订法律,对现行法律严格执行,国君与卿大夫亲自参与救荒活动,各类的礼仪能省则省,其余的规矩也不再硬性限制。

不难看出,诸如减小祭祀规模,更正用乐情况,改变服饰与车饰的精美度等,对于救荒其实并无实质作用,但却可以用来反映统治者的个人意志。这种无心祭祀、无心赏乐、无心审美的心情,充分表明了天子对灾荒的忧心忡忡,与受灾百姓同气连枝。这就容易给百姓造成一定的心理暗示,即天子与官员能体谅民之不易,因此是民之依靠。

质言之,天子与官员的私人生活态度构成荒礼的重要环节,虽不能解决实际问题,但其引导意味更为主要,具有在困难时期,凝聚社会民心的重要意义。

二、荒礼的具体措施

在灾害发生时,国家必先进行两个仪式性的工作,即了解灾情、抚恤人心,然后再开展具体的救荒措施。《周礼·大司徒》规定了十二种具体措施:其一,散利,发放救济物资;其二,薄征,减少税收:其三,缓刑,放宽量刑;其四,弛力,放宽力役;其五,舍禁,开放山泽禁令;其六,去几,停收关市之税;其七,眚(shěng)礼,吉礼礼数从简;其八,杀哀,凶礼礼数从简;其九,蕃乐,敛藏乐器;其十,多昏,允许家庭重组;十一,索鬼神,祈祷鬼神;十二,除盗贼。以上十二种措施,成为古代荒政时期政府部门的基本工作指南。

1. 检勘灾伤

检勘灾伤就是巡查受灾程度。《周礼》记载,主管农政的官员要定期巡查庄稼的情况。《周礼·司稼》规定:"巡野观稼,以年之上下出敛法。"所谓"敛法",就是收税的规定,主要根据"丰年从正,凶荒则损"的原则进行。

然而在实际操作中,官员为了政绩,并不能很好地履行职责。汉殇帝延平元年(106)七月,有人瞒报灾情,于是敕司隶校尉部刺史曰:"夫天降灾戾，应政而至。间者郡国或有水灾，妨害秋稼。朝廷惟咎，忧惶悼惧。而郡国欲获丰穰虚饰之誉，遂覆蔽灾害，多张垦田，不揣流亡，竞增户口，掩匿盗贼，令奸恶无惩，署用非次，选举乖宜，贪苛惨毒，延及平民。刺史垂头塞耳，阿私下比。不畏于天，不愧于人。假贷之恩，不可数恃，自今以后，将纠其罚。二千石长吏其各实核所伤害，为除田租、刍稁。"（《后汉书·殇帝纪》）意思是，凡有天灾发生时，各地方政府若有瞒报灾情、姑息盗贼、徇私舞弊、贪赃枉法者，必将重罚。

同样地，唐代宗大历十二年（777）冬十月发生了水灾，京兆尹奏报，"损田三万一千顷"。然而度支使①韩滉奏报"所损不多"。为了阿附韩滉，兼任渭南令刘藻竟奏报"部内田不损"。朝廷又差御史赵计再次检渭南田，但赵亦附滉，奏报"不损"。幸而代宗不信，认为"水旱咸均，不宜渭南独免"，再次派御史朱敖巡视渭南，结果奏报"损田三千顷"（《旧唐书·代宗本纪》）。官僚们为了政绩谎报灾情，这样的事古今皆有，令人叹息。

在谎报灾情中，有人往少了说，以虚饰政绩；也有人往多了说，以求减免租税。南宋淳熙十年（1183），有人夸张了灾情，于是户部尚书曾怀申请求朝廷，"妄诉灾伤，侥幸减免税租，许人告，依条断罪，仍没其田，一半充赏"（《文献通考》卷二十六）。就是说，一经发现有夸大灾情以图减免租税的情况，依法没收全部田产，其中半数作为赏赐分发有功者。

所以说，检勘灾伤环节，要面对的不仅仅是灾情本身，还有不少的阴谋诡计。

---

① 度支使，古官名，职掌财政收支的官员。

2. 遣使存恤

遣使存恤就是抚恤灾伤。《周礼·典瑞》云："珍圭以恤凶荒。"珍圭是皇室的美玉，在灾害发生时，作为符节，由使者持之，至府库开仓赈灾。用皇室美玉作为符节，是为了表明朝廷对民生的重视。

遣使存恤环节，因为是出于安抚人心之目的，所以有一套仪式流程。唐代《开元礼》保存了赈抚诸州水旱虫灾的礼仪，礼仪并不复杂，重在突出朝廷的稳重与可靠，从而达到安抚人心的效果。

首先，皇帝派遣使者至受灾的州县。在使者未到之前，所在长官先勒集所部僚佐等及正长、老人。本司先于厅事大门外之右设使者位，依次南向排开；又于大门外之右设使者位，向东排开；大门外之左设长官以下及所部位，向西，排列两行；再于厅事之庭稍北处设使者位，南向排开；于使者位之南三丈处设长官位，北向排开；其所部僚属，列位于长官之后，按照文东武西的原则，排两行，北面相对。正长老人为首，位列最南，两行，北面，向西排开。

赈抚的使者到时，所司迎入，所在长官及所部严肃以待。正长、老人等并列于大门外之南，排两行，北面，向西排开。至时，使者以下皆穿符合各自品级的服装，所在长官及所部僚佐皆着公服。行参军引长官以下出，就门外位候立；司功参军引使者出，就门外位候立；持节者立于使者之北。有史二人相对，手捧天子制案，东向，列于使者之南。

行参军首先赞拜，长官及所部在位者皆行拜礼。拜讫，行参军引长官等按位次进入，排两行，候立于门内之右。接着，司功参军引使者入，由幡节前导，持案者从之。待使者到庭中位立后，持节者于使者东南而立。此时，行参军引长官以下全部进入，就庭中位立定。随后，持节者脱下节衣，持案者将天子制案进使者前，使者取出制书①。持案者退回原位后，使者称："有制。"行参军赞再拜，长官及诸在位者皆再拜。使者宣制书讫，行参军又赞拜，长官及诸在位者也再拜。随后，行参军引长官进诣使者前，接受制书，再退回原位。

最后，司功参军引使者以下出，复门外候立；行参军引长官及诸在位者出，即门外位如初。行参军赞拜，长官及诸在位者皆再拜。司功参军引使者以下还，长官依序退回，正长、老人等可自由离去。

3. 散利

发放赈灾救济，是正式救荒的环节。在《周礼》中，与救荒散利有关的职务有乡师、司稼、司救。乡师之职务，"以岁时巡国及野，而赒万民之艰阨，以王命施惠"。乡师是不定期地巡查各地，如遇灾害进行施救。司稼之职务，"掌均万民之食，而赒其急，而平其兴"。司稼的工作，是在灾害发生时，负责向灾区投放粮食赈济。司救之职务，"凡岁时有天患民病，则以节巡国中及郊野，而以王命施惠"。司救的工作是有针对性的，在灾害发生时，专门持天子节钺（yuè）②前去巡视，并进行综合性的施救。

传统散利的方法有三种：周、贷、粜。若按照市场情况来分的话，"周者，予而不责其偿，宜施于灾伤已成之后。贷者，荒时散之，丰时敛之，宜施于青黄不接之时。粜者，减价出售，以平市直，宜施于谷米踊贵之日"。按照贫富情况来分的话，"极贫户宜周，次贫户宜贷，中等户

---

① 制书，是皇帝命令的一种，成为皇帝颁布命令和法律制度的文件。
② 节钺，符节及斧钺，古代出兵征讨时，天子授给大将以示威信的信物。

宜粜"。

当然，散利之前，必须先有储备。《周礼·司徒》规定："仓人掌粟入之藏，辨九谷之物，以待邦用。若谷不足，则止余法用。有余，则藏之，以待凶而颁之。"《周礼·遗人》："县都之委积，以待凶荒。"仓人与遗人是《周礼》中管理储备的官吏，对于灾荒时的散利至关重要。

散利作为赈济，其资源是有限的，因此不能搞一刀切，需要讲方法。所以，不是凡来求助的都要救济，也非无限地施粥派米，否则容易让好吃懒做的人钻空子，而真正需要救济的人却被迫断粮。宋儒程颐提出散利策略："救饥者，使之免死而已，非欲其丰肥也。当择宽广之处，宿戒使晨入，至巳则阖门不纳；午而后与之食，申而出之。给米者，午即出。日得一食，则不死矣。其力自能营一食者，皆不来矣。比之不择而与，当活数倍之多也。凡济饥，当分两处。择羸弱者，作稀粥，早晚两给，勿使至饱，俟气稍完，然后一给。第一先营宽广居处，切不得令相枕藉；如作粥饭，须官员亲尝，恐生及入石灰；不给浮浪游手，无是理也；平日当禁游惰，至其饥饿，则哀矜之一也。"这段话是古代关于赈济方法的名言，并不难懂。大意是要根据不同的情况进行散利，散利时，仅为身体羸弱的人提供两顿粥，待其恢复，与常人一样，皆提供一日一顿粥，避免给游手好闲的人提供赈济；救济时，避免灾民杂处而造成瘟疫，还要避免食物中毒等，总之要严格遵守赈济的原则。不难发现，对赈济进行规范化管理，对于救荒具有重大意义。

4. 散利以下各种措施

薄征　《周礼·大司徒》说："大荒，则令邦国薄征。"面对灾荒，国家缓解民力最常用的方法，首先就是减免租税。古代社会的租税，主要包括伐木、渔猎、耕作时的地租与所得税。租税的减免,是因为国家"恤其乏用也"。除了减免税收,古代也有免除农民贷款的政策。如汉文帝二年(前178),下诏:"民贷种食未入,入未备者,皆赦之。"(《汉书·文帝本纪》)这种减免贷款的做法,古代称作"蠲(juān)贷",对百姓的帮助非常大。

缓刑　《周礼·大司徒》说:"大荒大札,则令邦国移民、通财、舍禁、弛力、薄征、缓刑。"缓刑大体有三种情况:其一,酌情减刑,这主要是因为百姓饥饿,犯禁多出于不得已,故予以宽大处理。其二,大赦天下,凡罪不至死的,皆予以赦免。西汉永光二年(前42),下诏说:"朕为民父母,德不能覆,而有其刑,甚自伤焉,其赦天下。"(《汉书·元帝本纪》)其三,疑罪从无,证据不可靠的案子一概不判,这是比较先进的思想,可参东汉永元十六年(104)下诏的内容:"今秋稼方穗而旱,云雨不沾。疑吏行惨刻,不宣恩泽,妄拘无罪,幽闭良善所致。其一切囚徒,于法疑者勿决,以奉秋令。"(《后汉书·和帝本纪》)其中,第一种缓刑是出于客观原因的考虑,第二种缓刑出于天子的仁爱之心,第三种缓刑则是基于天人感应的原则。

弛力　在古代,每个人都分配有社会公共服务的任务,称作"力役"、"差役"、"徭役"。灾荒时,官方会根据受灾程度的评级,适度减少百姓社会公共服务的时间。比如《周礼·均人》规定:"丰年则公旬用三日焉,中年则公旬用二日焉,无年则公旬用一日焉。"唐代武德二年(619),"凡水旱虫霜为灾,十分损四以上免租,损六以上免调,损七以上,课役俱免"。元代大德二年(1298),水旱,"老病单弱者,差税并免三年"。历朝历代的做法不尽相同,但缓解民力是一致的。

舍禁 《周礼·大司徒》说："大荒大札，则令邦国舍禁。"解除山泽禁令，允许百姓在非常时期进入禁区采食给养物资。最大的禁区，莫过于皇帝的后花园。东汉永元五年（93），朝廷下诏："自京师离宫果园上林广成囿，悉以假贫民恣得采捕，不收其税。"（《后汉书·和帝本纪》）东汉安帝永初三年（109）、宋孝武帝孝建二年（455）、唐贞观十一年（637）、仪凤三年（678）都有类似的解禁政策。

去几 《周礼·司关》："国凶札，则无关门之征，犹几。"这里有两层意思，即减免关税，同时苛察往来人员，不得令奸人出入。"几"有细微的意思，所以虽然减免关税，但并不表示关隘可以随便出入，仍要防范奸细。但后世进入大一统时代，"去几"的政策就主要指的是减免关税。如："流民欲入函谷、天井、壶口、五阮关者，勿苛留。"（《汉书·成帝本纪》）"商贾远近贩鬻米粟者，可停道中杂税。"（《宋书·孝武帝本纪》）"冀、定二州民饥，弛关、津之禁，任其去来。"（《魏书·高祖纪》）

眚礼 吉礼在古代礼仪中最为重要，也极为复杂，上文已有描述。因此荒政时期，为了全力救荒，国家会减少吉礼的礼数与开支；在生活态度上，也要配合特殊时期的忧伤氛围。《礼记·玉藻》规定："年不顺成，则天子素服，乘素车，食无乐。"素服就是丧服，意思是要把凶荒时期当作丧礼时期来过。《礼记·曲礼》规定："君膳不祭肺，马不食谷，驰道不除，祭事不县（悬），大夫不食粱，士饮酒不乐。"在开支上，膳食要从简；在排场上，出门不能清道；在态度上，要时刻表现出闷闷不乐。

杀哀 丧礼的复杂程度在上文也已经有所描述，因此荒政时期，国家也主张减少丧礼的礼数与开支，以全力救荒。东汉建初二年(77)，朝廷对贵戚在荒政时期仍铺张浪费感到忍无可忍，于是下诏说："比年阴阳不调，饥馑屡臻。……而今贵戚近亲，奢纵无度，嫁娶送终尤为僭侈。有司废典，莫肯举察。《春秋》之义，以贵理贱。今自三公，并宜明纠非法，宣振威风。"(《后汉书·章帝本纪》)是说连年阴阳失常，庄稼歉收愈发严重。而皇亲国戚们却仍过着奢靡无度的日子，每逢婚丧之时，又尤其铺张。有司枉法，纵容罪恶。《春秋》大义，应贵天理而责罪罚，今自三公以下，当依法追究其罪责，重振朝廷威严。

蕃乐　音乐本是用来娱乐的，因此不符合荒政时期的氛围，所以要敛藏乐器。《春官·大司乐》规定："大凶，令弛县①。"西汉本始四年(前70)，朝廷下诏："今岁不登，其令乐府减乐人，使归就农业。"(《汉书·宣帝本纪》)汉宣帝的做法是，对娱乐行业人员进行裁员。因为荒政时期，娱乐行业是最没有必要存在的，所以遣乐人回归农业，减少不必要的开支。后世遇荒政时期，朝廷大多只是停止音乐表演，但都没有如汉宣帝那样裁员。

多昏　《周礼·大司徒》只保留了"多昏"这个概念，并无具体解释，因此注疏家们就多有自己的发挥。郑玄说："不备礼而娶。昏者，多也。"意思是，古代婚礼流程复杂，但凶荒时期，无法进行复杂的礼仪，一切从简称为"多昏"。另一种说法是，"匹夫匹妇不能自保，所以杀礼而多昏，使民自相保"。也就是说，在凶荒时期，允许无依无靠的男女不按照礼法，自由多次组成家庭，以达到自保的目的。显然，这是对古代刻板制度的灵活突破。

———————————

① 弛县，"县"通"悬"，指悬挂的乐器，弛为释下，即撤去钟磬之乐，甚至裁减乐人，使归就农业。

索鬼神　古代社会，凡是遇到大事，人们多会寻求宗教神灵的助佑，因此祈求鬼神就成了荒政工作的重要环节之一。祭祀的工作，首先是巫师们的任务，"凡以神仕者，以冬日至，致天神、人鬼；以夏日至，致地示、物鬼，以禬国之凶荒，民之札丧"。其次，还要动员全体国人参与祭祀，"若国有大故，则令国人祭"（《周礼·宗伯》）。祭祀时，贯彻的是"遍祭"的原则："国有大故、天灾，弥祀社稷、祷祠。"（《周礼·大祝》）"不殄禋祀，自郊徂宫。上下奠瘗，靡神不宗。"（《诗经·云汉》）这对于古人而言是无奈的，寻求所有神灵的帮助，是一种重要的心灵寄托。

除盗贼　《周礼·士师》："若邦凶荒，令纠守。"纠守，即防备盗贼的意思。其实除盗贼有两层意思：其一，是防备盗贼对百姓趁火打劫；其二，是防备流民结伙成为盗贼。因为盗贼也是天灾的受害者，所以除盗贼是官方的最后手段。但如果官方在救灾过程中已做到仁至义尽，而盗贼犹不思悔改，那么就必须加以剿灭了。所以儒者们无奈地表示："凡所以生养吾民，无所不尽其至，而彼犹为盗贼之归，则不得已而除之，故荒政以除盗贼为末。"（《周礼订义》卷十六）

第六节　其他重要凶礼

一、札礼

一般来说，"大灾之后必有大疫"。札礼就是防止灾后瘟疫流行的各类措施，大体包括三个方面。第一，官方对受灾的群体予以经济上的补救，主要是协助丧葬工作，避免瘟疫流行，如《周礼·小行人》说："若国札丧,则令赙补之。""赙",协助丧葬用的财务。第二,朝廷要在日常生活中展现与民同忧的姿态,如《周礼·膳夫》:"大札则不举。""不举",即贬膳食,撤声乐。同样地,《周礼·司服》:"大札,素服。"《大司乐》:"大札,令弛县。"瘟疫流行时,朝廷要着素服、收藏乐器,体现出无心声色的意思。第三,巫师等神职人员要进行各类祈禳仪式,以期消灾避祸,如《周礼·大宗伯》:"凡以神仕者……以禬国之凶荒,民之札丧。"无疑,第一种是最为实际的做法。

其实,在具体操作上,老百姓需要的不仅仅是经济补偿,还有直接赐棺椁、赐粮食、减免田租、收养孤儿等措施,通过各种渠道减少人员死亡,减缓瘟疫扩散。

比如,西汉河平四年(前 25),黄河地区发生了大水灾,于是朝廷派光禄大夫等人到濒河的几个受灾郡县去赈灾。其中,因为水灾而财产受损的,国家给予贷款型的赈济;因为被大水溺死而不能自葬的,令郡国直接给予棺椁以葬埋;如果已埋葬了,则每人给钱二千作为补偿。(《汉书·成帝本纪》)

也有考虑得更为细致的,比如,东汉延光元年(122),京师及二十七个郡县遭受雨水大风灾害,死者无数。于是朝廷下诏,若七岁以上因压溺而死的,每人补偿二千钱;若败坏庐舍、失亡谷食的,每人赐粟三斛;若田被淹,身体受伤的,一切勿收田租;若一家皆被灾害而仅有弱小者幸存的,郡县需代为收养。

其实,在避免瘟疫流行的众多措施中,古代最为重要的,是北宋崇宁三年(1104)创设的漏泽园制度。北宋末年开始,战乱频仍,客死他乡无人认领的尸体,以及家贫而无力丧葬者比比皆是。当时的宰相蔡京辟出土地，每个墓穴深挖三尺，将无法掩埋的尸体进行集中埋葬，名为"漏泽园"，成为历史上最早的公墓。由官方出面解决丧葬问题，对于预防瘟疫流行，意义非常重大。

二、灾礼

古代把灾分为天、地、人三类，日月薄蚀为天灾，山川崩竭为地灾，水旱疾疫为人灾。荒礼主要是遇灾祸时的客观应对措施，而灾礼则主要是消灾祈禳的礼仪，也有哀悼灾害的意思，故也作吊礼，如《周礼·大宗伯》："以吊礼哀祸灾。"

先秦时，主持灾礼的是巫师。《周礼·司巫》说："国有大灾，则帅巫而造巫恒。""司巫"、"帅巫"都是指主持礼仪的巫师。祭祀时，巫师要表现得悲伤至极，如《周礼·女巫》说："凡邦之大灾，歌哭而请。"意思是，祭祀时要哭泣，从而感动神灵，获得神灵的怜悯。

需要注意的是，灾礼主要是为了应对日月薄蚀等"天灾"，以及在天人感应作用下，特殊自然现象所"引起"的火灾、风灾等具体伤害。因为天人感应对古代政治至关重要，所以统治者会特别重视因天文现象而举行的灾礼。

日、月食是所有天文现象中最要紧的，《周礼》记载了两种应对日、月食的办法。其一，击鼓救日、月。《周礼·鼓人》规定："救日、月，则诏王鼓。"这是说，救日、月食时，天子必须亲自击鼓，但没有说明要驱赶什么。之所以必须天子击鼓，郑玄说，是因为"声大异"，与常人的击鼓声不同。其他人相应的做法是，"诸侯置三麾，陈三鼓、三兵；大夫击门；士击柝"。诸侯要像行军打仗时那样击鼓，大夫与士则较为简易，扣门、击柝即可。其理论是阴阳的感应,即通过属阳的敲击来应对属阴的薄蚀。其二,射箭救日、月。庭氏是《周礼》所规定的专门负责射国中夭鸟的职位,在日、月食发生时,庭氏便"以救日之弓与救月之矢,夜射之"。如果有鬼神作祟,便"以太阴之弓与枉矢射之"。当然,以射箭救日、月只是应对日、月食的辅助性工作,因此庭氏的职位是非常卑贱的,故仍以击鼓救日、月为主。由于日、月食也关系到战争的预测,因此击鼓救日、月也一度被纳入到军礼之中。

彗星是古代仅次于日、月食的重要天文现象,因此彗星来袭,也需要相应的祈禳。《左传·昭公十七年》记载发生了彗星贯彻云汉的现象,郑国善观星宿的大夫裨灶预言说:"宋、卫、陈、郑将同日火。"裨灶希望子产用瓘、斝、玉、瓒来祈禳,那么郑国必不会遭受火灾。子产回以"天道远,人道迩,非所及也,何以知之"。他不相信天上的彗星与地上的火灾有关联,坚决反对用祭祀来应对天文现象的预言。后来,宋、卫、陈三国的确着火了,但郑国却没有。然而昭公十八年(前524)七月,郑国也遭受了火灾,为此,子产不得不举行祈禳的仪式。《左传》记载,子产"大为社,祓禳于四方,振除火灾,礼也"。可见,虽然子产相当理性,但也无法彻底拒绝时代的主流。

除了击鼓与祈禳祭祀救日、月外,统治者还要做到诸如损膳食、着粗衣、罢音乐等,突显自己的虔诚。总的来说,灾礼应对的主要是特殊自然现象,这是古代天人感应思想的延伸。尤其是天文现象,紧密关系到政治的稳定,是专制统治者们最愿意花精力去应对的。

三、襘礼

和现代国家一样,古代国家也有国际援助与互致慰问的惯例,这就是禬（guì）礼。如《周礼·大行人》："致禬以补诸侯之灾。"这是对邻国遇到灾害时的经济援助。《周礼·大宗伯》："以禬礼哀围败。"这是诸侯对战败的国家致以慰问。除了人道主义的经济援助，以及形式上的慰问，对本国在战争中的重大损失进行自哀，也是禬礼的重要组成部分。

首先，为邻国提供经济援助是禬礼的主要方面。如《左传》记载，闵公二年（前660），狄人攻破了卫国，卫国兵败后拥立戴公，暂住在曹地。当时齐桓公是北方的霸主，为了突显国力，也出于人道关怀，便派遣公子无亏，"帅车三百乘，甲士三千人"到曹地保护戴公，又赠送戴公"乘马、祭服五称，牛、羊、豕、鸡、狗皆三百"，还送给戴公夫人"鱼轩、重锦三十两"。又如，鲁定公五年（前505），蔡国为楚国所围，饥乏无助，出于人道主义，鲁国赠送给蔡国大量粟米以解燃眉之急。以上两个故事，被《五礼通考》列为"禬礼之正"，意即禬礼的典型形式。

其次，作为慰问邻国的禬礼，也是古代国家的重要外交手段。《左传·昭公六年》记载，"叔弓如楚，聘，且吊败也"。"聘"是古代国家外交礼仪，是诸侯联络感情的方式。昭公六年（前536）时，楚国被吴国打败，于是鲁国派叔弓出访楚国，向楚国的战败致以慰问，是为"吊败"。

再次，禬礼也包括对本国战败及丢失领土的哀悼。如《礼记·檀弓》说："国亡大县邑，公卿、大夫、士皆厌冠，哭于太庙三日，君不举。"如果一国在战争中丢失了领土，那么该国社会主要阶层都应摘下帽子，在太庙哭泣三日，国君则撤膳食、罢音乐，表达悲哀之情。

与禬礼类似的，还有恤礼、唁礼。恤礼，指因外族入侵，尤其指夷狄入侵，或国内寇乱时，两国之间出于互相体恤而致慰问，故得名。唁礼，则是出于对一国国君的亡国或失国而进行慰问的礼。

第四章
宾礼与嘉礼——君子之道

宾礼的主要内容是相见之礼,主要包括诸侯向天子的朝觐之礼、诸侯之间的聘问之礼,以及士人之间的相见之礼。相比较诸侯的朝觐之礼,聘问之礼与士相见礼更具有社会史意义,也更对现代生活有借鉴意义。嘉礼的主要内容是各类善好之事的总和,内容较多,但主要的几种是具有人生转折意义的冠礼与婚礼、强化伦理秩序的乡饮酒礼、提升人格修养的乡射礼。古代士以上的等级身份有具体限定,因此正式的交往关系较为简单,所以宾礼的内容会少一些,故与嘉礼合为一章。

第一节　宾礼与嘉礼概说

宾礼的核心价值是礼尚往来,诸侯之间、士与诸侯之间、士与士之间互相往来,重在突出君子的谦恭。嘉礼分为培养君子的冠礼、合两姓之好的婚礼、尊老礼贤的乡饮酒礼以及揖让恭敬的射礼,其核心价值是君子之德的养成。因此宾礼与嘉礼,基本上是君子之道的物质载体,是儒家实践君子人格的基本渠道。

一、宾礼相关常识

宾礼，即相见礼，其主体是贵族相见之礼。国家层面上，包括诸侯朝拜天子、天子会见诸侯的朝觐之礼，诸侯之间联络感情的聘问之礼；社会层面上，士之间或士与大夫之间等相见之礼，统称为士相见礼。本章主要选取的是《仪礼》中的聘礼与士相见礼。

毋庸置疑，宾礼中，最重要的必定是诸侯朝觐天子之礼。《周礼·大宗伯》说："宾礼之大者，莫先于朝。"天子是权力的顶峰，因此朝觐礼是最为根本的。然而诸侯朝觐天子的意义其实是双向的，一方面是诸侯为了表达对天子的效忠，另一方面也是出于天子对诸侯表达重视的需要，这就是《大宗伯》所谓："以宾礼亲邦国。"

朝觐有很多别称，《大宗伯》将朝觐分为朝、宗、觐、遇四类，分别对应春、夏、秋、冬四季诸侯对天子的朝拜。朝、宗在朝堂上演礼，在万物交际之时举行，人君于堂下会见诸侯，通上下之情，象征生气之文；觐、遇在太庙里演礼，在万物分辨之时举行，人君在堂上会见诸侯，正君臣之分，象征杀气之质。然而经典中关于"宗"、"遇"的记载相当之少，或许也并不实际使用，故后世逐渐省称为"朝觐"而已。此外，还有"时见曰会"，这是天子征伐某诸侯时，其他诸侯前来朝见之礼；"殷见曰同"，这是天子十二年未巡守时，四方诸侯进京朝见之礼。但"会"与"同"仅存其目，具体细节早已亡佚。

朝觐的说法始见于《尚书·舜典》之"日觐四岳、群牧"，主要是天子祭祀山川之神的礼仪。因为天子朝拜诸神，与诸侯朝拜天子的意义是一样的，因此又有"肆觐东后"、"群后四朝"、"江汉朝宗于海"等说法。

《仪礼·觐礼》一章专门记载了先秦时诸侯朝觐天子之礼,但该礼却是诸礼仪中记载最为简略的。大体包括天子使者迎接诸侯于京畿,安排诸侯馆舍,天子派人通知诸侯觐期,诸侯觐见天子,天子赐以车服五个环节。相较于其他各礼仪的复杂程度,觐礼的记载似乎过于寒酸。可能的原因是,朝觐天子之礼其实是非常复杂的,但实际情况又极为多变,缺乏确定性,故而反倒只能录其大概。又或者《仪礼》成书之时,诸侯已久不朝天子,故细目不甚明了。但不管怎样,朝觐之礼的根本目的是彰显天子的尊贵,以此巩固封建等级秩序。这一基本要义,对于今天而言,其现实意义已然丧失。

其实,宾礼的核心价值是礼尚往来。最能体现这一价值的,主要在诸侯间的聘问之礼与士人间的相见之礼上。《礼记·曲礼》说:"君子恭敬撙节退让以明礼。"可以说,恭敬、撙(zǔn)节①、退让,是礼的核心表达形式,几乎所有形式的礼都是围绕谦让这一核心要义进行的。在士相见礼中,谦让的过分程度似乎令人咋舌。今天我们表达客气时,或许仅仅会拒绝对方的物质赠与,而绝不会因为客气而拒绝对方进门。当然这只是古今习俗的不同,并不影响我们理解其中的价值意蕴。

总的来说,所谓"礼尚往来",本质上指的是宾主双方反反复复的相互谦恭之礼。在今天快节奏的生活中,我们完全没有必要把谦恭表达得如此繁复,但其中古典式的优雅,却仍是值得我们津津乐道的。

二、嘉礼相关常识

凡有关善好之事的礼仪都可归为嘉礼。《周礼·大宗伯》说:"以嘉

---

① 撙节,节制。

礼亲万民。"包括饮食之礼,宗族兄弟饮酒聚餐之礼,所谓"亲宗族兄弟";婚冠之礼,男女成年相亲之礼,所谓"亲成男女";宾射之礼,通过射礼联络感情,所谓"亲故旧朋友";飨燕之礼,天子飨燕诸侯之礼,所谓"亲四方之宾客";脤膰(shèn fán)①之礼,将祭肉分给兄弟国,所谓"亲兄弟之国";贺庆之礼,对姻亲关系的异姓国互贺喜事之礼,所谓"亲异姓之国"。此外还有,天子巡守之礼、即位改元之礼、帝王加尊号之礼,还有与天文相关的观象授时、与地理相关的体国经野、与治国相关的设官分职等。总之,嘉礼的内容非常驳杂,本章主要选取的是《仪礼》中的冠礼、婚礼、乡饮酒礼以及射礼。

嘉礼与宾礼一样,是儒家君子之道的重要实践方式。但君子之道首先必须习得,所以于冠礼、婚礼、乡饮酒礼以及射礼外,最为重要的是"学礼",其实就是古代的学校制度。平时我们在谈论礼教文化的时候提到的不多,因为它主要以制度形式被记录在礼志中。

学礼,首先与养老密切关联。可以说,古代学校最早是以养老场所的形式存在的。古代学校,称为学、校、庠、序。《礼记·王制》说:"有虞氏养国老于上庠,养庶老于下庠;夏后氏养国老于东序,养庶老于西序;殷人养国老于右学,养庶老于左学;周人养国老于东郊,养庶老于虞庠,虞庠在国之西郊。"孟子说:"庠者,养也;校者,教也;序者,射也。夏曰校,殷曰序,周曰庠。"(《孟子·滕文公上》)

因为学校与养老关系密切,所以学校主要教授的就是明长幼之序的孝道伦理。按照孟子的说法,庠是养的谐音,校是教的谐音,序是射

---

① 脤膰,古代祭祀用的肉。

的谐音。这就是从字面上解释了学校的任务，也就是养老服务、伦理教育以及秩序培养的三位一体。孟子说："学则三代共之，皆所以明人伦也。"所以夏、商、周对学校的称呼不同，但教授的人伦之内容是一致的。职是之故，自古学校结合了养老场所与教育场所的双重功能，这就塑造了中国古代政治的基本思维方式，把作为家庭伦理准则的"孝"与作为国家伦理准则的"忠"联系起来，即移孝作忠。

当然，孝道伦理是主要内容，但不是全部内容，此外，古代学校还教授各种学问。《周礼·大司徒》规定："以乡三物教万民而宾兴之，一曰六德：知、仁、圣、义、忠、和；二曰六行：孝、友、睦、姻、任、恤；三曰六艺：礼、乐、射、御、书、数。"以上是道德和知识教育。"以乡八刑纠万民"，即不孝之刑、不睦之刑、不姻之刑、不弟之刑、不任之刑、不恤之刑、造言之刑、乱民之刑，以上是法治教育。此外，《周礼·保氏》规定，学校所教的还有六仪，即祭祀之容、宾客之容、朝廷之容、丧纪之容、军旅之容、车马之容，以上是礼仪教育。

中华民族历来重视教育。《礼记·学记》强调："发虑宪，求善良，足以谡（xiāo）闻[1]，不足以动众。就贤体远，足以动众，未足以化民。君子如欲化民成俗，其必由学乎。'玉不琢，不成器；人不学，不知道。'是故古之王者建国君民，教学为先。"非教育不能使国成为国，非教育不能使民成为民。可以说中华文化之所以能源远流长，完全取决于对教育的重视。

质言之，嘉礼的内容极为复杂，但主体上以君子之道为核心价值。其中冠礼、婚礼，影响延伸至今；乡饮酒礼、射礼，其秩序观念于今仍有

---

① 谡闻，小有声名。

启示意义。事实上，这些都是化民成俗之礼，社会意义非常重要。然而离开了学礼，或学校制度，礼仪文化是绝难以传承的。所以嘉礼中的学礼虽然较为零碎，但却是所有礼仪的基础。

冠礼、婚礼、乡饮酒礼、乡射礼在下文中将详细描述，而同样属于嘉礼的天子巡守、即位改元、帝王加尊号、观象授时、体国经野、设官分职等，因为主要与古代政治生活关系密切，于今人而言，则仅能归入历史知识范畴，故限于篇幅，不再赘述。

第二节 聘 礼

聘礼为诸侯与诸侯相见礼。今天保存在《仪礼》中的，主要是诸侯之间的聘问之礼，类似于今天国际交往中，一国派遣使团出访友邦的意思。先秦时仅限陆路交通，因此许多情况今日已不适用，但作为核心价值的恭敬，却在聘问过程中体现得淋漓尽致。

一、聘礼相关常识

诸侯之间联络感情的礼，有大聘与小聘之分。大聘，包括聘问国君及其夫人，并赠以玉帛。小聘，仅聘问国君，且仅以本国之特产为献礼。

和其他礼仪一样，聘礼中也有告庙之礼。第一次，在使团出发前，使者需在祢庙中行释币之礼，向父亲通告自己的行程。释币之礼是一种较为简单的祭祀礼，因其所供奉的祭品只有币帛[1]而无牺牲，故得

---

① 币帛，泛指礼品、贡献品。

名。释币礼没有具体的祭祀流程,但行礼前要盥洗双手,洁净后,为父亲(祢)献上币帛,并告知先人相关出使事项。因为聘问友邦的工作意义重大,而且历时较久,所以,行告庙之礼有向先祖报备情况的意思。第二次,在使团归国后,使者需再次于祢庙祭祀,向父亲通告自己平安归来。这次所行的是三献之礼,祭品中有肉干和肉酱。向祖先报告平安,意义重大,所以归国后的祭祀较为隆重些。

到达聘问国后,聘问国国君会两次赐食。第一次,在使团下榻国都的宾馆后,会有一次非正式的赐食之礼,称为"致飧(sūn)",主要是为使团馈赠食品。为使者送来的是,熟的牛羊猪各一头、生的牛羊猪各一头。使者住处的庭西与庭东又分别有九个鼎,及陪鼎三个,另有七个鼎的食物,堂上又有八样食品,西夹室有六样食品,门外有米、禾草各二十车,薪四十车。送给上介(副使)的食品是,熟的牛羊猪各一头,住处的庭西有七个鼎的食物,及陪鼎三个,堂上又有六样食品,门外有米、禾草十车,薪二十车。随行人员的食品都是熟的牛羊各一头。一般来说,正式会见时的食礼,有宰杀而未煮的牲(又称作腥)、宰杀后煮熟的牲(又称作饪)、活的牲(又称作饩,xì)三类。下榻国都宾馆时的食礼中没有活牲,因此是非正式的。

第二次,在聘问仪式结束后,国君会为使者馈赠驻在期间的食品,称为"归饔(yōng)饩"。馈赠使者的有饪一牢,配九个鼎,分别盛牛、羊、猪、鱼、腊肉、牛羊肠胃,以及切细的猪肉、刚杀的鱼和尚未晒干的腊肉。另有三个陪鼎,分别盛有牛肉羹、羊肉羹和猪肉羹。腥二牢,陪鼎十四个,分两行摆放,除了刚杀的鱼与未晒干的肉以外,其余肉食与前九鼎相同。此外,还有饩二牢;八豆、八簋、八壶、四铏;醯酒与肉酱一百瓮,按照十瓮一列摆放;米一百筥(jǔ),每筥五斗。住处门外还要摆放米三十车,每车两百四十斗;禾草三十车,每车一千两百把;另有柴与饲草,是禾草的一倍。馈赠上介的是活的猪牛羊一牢、煮熟的猪牛羊二牢,正鼎七个,陪鼎三个,筥和瓮的数量与使者一样。每牢配十车米或禾,柴与饲草的数量是禾草的一倍。馈赠给随行人员的是活的猪牛羊各一头,米一百筥。

在聘问过程中,使团需要有两次身份的扮演。第一次,使者代表本国国君向友邦国君问候,这是正式的聘问之礼。第二次,出于礼节,表示对聘问国国君的尊重,使者还需以私人身份再次拜谒聘问国国君,称为"私觌(dí)"。同样地,为了表达敬意,上介、随行人员也都要以私人身份拜谒国君。

聘问仪式结束后,国君会设宴招待使团。在国宴上会有一些小规矩。比如,主人请客人进食,称作食礼;请客人饮酒,称作飨礼。国君请使者饮食的规矩是,一次食礼,两次飨礼,食礼在两次飨礼的间隔内;请上介饮食的规矩是,食礼与飨礼各一次。但是,劝客人饮食不是用嘴巴说出来的,而是需要用一些礼器来进行礼节性的暗示。劝客人进食时,主人要出示的礼器是侑(yòu)币[1];劝客人饮酒时,主人出示的礼器是酬币[2],这两者都是特别的币帛。

使团归国前,国君要将使者所献的玉器全部归还,包括献给国君的圭与献给夫人的璋。也就是说,使团献上的玉器都不是赠送的,而是礼节的需要。献玉与还玉的礼节,充分展现了中国传统重礼、重德、轻财

---

[1] 侑币,古代宴会上,主人为示殷勤,用以赠客助食兴的礼物。

[2] 酬币,指用于酬宾的礼物。

的文化内涵。古人把玉与德联系起来，献玉的一方，其实是为了突出聘问者的恭敬；而受玉的一方，突出的是感谢聘问者对自身德性的肯定。所以出于礼尚往来，国君最后是要把玉还给使团的，以此也强化了自己重礼不重财的高尚品德。

二、聘礼的流程

1. 往聘前

任命使者　国君召开御前会议，商讨聘问友邦的使者人选。使者被选任后，需向国君行叩首礼，并谦称自己不足担此重任。国君拒绝他的推辞后，使者便退下。聘问事宜决定后，再任命上介（副使）、众介（随行人员），其仪同任命使者。

检视礼品　出行前一日，使者需检视礼品，并率出使团朝见国君。检视礼品时，需将礼品陈列于寝门外所设的巾布上，皮革首部朝北次第摆放，皮革上放献给聘问国国君及其夫人的礼物，礼品中的马匹也都朝北，币帛放在马前。宰臣禀告国君礼品准备完毕，于是史官诵读清单进行核实。清点无误后，宰臣禀告国君，并将礼单递交给使者。待上介监督礼品装载上车后，使团便准备出发。

临行告庙　使者身穿朝服，至祢庙行告庙之礼。有司首先在庙中摆放凭神所用的几。准备完毕，主人在祝的引导下进庙，并向庙主行再拜之礼。随后，祝向庙主报告使者行聘之事，并行再拜之礼。礼毕，祝将五匹长一丈八尺、玄色或纁色的布帛放到几前，再与众人退出室外。候立不久后，主人、使者再随祝入庙，将布帛取下，埋入东西阶之间。告庙完成后，又用布帛祭祀路神。最后，使者再次前往朝中接受国君的命令。

　　受命启程　出行前,使者在车上插好旃(zhān)旗,国君则着朝服送迎。国君向使者行拱手礼,使者上前。贾人①打开匣子,取出玉圭,交给宰臣,宰臣再将玉圭递交到使者手上。使者持玉圭,再次听取国君的命令,并将国君之命复述一遍,然后将玉圭交给上介。出朝门时,上介再把玉圭交还给贾人。同时,又接过献给聘问国国君的束帛与玉璧,以及献给国君夫人的玄束帛、玉璋与玉琮。行至郊外,使者需换下朝服,收起旃旗。

　　过境借道　出访途中,使团有可能会途经其他国家。那么到达其边境时,需要派次介前往途经国借道。次介以五匹布帛为礼,至途经国的外朝"请帅"。途经国的下大夫取帛后,入朝请命。若国君同意,便收下布帛,为使者送去包括三牲在内的礼节性的馈赠,并派一名士为使团领路,直至走出国境。当然,在使团准备过境前,需立下不扰民的重誓。待史官宣读誓词后,使团方能行进。

　　聘仪预演　进入聘问国的国境前,使团预演聘问仪式。使团首先派人堆土为坛,并画上象征性的台阶,使者换上朝服,所有随行人员皆以西为尊,北面而立。预演的内容是,向国君及其夫人献礼品,随行人员则手持皮革侍立。当然,预演时一切从简,并不真的拿出玉器,也无人扮演国君。

2. 往聘中

　　入境礼仪　入境前,使团需张开旃旗,并共同起誓,绝不违反聘问

---

　　①　贾人,古时官府掌管采购物品的人。

国的礼法。然后谒见守关之人，说明来意，等候国君的命令。

核验礼品　入境后，收起旃旗，再次核验礼品。贾人取圭擦拭，并禀告使者圭还在；接着陈设皮革，一律朝北摆放。贾人又擦拭玉璧，展示后放在皮革西侧；接着擦拭璋与琮，展示后放在皮革上；最后是使者私见卿大夫的礼品等。待上介一一检视后，禀报使者。行至国都远郊时，需再次核验礼品。到达下榻的宾馆后，还需第三次核验礼品。

慰劳使团　到达国都近郊时，出于礼节，国君派下大夫前往宾馆，询问使团的行程。复命后，再派卿着朝服，携五匹帛，前往宾馆慰劳使团。使者在宾馆外迎接卿，并行拱手礼，卿不必还礼。随后，慰劳者捧帛入内，代国君致慰问之辞。使者恭听后，行再拜叩首大礼，再上前接下束帛。慰劳者转身出门等候。待使者将束帛交给家臣后，上介出门请慰劳者进入舍内。作为回礼，使者馈赠给慰劳者四张麋鹿皮和五匹锦，慰劳者行再拜叩首之礼。接着，国君夫人又派下大夫，为使团送来剥了壳与皮的枣栗。与之前一样，使者行再拜叩首礼后收下礼物。同样地，使团也要为下大夫奉上准备好的礼物。最后，由下大夫带领使团进入国都。

致飧使者　使团在外朝简单见过国君以后，便在宾馆下榻。卿代国君致欢迎辞，使者再拜叩首。卿退下后，使者行再拜之礼，送卿出门。随后，宰夫为使团送来食品，算一次非正式的馈食之礼。

聘问献礼　次日，使者身着皮弁，随前来迎接的下大夫入朝聘问。至宫门前，出于礼节，迎接使者的摈者需询问使者所来何事，然后禀告国君，方能进门。摈者引导使者从左侧大门进入，国君着皮弁服，在大门内行拱手之礼。使者只是避让，而不敢还礼答拜。于是，国君亲自为使者引路,每入一门,每遇拐弯,国君都要行拱手礼,直至祧庙门前。国君先行入内,待有司铺设完成依凭神的几筵以后,摈者请使者入内。此时,贾人坐下打开玉匣,取出玉圭,递交给上介,上介再递交给使者。使者持圭,预备赠送给国君。摈者禀告国君后,再出庙门,表示推辞。然后,摈者引导使团进入庙门,见到国君,主宾又互行拱手礼三次。国君先上两级台阶,然后使者跟着上台阶,国君进入庭中等候,使者则走到西楹柱之西后,代表自己的国君致辞。国君向使者行再拜之礼。使者不敢答拜还礼,只是后退避让。随后,国君亲自接过使者献上的玉圭,再转交给宰臣,又回到庭中。出于礼节,摈者询问使者还有何事。于是,使者又捧着盛有玉璧的束帛,献给国君。最终,国君同意使者至神前行享礼。在国君行再拜礼后,接过使者的币帛,再转交给宰臣。与此同时,执事者在堂下接受作为礼物的兽皮。聘问国君的礼完毕以后,使者还要聘问夫人,献上璋与琮,以及五匹帛,礼物由国君代为接受。至此,聘问结束,摈者又出于礼节地询问,还有何事,此时使者告之以公事完成。

国君致礼　国君请为使者行醴礼,使者先谦辞,再表示接受。醴礼设在庙中,国君出庙门迎接使者,双方像聘问时那样揖让。双方行礼后,国君上堂,从宰夫手上接过漆几,表示要亲自为使者设席。国君象征性地向外拂拭灰尘三次,再持漆几的中部,准备授于使者。使者立刻上前迎受,国君向使者一拜后递上漆几。使者拿着漆几避让,表示不敢当此大礼,最后在西阶上叩首答拜。设几后,宰夫在觯中酌酒,使者对国君行一拜礼后,从国君手中接过觯,再回到西阶上。此时,宰夫在使者席前进上干肉与肉酱。使者入席后,首先祭祀干肉与肉酱,又用勺从觯中舀出酒来祭祀,如是者三,最后尝一下醴酒。接着,国君为使者送上束帛,使者则要下堂推辞。国君立刻走下一级台阶,阻止使者下堂。使者只好表示听从国君命令。于是,使者再次上堂,行再拜叩首之礼,接过束帛,转交给上介。最后,国君与使者互行拜礼。于是,使者及随行牵着庭中为他们准备的马离去。

私见国君　醴礼后,使者再以个人名义拜谒国君。使者私见国君时,一手捧束锦,一手揽四匹马的辔绳。进入宾门后,放下束锦,向摈者行再拜叩首礼。摈者不敢当此大礼,加以推辞。于是使者在摈者的引导下入门。见到国君时,主宾双方互相揖让,然后上堂。国君向使者行再拜之礼,使者又表示不敢当而退至西序。使者取来束锦,象征性地拂去灰尘,上前献给国君。献礼后,使者准备下堂至西阶下行拜礼,国君阻止其下堂。但使者出于敬意,依然行拜礼,于是国君立刻下阶再次劝阻。既然国君下阶了,于是使者就必须返回堂上。此时,国君于阼阶上站立,表示接受使者在西阶上的再拜叩首之礼。待使者下堂后,国君亲手将束锦递给宰臣收藏。

卿大夫慰问使者　使者回到宾馆后,卿大夫又前往宾馆慰问。使者推辞不见,意思是不能劳烦卿大夫亲自登门拜访。于是,卿大夫将作为见面礼的鹅放在地上,行再拜礼后离去。此时,上介便代表使者收下礼物。此后,卿大夫再要去慰问副使,其礼节是一样的。

代君赠礼　聘问结束后,卿大夫代表国君,再次为使团送来食物,所送食物比使团初到时的"致饔"要更为隆重。礼尚往来,使者也要回赠卿大夫礼物。

问候卿大夫　卿大夫也是一国的东道主,所以使团也需问候他们。

使者需问候卿大夫两次,一次以本国国君的名义问候,一次以私人名义问候。上介及随行人员问候卿大夫时,则仅以私人名义。问候卿大夫时,双方皆穿朝服,在卿大夫的祖庙行礼。其仪式与问候国君是一样的,所赠礼物为束帛、束锦与麇鹿皮。

国君夫人回礼 问候卿的当天傍晚,国君夫人派下大夫穿韦弁服前来回礼。为迎接夫人使者,宾馆堂上需布置笾、豆各六个,稻、粱、黍三种,酒各两壶,皆两两相对,由西向东摆放。夫人赠送使者的是束帛,使者回礼以四匹马与束锦。赠送上介的是四豆、四笾与四壶酒,上介回礼以两匹马与束锦。次日,使团再上朝拜谢国君夫人。

卿大夫回礼 卿大夫先将礼物陈设在宾馆门口,待使者出门迎接时,再由大夫的家臣牵着牛奉上,使者则叩首再拜。送给使者与上介的礼物是牛、羊、猪各一头,黍二筐、粱二筐、稷四筐;送给随行人员的礼物是羊、猪各一头,黍二筐、稷四筐。

宴请使者 宴请相当于国宴,是正式的晚会。国君宴请使团分为食礼与飨礼。飨礼是为使团献上太牢,并请客人饮酒。宴请使者的顺序是,飨礼,食礼,再飨礼;宴请上介的顺序是,食礼、飨礼各一次。

还玉赠物 使团归国前,国君要派卿大夫到使者馆舍还玉。使者穿弁服在大门外迎接。进门后,卿大夫从西阶上堂,使者随其后。双方并排而立,使者从大夫手中接过圭,退至右房,等待大夫下堂。然后使者也下堂,将圭交给上介。大夫出门。这一礼节完成后,上介出门再次把大夫迎接进门,上堂,这次是交还璋。等大夫下堂后,还玉的礼节完成。接着,大夫将代国君为使团赠送礼物,包括礼玉、束帛、四张虎豹皮,赠礼的仪节与还玉一样。

送别使团 临行前，国君亲往宾馆送别，使者不敢当，于是由上介出门听国君致辞。国君主要说四件事，对使团奉命聘问自己表示感谢，对夫人行聘享之礼表示感谢，对使团问候各位卿大夫表示感谢，对使者即将归国进行送别。每说完一件事，国君都要行再拜之礼。随后，使者一路跟随国君回朝，直至朝上。国君表示谦辞后，使者行三拜之礼，然后正式退归。使团出发行至国都近郊后，国君又派卿大夫前往为使者赠送礼物，派下大夫前往为上介赠送礼物，派士前往为随行人员赠送礼物。赠礼后，士留下，直到把使团送出国境为止。

3. 聘问后

归国复命 使团行至本国近郊时，要派人禀告国君。入城前，使者穿上朝服，车上插好旃旗。禳祭以后，使团进入城门。在治朝①上，使者与上介在聘问国所收到的所有礼物都必须一一陈列，同时等待国君传唤。等候传唤时，使者要手持圭，上介手持璋。复命时，使者说："以君命聘于某君，某君受币于某宫，某君再拜。以享某君，某君再拜。"言毕，宰臣接过使者的圭，使者则再接过上介手上的璋。再次复命后，宰臣又接过使者手上的璋。接着，使者又拿出束纺等礼物，复命后，交给宰臣。交给宰臣的礼物，都是正式场合下国君或卿大夫赠送的，私见时互赠的礼物不必上交。最后，国君将上交的礼物，再作为赏赐，赐给使团的成员。众人叩首再拜后退下。

使者告庙 众人退朝后，随行人员要把使者送至其祢庙门口后才能退归。使者进入祢庙前，执事者要把束帛放在庙门口，告知祖先已出

---

① 治朝，天子与群臣治事之朝。

使归来。祢庙内要放置凭神的小几以及祭祀用的干肉与肉酱。祭祀时，使者使用的是三献礼。接着，主人派吏举爵以酬谢随他出使的家臣，家臣依序饮毕后出门。上介回到自己家中，也要用同样的方法行告庙之礼。

至此，聘礼完成。

第三节　士相见礼

相见礼就是互相拜访的礼。与今人不同，古人的见面礼节较为繁琐，不是一件随意的事。古人有等级观念，所以士与士相见、士与大夫相见，以及大夫与天子相见，都必须遵守不同的礼仪规定。且为了体现自己的恭敬谦下，如果是同等级的人相见，还要在礼节上故意抬高对方，这就叫"礼者，自卑而尊人"（《礼记·曲礼》）。事实上，这句话也是士相见礼的灵魂所在。

一、士相见礼相关常识

1. 士相见礼的礼物

雉鸡　古人互相拜访时必须送礼，但与今人不同，古人的礼物是要讲寓意的。士人之间互相拜访，所用的礼物主要是雉鸡。之所以选择雉鸡，是因为雉鸡有其独特的个性。雉鸡是一种难以家养的动物，不食嗟来之食，往往抓住后不久便会饿死。《白虎通》描述这种动物说："士以雉为挚者，取其不可诱之以食，慑之以威，必死不可生畜，士行威介，守节死义，不当转移也。"古人认为，雉鸡的这种特性好比高洁之士的品性,故而被赋予了士精神的象征。此外,还有一个技术问题需要一提,即死了的雉鸡容易变质发臭,所以一般夏天赠送的雉鸡都是事先风干过的。

大雁　大夫互相拜访时所赠送的礼物。大雁的特性是"飞成行,止成列",意即守规矩、能自律,象征大夫在四方供职时,品性优良,恭谨慎独。

羔羊　卿大夫互相拜访时所赠送的礼物。羔羊的特性是群而不党,且能以领头羊马首是瞻。卿大夫的地位尊贵,权力很大,而君主专制最忌讳权贵们结党营私,这样往往容易造成与君权的抗衡,从而威胁到政治稳定。羔羊的特性恰好能象征卿大夫紧随君王,群而不党的品质,因此得以被标榜出来。

质言之,古人送礼,讲究的不是礼物本身的价值高低,而是礼物的道德意蕴。凡事皆要突显道德品质,这是中国传统文化的基本取向。

2. 士相见礼的意蕴

古人见面不同于今人,即使双方再熟悉,也必须讲究礼仪规矩。所谓规矩,就是遵守等级秩序,等级不同的人该如何相见,等级相同的人又该如何相见。之所以要严明礼仪,一方面出于传统社会维护等级秩序的需要,另一方面也是为了避免因狎昵而造成公私不分的情况。

传统的士相见礼主要保存在《仪礼》之中,主要包括等级相同者的相见之礼、等级不同者的相见之礼,以及非正式场合下与国君相处的礼仪。等级相同者相见之礼都是双向的,也就是甲拜访过乙后,乙必须回访,以示尊敬,从而充分体现"礼尚往来"。而不同等级者相见,高等级者不必回访。此外，非正式场合下与国君的会面也不可随意，必须遵守规范礼仪，比如向国君行礼的方向，谈话的内容，视线的焦点，都必须遵循既定的仪则。

事实上，《仪礼》所记载的相见之礼不但有些繁琐，甚至有些与今人的生活习惯格格不入。比如在先秦，当甲拜访乙时，乙要表示不敢接受甲的登门拜访，要甲回家，等候乙的登门拜访。甲于是坚持要拜访乙，乙则再次表示不敢接受甲的亲自拜访，请甲回家等候。双方再三谦让后，乙才让甲入门。这套谦让的方法放在今天，好像是故意给客人吃闭门羹，似乎很不礼貌，然而在先秦，这却是主人表达对客人的尊重。当宾客向主人赠送礼物时，主宾双方还要三番四次地谦让。授与不受，往来数趟，然后主人才收下宾客的礼物，这在今人看来也颇为不解，但在当时，却表达了士人之间辞让的美德。

总的来说，《仪礼》记载的相见之礼主要是贵族间的礼，在严明等级的同时，突显士人的道德品质，高贵而又谦逊。至于庶人，则不需要遵守这些仪则，这是囿于"礼不下庶人"的历史局限。

随着时代变迁，庶人是否要讲礼，也被认为是件重要的事。明代洪武五年(1372)，太祖朱元璋特别为庶人制定了相见之礼，洪武十二年(1379)又进行了补充。明代涉及庶人的相见礼规定：凡是乡里序齿，或民间士农工商各种人等平时相见、宴请或节日拜访，年幼者应该先向年长者行礼。在座位次序上，年长者当居上。而后又有所补充，规定退休官吏只有在宗族、外祖家和妻家序尊卑时行家人礼；若设宴，则必须单独设一席，不许坐于无官而年长者之下。退休者相见，应当依照原有之官位高低排序。官位相同，则按照年龄排序。退休者与异姓无官者相见，只受礼而无需答礼。庶民拜访退休官员，应行官礼。如有侮辱退休官吏的行为，当依法治罪。显然，在补充规定中，国家权力被置于绝对地位，官员与庶人通过礼仪被严格区别开来。洪武二十六年（1393）又规定：凡子孙弟侄甥婿见尊长，学生、徒弟见师父，奴婢见主人，若久别，当行四拜礼；若近别，行作揖礼。此外的亲戚长幼，若久别，则行二拜礼；若近别，则行作揖礼。

不难看出，明代为庶民制定的相见礼仪，虽名为礼仪，但目的并不是为了引导庶民更有"礼貌"，其本质只是要维护社会的等级秩序。因此从其礼仪的气韵上来看，便远不及先秦士人相见时那般庄重而典雅了。

二、士相见礼仪

1. 士与士相见之礼

士携带雄鸡拜访另一位士。

当宾客到主人家大门口求见时，首先将雄鸡的头朝左捧着，说："某也愿见，无由达。某子以命命某见。"（"某某一直想来拜见您，但无缘实现。今日我很荣幸能按照您的吩咐来见您。"）

主人自谦地说："某子命某见，吾子①有辱。请吾子之就家也，某将走见。"（"某某曾命某人前去拜访您，您却屈尊前来。还请您回家，某某将亲自登门拜访。"）

宾客回答说："某不足以辱命，请终赐见。"（"您的命令，某某实在不

_____
① 吾子，古时对别人的尊称，相当于"您"。

敢当,还请让我见一见您。")

主人再次自谦地说:"某不敢为仪,固请吾子之就家也,某将走见。"("某某不敢和您客套,还请您一定回家,我立刻登门拜访。")

宾客也再次回答:"某不敢为仪,固以请。"("我也不敢和您客套,请一定让我见到您。")

主人于是答应客人的请求,说:"某也固辞,不得命,将走见。闻吾子称挚,敢辞挚。"("我的坚持,未得到您的准许,我马上出门迎接您。听说您带了礼物,实在不敢当,还请收回。")

宾客自谦地说:"某不以挚,不敢见。"("若不带礼物,是不好意思来见您的。")

主人客气地回答说:"某不足以习礼,敢固辞。"("我实在不值得您送大礼,还请收回。")

宾客则更客气地说:"某也不依于挚,不敢见,固以请。"("不携带大礼,我实在不好意思见您,还请您一定要收下。")

主人于是答应收下礼物,说:"某也固辞,不得命,敢不敬从!"("我坚持不收礼,但未得到您的准许,岂敢不从命!")

一番谦让的话说完以后,主人正式在大门口迎接宾客,双方互行再拜之礼。

主人作揖,请宾客入内,自己从右侧门进入,宾客则捧着雉鸡从左侧门进入。

主人在庭中,行再拜之礼,准备接受礼物。宾客则行再拜之礼,奉上礼物。

礼毕后,主宾双方才能自由交谈。

当宾客准备返家时,主人送宾客到大门外,双方行再拜之礼,然后告别。

出于礼尚往来,拜访之礼后,主人必须择日回访,回访时所送的礼物就是原来的那个雉鸡。

此时,原来的主人登门,说:"向者吾子辱,使某见。请还挚于将命者。"("您曾屈尊光临寒舍,使某人能见到您。此次前来,请允许某人把雉鸡还给您的傧相①。")

此时的主人自谦地说:"某也既得见矣,敢辞。"("某人与阁下已相见过,不敢劳烦阁下登门,还请阁下收回礼物。")

此时的宾客也自谦道:"某也非敢求见,请还挚于将命者。"("我也不敢劳烦您见某人,只是请允许我将礼物归还您的傧相。")

主人再次自谦地说:"某也既得见矣,敢固辞。"("某人与阁下已相见过,实在不敢劳烦阁下登门,再次请阁下收回礼物。")

此时的宾客继续自谦地说:"某不敢以闻,固以请于将命者。"("某人不敢以还雉鸡的事打扰到您,所以再次请您的傧相能收回礼物。")

于是主人答应客人的要求,说:"某也固辞,不得命,敢不从!"("某人已经一再推辞,但得不到您的准许,岂敢不从命!")

于是宾客捧着雉鸡入门,与主人在庭中行再拜之礼后奉上,主人行再拜之礼后收下。

当宾客要返回时,主人送宾客至大门外,行再拜之礼后辞别。

① 傧相,古时称替主人接引宾客和赞礼的人。

2. 大夫相见之礼

大夫（又称下大夫）相见时，带着雁作为礼物。雁的身上裹着有纹饰的布，用绳索系住脚。和士相见时捧雉鸡的方式一样，大夫要让雁的头朝向左方。

大夫拜访与回访时的礼节与士相见时的礼节一样。

卿大夫（又称上大夫）相见时，带着羔羊作为礼物。羔羊也是用绘有纹饰的布包裹起来，四足要两两相系，且绳子要在羔羊背上交叉，再径回胸前打结。捧羔羊的方法和前两种一样，使羊头朝左方摆。

卿大夫拜访与回访的礼节与大夫及士相见之礼节也是一样的。

3. 等级不同者之间的交往礼仪

新臣见国君之礼。新臣入朝，初次见国君时，要携带挚作为礼物。随着越来越走近国君的堂下，容貌要表现出越来越恭敬的样子。

士大夫见国君之礼。士大夫首次见国君时，要把礼物放在地上，不能直接交给君王。士大夫需再拜并叩首，国君则以一拜之礼作答。如果不是首次见面，则国君不必还礼。

庶人见国君之礼。庶人见国君，一般发生在国君巡行或田猎的场合。庶人以鹜作为礼物，见国君时，进退必须疾走，以示敬意，而没有过多的要求。

需要注意的是，国君在接见地位比自己低的人时，可以接受对方的礼物，但不必回访，也不必把礼物再送回去。

如果是外邦之臣见国君，其基本礼仪是一样的，只是在礼毕后，国君要派使者将进献的礼物再送回外臣处。使者要说："寡君使某还挚。"（"寡君派我将礼物奉还阁下。"）外臣则回答："君不有其外臣，臣不敢辞。"（"君不愿以外臣为臣，不敢推辞。"）于是，再拜叩首后收下礼物。

士拜见大夫时，除了常规的礼仪外，因为地位差异而有特殊的规定。如士初次登门拜访大夫时，大夫不必到门外迎接。士进门后，大夫只需向士行一拜之礼。当士告辞时，大夫以再拜之礼送别，但无需送至大门口。

至于士给大夫赠送礼物的礼仪，比起同等级间的送礼与还礼有更复杂的讲究。按照对等的士相见礼规范，宾要三次献挚，主人则要三次辞挚，但最后主人还是要收下礼物，等到回访时再送还。然而，当士为大夫赠送礼物时，如果大夫接受礼物而不回访、还挚的话，就会有僭越国君礼之嫌疑；但如果回访、还挚的话，又等于是矮化了自己的等级。为了避免这一尴尬，当宾主在三次礼节性地献挚与辞挚后，大夫最终不接受礼物。

4. 燕见之礼

燕见就是非正式场合下的私人会面。虽然是非正式场合，但也必须以君南面为正。燕见时，如果国君恰好不在南面之位，则要取国君在正东面或正西面时行礼，切不可随意选取角度行礼。

燕见时和国君交流，其谈话的内容应该总是围绕君应当如何使用臣下来进行。另外，与卿大夫交流时，应该总是围绕如何事奉国君的话题；与长辈交流时，应该主要围绕如何教育子弟的话题；与年轻人交流时，话题应该始终围绕如何孝悌于父母兄长；与普通人交流时，主要讨论忠信慈爱与为人处世；与士以下的官吏交流时，应该多谈论如何忠诚守信。

在与卿大夫交谈的过程中，视线应当始终落在对方的脸上，意思是密切观察对方的神色，做好应答的准备；回答完以后，将视线下移到卿大夫的胸前，意思是给对方思考的时间，以示尊重；谈话结束，再次看着对方的脸颊，意思是等待对方对自己的肯定。谈话时，眼神不可游移，必须全神贯注。如果是与父母交谈，那么目光可以游移，但切不能高过其面部，也不能低于腰带。高过父母的面部，显得高傲，是为不敬；低于腰带，显得忧愁，会让父母担忧，是为不孝。如果对方不再说话了，若他站立，就看着他的脚；若他坐着，就看着他的膝。

陪同在国君身边时，如果国君打哈欠或者伸懒腰，并询问时间早晚的话，就要及时问侍从饭菜是否准备好了。如果国君不能安坐，显得有倦意时，可以请求告退。如果是在夜晚陪坐的话，当国君询问时间或要吃荤腥解乏的话，也说明他有倦意了，此时应该请求告退。

和国君一起饮食时，要等国君先祭祀，然后在国君开动前对每种菜肴都遍尝一口。等到国君命令可以饮食时，方才饮食。如果当时膳宰在场的话，则由膳宰遍尝饮食，然后等待国君的命令。如果国君赐酒，臣子必须离席，对君再拜叩首，接受酒爵，献祭，然后饮尽，待国君饮尽后，把空酒爵交还侍从。退席时，跪着取鞋，然后退到隐蔽处穿上。如果国君要相送，应该立刻回答："君无为兴，臣不敢辞。"（"请您不要相送，否则我不敢告辞了。"）国君若坚持下堂相送，那么不敢回头再次告辞，径直出门去。

第四节 冠 礼

冠礼，就是传统中国的成人礼。《礼记·内则》规定，六岁，学习数目与四方之名；八岁，学习礼让与廉耻；九岁，学习朔望和甲子；十岁，在外求学，学习文字、礼仪以及日常辞令；十三岁，学习音乐、《诗经》，学跳《勺》舞；十五岁"成童"，学跳《象》舞、射箭、驾车。至二十岁成人，须加冠取字，从而进入社会，负起更多的责任。

一、冠礼相关常识

1. 冠

唐代诗人高适说："弱冠负高节，十年思自强。"意思是，成年以后就要胸怀远大抱负，自强不息。在古代，成年的标志就是戴上"冠"，接受加冠仪式的洗礼。

冠又称元服，《仪礼·士冠礼》："令月吉日，始加元服。"意即挑选良辰吉日行冠礼。区别于帽子，冠其实是古代贵族男子的头饰。除了冠以外，还有弁与冕，平民所戴的叫帻（zé）。而帽子作为一个类的概念，迟至汉代才出现。据《说文解字》，帽仅为小儿、蛮夷使用的物品。

冠与帽子不同，并不整个覆盖住头，而仅是用一冠圈套在发髻上，再由一冠梁，从前至后地覆在头顶。冠圈两旁垂下两根丝绳，称之为缨，在颌（下巴）下打结，从而固定头顶的冠。缨打结后余下的部分垂在颌下，称之为緌（ruí）。但如果是一根丝线兜住下巴，两头系在冠上，那这根丝线则称之为纮（hóng）。

戴冠时，需要先盘发髻，然后用一块二尺二寸宽、六尺长的缁帛（称"纚"，xǐ）包住发髻。加上冠后，用一根发簪贯穿冠圈与发髻加以固定。簪是汉代的叫法，先秦称作笄。用于固定冠的叫作衡（横）笄，只固定头发的叫作发笄。

在祭祀时，天子、诸侯、大夫所戴的是冕。汉以后，冕的使用被天子垄断。其形制是一块长方形木板，纵向安在冠圈上。冕板前后皆有旒（liú），即小圆玉串。冠圈左右有丝绳系住玉石，下垂至耳边，称为纩（kuàng）。系玉石的丝绳称为紞（dān）。除了冕外，贵族常戴的还有弁，有皮弁、爵弁之分。皮弁是一种由鹿皮拼接而成的帽子。皮块的拼接处缀以五彩玉石，称为綦（qí）。爵弁有两种说法，或说类似冕，而无旒；或说类似皮弁，只是颜色类似雀鸟的头。

然而，冠、冕、弁由于其性质是一样的，古人常以冠作为其总名。段玉裁说："析言之，冕、弁、冠三者异制；浑言之，则冕、弁亦冠也。"

古代除了小孩、平民、罪犯与异族之外，年满二十岁，都必须加冠。刚加冠没多久，还比较年轻，就称为弱冠。后世所谓冠礼，只是继承了古代冠礼中成年礼的意思。

2. 名、字、姓、氏

近代流传一副有名的对联："月照纱窗，个个孔明诸葛亮；风送幽香，郁郁畹华梅兰芳。"这副对仗工整的对联的绝妙处是，姓名对姓名，字对字，且名字与"月照纱窗"和"风送幽香"的意象相契合，这就是名字的文化。

现代人几乎不再取字，但取字却是中国古代极为重要的礼仪环节。"字"不同于姓、名，是在冠礼时取的，成为一个人成年的重要标志。之所以要取字，乃是为了表示对父亲所起之名的敬重，是孝道之礼的延伸。在传统社会里，名由父母所取，因此只能由长辈来呼唤。晚辈对长辈，以及平辈之间应以字相称，以示尊敬。《冠义》说："已冠而字之，成人之道也。"也就是说，长大成人就必须守礼，人际交往间的称呼需要特别谨慎。

字的意涵还必须与名或身份有所呼应，比如孔子，名丘，排行老二，又生在尼山，所以字仲尼；又如杜甫，名甫，甫是男子美称之意，故字子美；白居易，名为居易，字乐天，在意义上两相呼应，所以古人取字非常有讲究。

比起名与字，姓的历史要复杂得多。姓分为先秦的姓与后世的姓。在先秦，姓是所生家族的标记，比如周武王之妻叫作邑姜，姓放在后面。邑姜是姜姓家族吕尚的女儿，吕尚就是后世称道的姜子牙。但其实，"姜子牙"这一说法，在先秦是不存在的，时人不把姓放在名前，且只有女子使用姓，比如邑姜、齐姜、卫姜等。女子是要嫁人的，为了明确出身，故必须冠姓。出于乱伦禁忌，古人非常注重"同姓不婚"的原则，所以男子买妾不知其姓时，就要通过占卜，为她取一别姓。比如鲁昭公欲娶同样是姬姓的女子为后，故不得不更其姓为吴，史称吴孟子，从而规避世人口实。

姓下面是氏，一姓下有许多氏，且姓少而氏多。比如先秦嬴姓下有秦氏、赵氏等十数氏，姬姓下也有韩氏、魏氏等数氏。东周三家分晋，指的就是姬姓的韩氏、魏氏与嬴姓的赵氏三家；又如孔子，因为是殷商后裔，所以其实是子姓孔氏。氏有多种取法，比如列国的公族多以"孙"为氏，故称公孙氏；也有以官职为氏的，比如司马氏、司空氏；以封地为氏的，如韩氏、赵氏；也有以祖先的字为氏，比如齐文公之子字子高，其后以高为氏；也有以君王赐名为氏的，比如孔子的祖先得君王赐名为孔父，其后便以孔为氏，可见取氏号相对比较自由。不难看出，后世所谓姓，其实是继承了祖先的氏。

二、冠礼仪式

1. 准备阶段

筮日 举行冠礼，首先要确定日子。冠礼的日子不可随意决定，必须通过占筮的形式确定。占筮的礼仪称为"筮日"，意思是由神灵来决定冠礼的日子，以"求其永吉"，体现了冠礼的神圣性。占筮必须在家庙进行。家庙是古代所有重要仪式举行的地方，《礼记·文王世子》说："冠、取妻必告。"也就是说，冠礼与婚礼，作为家族中最为重要的事，必须以祖先的名义进行。这源自于中国传统"自卑而尊祖先"的风俗习惯。

戒宾 在冠礼日期确定后，冠者的父亲，也就是冠礼的主人，需要提前三天通知各位同僚、朋友，邀请他们前来观礼。戒宾，就是通告宾客的意思。

筮宾 在冠礼中，为冠者加冠的人必须是德高望重的宾客，称为"正宾"。冠礼那天，正宾必须到场，否则不能成礼。因此正宾的选择必须慎之又慎，必须再次通过占筮来确定。确定正宾以后，还需要为其配备一名助手。

宿宾 确定正宾后，主人需登门邀请，说："某有子某，将加布于其首，愿吾子之教之也。"（"我有儿子某，将行冠礼，希望他能得到您的教诲。"）正宾回答："某不敏，恐不能共事，以病吾子，敢辞。"（"某人不才，恐怕难以胜任，恐有辱尊驾，诚不敢当。"）主人需再请，说："某犹愿吾子之终教之也。"（"我依然希望由您来教诲犬子。"）宾再回答："吾子重有命，某敢不从！"（"您吩咐再三，我怎能不遵从。"）隔日正式邀请时，主人说:"某将加布于某之首,吾子将莅之,敢宿。"("我将给犬子行冠礼,先生一定要光临,冒昧前来邀请。")宾再回答:"某敢不夙兴。"("我一定会早早地赶到。")至此,前期准备方才结束。

冠礼的准备阶段相当神圣,事实上,古人已把成人礼上升到了奠基国本的高度,如《冠义》说:"古者,冠礼筮日、筮宾,所以敬冠事。敬冠事所以重礼,重礼所以为国本也。"可见,作为神圣的礼仪,冠礼从头开始就马虎不得。

2. 加冠仪式

冠礼须清早在南向的堂里举行,堂前有东、西二阶。东阶为主阶,也叫阼阶,供主人上下堂用;西阶为宾阶,供宾客上下堂用。《仪礼·士冠礼》说:"嫡子冠于阼,以著代也。"所以嫡长子的冠礼就在阼阶上举行,以象征将来要代替父亲执掌家族。

加冠前,首先请三位有司将三种冠分放在三个竹器皿中,三人从西阶的第二级台阶依次往下站立。三种冠分别为缁布冠(黑布)、皮弁、爵弁。正宾为冠者加冠时所坐蒲苇席旁置一篚(竹筐),里面准备好加缁布冠所用的頍(kuǐ)项(束发用的头饰),青丝带编成的冠缨系结在頍上,六尺长、二尺二寸宽的黑色束发巾,加皮弁与爵弁所用的簪子,镶着浅红色边饰的黑色丝质冠带两根。梳子放在边上的竹筐里。冠者在堂北偏东处南面候立。主人则身着玄端①、雀黑色蔽膝②,站在东阶下边正对东序的地方,西面,迎接正宾。

准备就绪,冠者着采衣(童子服),与正宾拱手作揖,然后端坐于冠

---

① 玄端,古代中国的玄色礼服。
② 蔽膝,古代加于裳外的围裙状饰物。

者之位。由赞者为冠者梳头，并用帛将头发包好。同时，正宾到西阶下洗手，然后到将冠者的席前坐下。

第一次加冠，正宾亲手为冠者扶正包发的帛，再从西阶走下，从有司手中接过缁布冠，走回将冠者面前，为其端正仪容，口念祝辞，曰："令月吉日，始加元服，弃尔幼志，顺尔成德。寿考惟祺，介尔景福。"（"月份和时日都很吉祥，现在开始为你加冠。抛弃你的童稚之心，慎养你的成人之德。愿你长寿吉祥，广增洪福。"）祝毕，为其戴上缁布冠，然后由赞者为冠者系好冠缨。冠者叩谢，回房换上与缁布冠搭配的玄端服——黑裙、黄裙、杂色裙都可以——外加黑色大带、雀色蔽膝，然后走出房间，南面，向宾客展示。

第一次行醮礼，正宾下堂从竹筐中取爵，洗爵，上堂斟酒。冠者拜接酒爵，正宾答拜。冠者即席坐下，左手持爵，右手祭干肉和肉酱，然后祭酒。冠者起立，在席西端坐下尝酒。离席向正宾行拜礼，正宾答拜。然后在笾豆的东边放下酒爵，站立在筵席的西边。赞者撤去笾豆和酒爵，筵席和酒尊不撤。主人祝辞（醮辞①）曰："旨酒既清，嘉荐亶时。始加元服，兄弟具来。孝友时格，永乃保之。"（"美酒清醇，祭祀真诚。今日举行冠礼，兄弟皆到。希望你孝亲友兄，永远保持。"）

第二次加冠，冠者再次回到冠者之位，正宾则走下西阶两级，从有司手中接过皮弁，回到将冠者面前，为其端正仪容，口念祝辞，曰："吉月令辰，乃申尔服，敬尔威仪，淑慎尔德。眉寿万年，永受胡福。"（"月份和时间都很吉祥，现在将再次为你加冠，使你的威仪得到更多敬重，使你

---

① 醮辞，醮，jiào，古代行冠礼，父亲斟酒给儿子饮时的祝辞。

的德性更加完备。愿你长寿吉祥,广增洪福。")祝毕,为其换上皮弁。冠者叩谢,回房换上皮弁服——白色裙,外加黑色大带、白色蔽膝,再次走出房间,南面,向宾客展示。

第二次行醮礼,赞者用两只豆盛腌秋葵菜和蜗牛肉酱,两只笾分盛栗与脯,整理并添酒。主人再致祝辞,曰:"旨酒既湑,嘉荐伊脯。乃申尔服,礼仪有序。祭此嘉爵,承天之祜。"("美酒清醇,祭品敬献。再次加冠,仪式井然。祭献美酒,希望你获得福佑。")

第三次加冠,冠者再次回到冠者之位,正宾走下西阶三级,从有司手中接过爵弁,回到将冠者面前,为其端正仪容,口念祝辞,曰:"以岁之正,以月之令。咸加尔服。兄弟具在,以成厥德。黄耇无疆,受天之庆。"("在这吉祥之年,吉祥之月,将三次为你加冠。你的兄弟安好,助你德性日臻成熟。愿你长寿吉祥,广增洪福。")祝毕,为其换上爵弁,冠者叩谢,回房换上爵弁服——丝质黑色上衣、浅绛色裙,外加黑色大带、赤黄色蔽膝,第三次走出房间,南面,向宾客展示。

第三次行醮礼,饮酒与笾豆的准备如前,赞者整理并添酒,此外还要增加豚俎,并用肺致祭,然后冠者品尝牺牲的肺。主人第三次致祝辞,曰:"旨酒令芳,笾豆有楚。咸加尔服,肴升折俎。承天之庆,受福无疆。"("美酒清醇,笾豆陈列。三冠已加,再献祭品。希望你承受上天的护佑,洪福无边。")

加冠仪式礼毕。

3. 醴冠者仪式

加冠仪式完成,举行醴冠者仪式。醴礼与醮礼不能同时使用,而是两者取一。醴礼是三次加冠后行一次礼,而醮礼则每一次加冠就要行一次。

举行醴礼时,赞者先撤去已使用过的皮弁、缁布冠、梳子、筵席等物品,进入房内。此时,主人的助手在西边堂上布置醴席,面朝南方。赞者则在房中清洁觯,并斟醴酒,把角柶(sì)①覆扣在觯上,匙头朝前。

醴冠者时,正宾对冠者作揖行礼,然后冠者即席,在席西端,面南。赞者从东房捧觯出来,正宾于东边接过觯,此时觯上柶的柄朝前了。正宾行至醴席前面,面北。冠者在席西边行拜礼,然后接过觯。正宾则回到西序之位,面朝东答拜。

此时,赞者把干肉和肉酱进置于席前。冠者再次即席坐下,左手持觯,右手取干肉蘸肉酱,祭祀先人。然后用柶挹②舀取醴酒,并祭醴三次,然后站起,在席的西头坐下,尝醴。接着把柶插入觯中,再次站起。然后走下醴席,坐在地上,把觯放在地上,对正宾行拜礼,再次手持觯起立。正宾答拜。

完成后,正宾向冠者敬醴酒,致祝辞(醴辞③),曰:"甘醴惟厚,嘉荐令芳。拜受祭之,以定尔祥。承天之休,寿考不忘。"("甘美的醴酒醇厚,上好的脯醢芳香。请下拜受觯,祭献脯醢和醴酒,以奠定你的福祥。承受来自上天的美福,至长寿之年犹不忘怀。")冠者按照礼节饮酒,离席,拜谢正宾,正宾还礼。

4. 拜见母亲

加冠时冠者的母亲并不在场,因此加冠后立刻要去拜见母亲。所

---

① 角柶,角质的状如匙的古代礼器。
② 柶挹,角质的小匙。
③ 醴辞,古代行冠礼,正宾向冠者敬酒时的祝辞。

以,冠者先把手上的觯放在笾豆东边的地上,走下筵席,面朝北坐下取干肉。冠者须从西阶下堂,绕行至庭院东墙。行至母亲居所,北面拜见,并献上干肉,以示敬意。母子相见礼毕,母亲以成人之礼拜谢之,随后冠者拜送母亲,母亲则再次回拜,这一过程称为"侠拜"。

5. 取字仪式

拜见母亲后,冠者再次回到堂上,由正宾为冠者取表字。

《冠义》讲:"已冠而字之,成人之道也。"加冠完毕后,就需要取字,以示成年,具有一定的社会地位,因此除了父母长辈外,姓名不能再被人随便呼唤,而应代之以字,即《冠义》所谓"冠而字之,敬其名也"。

正宾从西阶下堂,站在正对西序之处,面朝东。主人则从东阶下堂,站在正对东序之处,面朝东。冠者则站在西阶下,正宾的东侧,面朝南。

正宾为冠者取表字前,先致祝辞,曰:"礼仪既备,令月吉日,昭告尔字。爰字孔嘉,髦士攸宜。宜之于嘏,永受保之,曰伯某甫。"("礼仪已经齐备,在此良月吉日,宣布你的表字。你的表字无比美好,宜为英俊的男子所有。适宜就有福佑,愿你永远保有,你的表字就叫'伯某甫'。")

"甫",或作"父",古代对男子的尊称,一般可以省去。比如孔子,原字仲尼甫,通常把甫字省去了。

取字以后,冠者就算成人了。

6. 拜见尊长及酬谢正宾

取字礼仪结束后,主人送宾客至庙门外,赠之以薄礼。宾谦辞后再收下,进入门外更衣处等候。

另一边,冠者则需要一一拜见诸位亲戚,以及进寝门拜见姑姑和姐姐,拜见女眷的礼节基本相同。这一轮番拜见,意味着从今以后,冠者就是家中的成年人了,行为举止,待人接物,一切按照成人礼仪进行,此即《冠义》所谓"见于母,母拜之;见于兄弟,兄弟拜之;成人而与为礼也"。

拜见完家族中的尊长后,冠者便回家换下爵弁服,换上玄冠、玄端和雀色蔽膝,持雉鸡一只,前往拜见国君。臣子赠送礼物给国君,不能亲手与国君交接,因为臣不能授君,卑不能凌尊。必须把雉鸡放在地上,由侍者转送给国君,方才完成拜见国君的礼仪。然后,冠者还要持雉鸡分别拜见卿大夫和乡先生。乡先生,即退休还乡的卿大夫。此即《冠义》所谓"玄冠、玄端,奠挚于君,遂以挚见于乡大夫、乡先生,以成人见也"。至此,拜见尊长的礼节完毕。

与此同时,主人则在家用醴酒酬谢正宾,并宴请众宾客。酬谢正宾用的是一献之礼,即包括献、酢、酬三个环节。献:主人向正宾敬酒。酢:宾用酒回敬主人。酬:主人自饮,然后斟酒再敬正宾。最后,主人要赠送正宾五匹帛与两张鹿皮作为礼物,感谢其在冠礼中扮演了重要角色。

最后,主人的助手担任正宾介,随主人送正宾到大门外边,再两拜正宾,并遣人把牲送至宾家。至此,整套冠礼才算完成。

7. 特殊情况的处理方式

如果将冠者是孤儿,就必须由他的伯父、叔父或堂兄代为通知以及邀请宾客。加冠仪式也都一样,原来父亲的职责全都由伯父、叔父或堂兄代劳。

如果冠者母亲因故不在家，则应使人在西阶下代母亲接受冠者所献的干肉。

又如果冠者是庶子，那么加冠仪式就不可在阼阶上进行，因为庶子是不能继承父亲爵位接管家族的。因此，庶子的冠礼必须在房外进行，面朝南方，然后行醮礼，其余礼仪，一应如是。

三、冠礼余论

1. 女子笄礼

女子笄礼的意义和男子是一样的，象征女子的成人，其仪式流程与冠礼并无二致。唯一不同的是，笄礼仪式主要由女眷来主持并参与整个礼仪过程。

然而，女子笄礼又有其特殊性。《礼记·内则》规定，女子十五岁就可以行笄礼，但条件是必须许配人家。《礼记·曲礼》讲："女子许嫁，笄而字。"所以，女子行笄礼、取字，其实可以看作婚礼的一部分。《礼记·昏义》中说，女子出嫁前三个月，要在宗庙中教以妇德、妇言、妇容、妇功，从而养成顺服的女子德性。传统认为，女子学会了顺服，就意味着成人。而接受笄礼，就是女子成功转型的标志。因此笄礼以后，女子就必须担负起侍奉丈夫、结婚生子、奉养公婆、恪守妇道的责任了。

但总有特殊情况，并非所有的女子都能按时嫁人，那又该如何行笄礼？《礼记·杂记》规定："女虽未许嫁，年二十而笄，礼之。"如果二十岁前还未能嫁人，那也必须行笄礼。但与许嫁之笄礼不同的是，未许嫁之笄礼无正宾来主持，只是由家人来执礼；已许嫁之笄礼用醴酒（浊酒），未许嫁之笄礼用清酒。

2. 冠礼的意蕴

在嘉礼之中,冠礼是居首之礼。古人认为,只有接受过冠礼的人,才有资格考虑婚姻,祭祀祖庙,参加宾礼、射礼、飨燕礼,等等。原因很简单,所有的礼仪都是社交礼仪,都是成年人的礼仪,因此没有接受过冠礼的人是不能参与其他各种礼仪的。然而,这还只是冠礼在形式上的重要性。

冠礼之所以重要,其实是因为它承担了为社会输出合格成员的重要责任。《冠义》说:"三加弥尊,加有成也。"就是说,冠礼中需要为冠者三次加冠,每次所加之冠皆比前一次尊贵。这既体现了长辈对冠者社会地位愈来愈高的祝福,也体现了长辈对冠者德性能与日俱增的期望。

冠礼之所以重要,还因为它承担了为家族培养合格接班人的重要责任。《礼记·冠义》说:"冠于阼,以著代也。"阼阶是庙堂的主阶,是主人迎宾的地方。加冠的仪式在阼阶上进行,意味着冠者是要接替父亲成为一家之主的。因此,冠礼的慎重与否,对于家族的兴替意义重大。

尽管冠礼在理论上很重要,但真正重视冠礼的时代主要还是先秦,当然只有贵族才能举行冠礼,这就是《仪礼》所记载的冠礼仪式。在当时,各国的储君都必须接受冠礼后才能继承君位,或者亲政,士大夫亦然。至唐宋,官方也非常重视冠礼,不仅皇室举行冠礼,还特别制定了品官冠礼。品官冠礼与贵族冠礼的主要区别在于,第三次所加之冠的不同。据《明集礼》记载,一品至五品,三加一律用冕;六品而下,三加用爵弁。至明代洪武元年(1368),官方又特别增设了庶人冠礼。可见,官方对冠礼还是持积极态度的,因为这事关社会的稳定与进步;另一方面,冠礼也是儒教的核心礼仪之一,作为儒教国家,维护儒教的主导地位,也是官方重视冠礼的重要原因。然而可惜的是,"自品官而降,鲜有能行之者,载之礼官,备故事而已"(《明史·礼志八》)。意思是,品官及以下的冠礼徒留下记载而已,并没有被很好地实践,只是作为官方的备案罢了。与官方的重视截然相反,民间竟视冠礼为无足轻重,《端明集·明礼》记载:"冠、昏、丧葬,礼之大者。冠礼,今不复议。"有明一代,冠礼便已经没落了。而清以降,冠礼更是被彻底废止了,实在令人唏嘘不已。

第五节　婚　　礼

《礼记·昏义》说:"昏礼者,将以合二姓之好,上以事宗庙,而下以继后世也,故君子重之。"在古代,婚礼是涉及宗族稳定、社会稳定的大事。从小了讲,家族延续是没人可以回避的责任;而从大了讲,两国联姻更具有很明确的政治指向。所以在传统中国,婚礼决不是个人的事,即使在今天,家族延续的意义仍被继承了下来,因此婚礼的意义也就非常特殊了。

一、婚礼相关常识

1. 纳采、问名、纳吉、纳征、请期

古代婚礼要经过纳采、问名、纳吉、纳征、请期、亲迎六个主要仪节,合称六礼。

纳采,相当于后世所谓提亲,字面意思是接纳男方的选择。意思是，女方谦虚地认为自己只是男方众多选项中的一项，故说是接受选择。这一环节中，男方要派遣使者到女方家拜会女子长辈，并要准备大雁一只作为礼物。所谓使者，其实就是媒人。通过媒人牵线搭桥，从而体现男女双方结合的严肃性。反之，无媒就叫作私定终身，不会得到长辈和祖先的认同，所以被认为是非礼的婚姻。

在征得女方长辈的同意之后，使者需佯装离开，但徘徊于女方家门外。当女方傧者故意再次询问后，方提出问名的要求，这就是问名环节。问名的目的是要弄清女子的姓氏，从而避免同姓结婚。同姓不婚是古代婚礼的基本法则，违反了这条法则也是非礼的行为，是要遭人耻笑的。历史上的著名事件是，鲁昭公娶了吴国女孟子，因为鲁国与吴国是同姓之国，所以在吴孟子卒时，史书只写"孟子卒"，避开了她所出之国，是为尊者讳。

在获知女子姓氏后，男方需在家庙中占卜，若得吉兆，则需再次派出使者告知女方家族，这叫作纳吉。这是为了传递好消息给女方，意思是，这门亲事已经获得了祖先的认同。

双方基本达成一致后，男方再择日派遣使者到女方家致送聘礼。聘礼包括玄色和𫄸色的帛五匹，鹿皮两张，这就叫纳征，也就是女方收下聘礼，接受男方的征求，由此正式敲定了这门婚事。

最后，就要占卜婚期。但是男方占卜到了吉日，不能直接通告女方，而需佯装请女方家族指定婚期，以示尊重。待女方委婉推辞后，男方才把确定的吉时进行公布。

2. 亲迎

亲迎，即迎亲。纳采等五礼均由新郎的使者代办，且都必须在清晨进行。而亲迎的环节就必须由新郎亲自前往女方家,且必须在傍晚进行,这就是为什么《仪礼》中把婚礼写作"昏礼"。其实,迎亲在傍晚进行,有其文化史的渊源,这就是上古的抢婚仪式。抢婚仪式的遗迹在《易经·睽卦》中有所保留,睽卦上九的卦辞说:"见豕负涂,载鬼一车,先张之弧,后说之弧,匪寇婚媾。"意思是,有一行路人,见一豕躺在路中,又见一车,车中有鬼,于是欲张开弓射它。但后来又收起了弓,因为发现那是匪寇在抢婚。抢婚必以夜色为掩护,故而后世婚礼便在晚上进行。

当然,随着文明程度的加深,人们不可能再满足于抢婚的解释维度,儒家便提出了哲学维度的解释。儒家认为,结婚乃是阴阳结合的大事,只有配合天地的阴阳交合,方能顺受其正,顺遂圆满。昏,也就是傍晚,正是阴阳交互的时间点,正好选为迎亲的吉时。汉儒郑玄说:"必以昏者,取其阴来阳往之意。"(《三礼目录》)新娘因此顺之而去,故又称作"婚姻"。

二、婚礼仪式

1. 定亲仪式

纳采　主人在户西设祭台,席头朝西,席的右边放一供神灵凭依的几。男方派出使者,着玄端服,来到女方家门口。女方家的摈者出门迎接,然后回屋禀告主人。主人穿上和宾一样的服饰,至门外迎接宾客,并行再拜之礼,此时宾不答拜。主、宾行礼后入大门,至庙门前,再次拱手行礼进入。进入后,主、宾又三次拱手行礼,然后主人先从东阶上堂,再朝西而立。待主人立定后,宾从西阶上堂,站立于屋脊之下,面朝东。

宾客致纳采之辞,曰:"吾子有惠,贶室某也。某有先人之礼,使某请纳采。"("幸赖主人加惠,赐某某妻室。某某今依先人之礼,派我来行纳采之礼。")摈者回答说:"某之子蠢愚,又弗能教。吾子命之,某不敢辞。"("主人某某的女儿天性愚钝,父母未能教其聪慧。然而您有命在此,某某不敢推辞。")获得了主人的同意,使者便向主人致辞说:"敢纳采。"("敢请主人纳采。")言毕,主人于阼阶上北面行再拜之礼,然后在门柱之间接受宾客带来的礼物。礼毕后,宾下堂出庙门。主人随后下阼阶,将大雁交给家臣中的长老。

问名 宾客纳采后出门而不离去,于是摈者再次出门询问还有何事。此时,宾客拿出另一只雁,请求问明女子姓氏。摈者于是再回到屋中请示主人,得到同意后,宾再次入门。主、宾双方也再次先后由东、西阶来到庙堂上,主人面西,宾客面东。

宾客按照问名辞令,道:"某既受命,将加诸卜,敢请女为谁氏?"("主人某某已敬受贵家长之命,将行占卜吉凶之礼,请问令嫒姓氏。")摈者回答说:"吾子有命,且以备数而择之,某不敢辞。"("您既然有命,而我家女子只是备选之一,某人不敢推辞。")告知女子姓氏后,礼方完成。

纳吉 男方再次派出使者来到女方家,主、宾再拜后,先后由东、西阶来到庙堂。主人面西,宾客面北。

宾客致纳吉辞,道:"吾子有贶,命某加诸卜,占曰'吉',使某也敢告。"("您能赐命我家,告知令嫒姓氏,现在某某通过占卜,得到了吉祥的结果,特派我来通告。")摈者回答说:"某之子不教,唯恐弗堪。子有吉,我与在,某不敢辞。"("某某的女儿未能教育好,恐怕与您家难以匹配。现在既然您已占得吉兆，也惠及了我家，某某不敢推辞。"）言毕，主、宾再拜，主人收下宾客送来的大雁。

纳征　隔日，男方再次派出使者来到女方家。同样地，主、宾再拜后，先后由东、西阶行至庙堂中，主人面西，宾客面东。

宾客致纳征辞，道："吾子有嘉命，贶室某也。某有先人之礼，俪皮束帛，使某也请纳征。"（"您有美好的命令，赐给某某妻室。某某依照祖辈的礼节，准备帛与鹿皮，派我前来请求纳征。"）摈者回答道："吾子顺先典，贶某重礼，某不敢辞，敢不承命？"（"您遵循祖辈的礼节，赐某某贵重的礼物，某某不敢推辞，怎能不服从呢？"）言毕，主、宾再拜，主人收下男方送来的聘礼。

请期　男方再次派遣使者来到女方家。男方使者与女方摈者在门外对答，确定婚期。

宾客致辞，道："吾子有赐命，某既申受命矣。惟是三族之不虞，使某请吉日。"（"主人赐命许婚，某某亦屡次受命。目前某某家族吉祥安康，派遣我来请求成婚吉日。"）摈者推辞，说："某既前受命矣，惟命是听。"（"主人某某已受命于尊府，一切由尊府定夺。"）宾客说："某命某听命于吾子。"（"主人某某命令我，一定要由尊府择日。"）摈者再次推辞说："某固惟命是听。"（"主人某某唯尊府之命是听。"）宾客说："某使某受命，吾子不许，某敢不告期？曰：某日。"（"我听命请您择期，您推辞，我岂敢不告诉您我主人的择期呢？是在某日。"）摈者回答："某敢不敬须？"（"主人某某岂敢不恭敬以待？"）言毕，主、宾再拜，主人收下男方送来的大雁。

使者回归复命，说："某既得将事矣，敢以礼告。"（"某某已经得到了举行婚礼的日期，敢请依礼禀告。"）主人回答："闻命矣。"（"我知道了。")

2. 亲迎仪式

亲迎当天男方家的布置　在寝门外的东边南北向地陈设三个鼎，鼎面朝北。北边的鼎内放去蹄的小猪一只，中间的鼎中放鱼十四条，南边的鼎中放风干的剔去尾骨的兔子一只。在阼阶的东南方设一洗。在房中，放六个豆，其中两个豆放加了醋的酱，四个豆放腌制的冬葵菜和螺肉酱，盖上布，防止落灰；放四个敦，敦内放煮熟的黍、稷。灶上放一锅浓汤。室内北墙下放两甒酒，其西设一壶玄酒，盖上布，把勺子放在上面，勺柄朝南。室内东边墙下则仅放一甒酒。其南面放一筐，筐内放四只爵和一对卺(jǐn)①。

亲迎当天女方家的布置　女家在祢庙的室户之西设一祭席，席头朝西，右边放置一张让神凭依的几。

新郎迎亲　新郎身穿爵弁服，随从穿玄端服。新郎乘坐漆车，随行者分乘两辆副车，从役者手持火烛开道照明。迎接新娘的婚车与新郎的车一样，只是多了帷幕。

出发前，新郎的父亲为儿子行醮礼，并训诫说："往迎尔相，承我宗事。勖帅以敬，先妣之嗣。若则有常。"（"去迎接你的内助，继承家族宗庙之事。引导她恭敬从事，延续你先妣的美德。你此去的言行要有常法。"）回答说："诺。唯恐弗堪，不敢忘命。"（"遵命。只怕难以胜任，不敢忘记诫命。"）

新郎来到女家大门外，摈者请问所来何事，新郎回答："吾子命某，

---

① 卺，一只葫芦切成两半的瓢。

以兹初昏,使某将,请承命。"("岳父大人命家父某某,在这个傍晚,令我前来迎妻,请允许我承接之前的诺言。")摈者回答:"某固敬具以须。"("主人某某也已经恭候多时了。")

新娘的父亲此时到大门外迎接女婿,面朝西,向女婿行再拜之礼,新郎则朝东,答拜还礼,然后新娘的父亲请新郎进门。双方行至庙门前,又三次谦让,随后登阶进入。

此时,新娘则头戴发饰,身着黑色镶边、纯玄色衣裳,面朝南站立,在祢庙的户室中等待。新娘的乳母站在新娘的右边,用帛束发,加簪绾髻,穿黑色衣服。其他陪嫁者也都如此打扮,站在新娘身后。

新娘的父亲先登阶上堂,在阼阶上面西而立。此时,新郎的随从登上西阶,面朝北把大雁放在地上,行再拜叩首之礼后下堂出门。

在新娘准备随新郎离去之前,新娘的父亲需告诫女儿,说:"戒之敬之,夙夜毋违命!"("切记要事事恭敬,从早到晚,都不可违背公婆的命令。")母亲则边为女儿系佩巾,边说:"勉之敬之,夙夜无违宫事!"("切记要努力要恭敬,从早到晚,都不可违背了夫家的规定。")庶母送至门内,为新娘佩上丝囊,再次重申其父母的诫命,说:"敬恭听宗尔父母之言,夙夜无愆,视诸衿鞶(pán)①!"("恭敬听从你父母的教诲,从早到晚都不要犯错,常看看这个丝囊,就不会忘记父母的诫命了。")

教诲完毕,在此等候已久的新娘随新郎从西阶下堂,新娘的父亲则不下堂送别。

出门后,新郎为新娘驾车,把登车的引绳交给新娘,乳母则代为辞

---

① 鞶,皮制束衣用的大带,喻指父母的诫命。

谢,说:"未教,不足与为礼也。"("新娘尚未得尊府之教诲,不能接受这一礼节。")于是,新娘踩上专设的矮几登上车,矮几由两名侍从跪坐扶持。乳母为其披上外套。

新郎驱车前进,待车轮滚三圈后,由车夫代为驾车。车夫加快速度,新郎会先到达自己的家,然后在家门口等候新娘的车。

3. 成婚礼仪

新娘到达夫家大门外,新郎拱手行礼后请新娘进门。行至寝门,新郎再次拱手行礼,请新娘进入,并引导新娘从西阶登堂。之所以从西阶登堂,是因为父亲在,不敢僭越家长的地位。

进入后,新郎站于席前,新娘在甒之西,朝南站立,由侍从为其浇水洗手,然后等待侍从准备肴膳。

赞者撤去甒上的布,侍从则把装了食物的鼎抬入寝门,放在阼阶南面。随后,有司将俎放在鼎西,匕放入鼎内,面朝北,用匕一一取出食物,放在俎上。事毕,有司退回到原位,面北而立。

赞者把不同的食物按照规定的位置进行摆放。摆放完毕,赞者请新郎与新娘入席,双方相对坐下。新郎与新娘面前各自都有一份酱,其中酱是调味用的,菹(zū)是腌制的冬葵菜,醢(hǎi)是螺肉酱,湆(qì)是肉汤。腊俎(风干的全兔)、豚俎与鱼俎各只有一盘,放在饭菜的中间,供新婚夫妇共同食用,这种礼节称为"共牢而食"。

入席后,新郎与新娘当行三饭之礼。双方首先祭祀,祭祀的顺序为,与螺肉酱调和过的冬葵菜、黍、稷以及祭肺。祭祀后,赞者递上黍、肺、脊。夫妇先吃黍,再用口啜羹汁,用手指咂酱吃,此为一饭。如是者三。

三饭之后,行三酳(yìn,漱口)之礼。初酳:赞者为新郎与新娘洗爵,斟酒,新郎与新娘以酒漱口,然后拜谢赞者。与此同时,侍从进献肝炙(烤熟的肝)。新郎与新娘以肝振祭(把肝擩于盐中,再振落多余的盐以祭祀的一种方法),然后品尝一口,再将它放入盛腌菜的豆中。再酳:赞者再次为新郎与新娘洗爵,斟酒。新郎与新娘以酒漱口,然后拜谢赞者,不再进肝。三酳:赞者为新郎与新娘洗卺,斟酒于卺中,请新郎与新娘漱口。礼毕,拜谢赞者。

赞者行自酢之礼。赞者洗爵,要表现为好像是有人为自己在洗。再到屋外取甒内的酒,回到房内,面朝西北放下爵,对新郎与新娘行拜礼,要表现得好像在接受他们的敬酒。新郎与新娘仅答拜还礼,好像回敬。于是赞者坐下祭酒,然后一饮而尽。赞者与新郎新娘互行拜礼。

礼毕,新郎与新娘起身走出房间,等待赞者撤出食物与餐具。此时新郎在房内换下礼服,新娘则在房内的小室中换下礼服,乳母则为新娘戴上佩巾。侍女为夫妇俩铺好卧席,新娘的卧席在西北角,新郎的卧席在其东侧,按照脚朝北的方向摆放枕头。待准备妥当后,新郎进入室内,为新娘解下许嫁时系上的缨带。

另一边,陪嫁者将新郎未吃尽的食物吃完,侍女则将新娘未吃尽的食物吃完,食毕漱口,然后退出房间,等候召唤。至此,新婚之礼完成。

三、拜舅姑仪式

1. 新娘为舅姑进食礼仪

第二天清晨,新娘需要拜见自己的公公婆婆。拜见仪式以进食为主。

待公公婆婆进入房间内,新娘便洗手,准备进献食物。所进食物是一只煮熟的小猪,事先左右剖开放入鼎中,待公公婆婆入席后,新娘便从鼎中取出小猪分放在公婆的俎上。

此外,还需要摆放一系列的酱、腌菜以及羹汁,摆放的方式与夫妇共牢而食之礼相同。

摆放完毕,新娘协助公婆行三饭之礼。先祭祀食物,然后吃黍,再啜羹汤,最后用手指哑酱吃一口。如是者三。三饭完毕,新娘递上酒,请公婆漱口。

随后,新娘在屋中北墙下铺席,将公婆吃剩下的食物撤到席上,摆放方式如撤席前一样。

摆放完,新娘假装要吃公公剩下的余食,但被公公制止。随后,新娘吃婆婆的余食。吃之前,也必须对食物先一一祭祀。吃完后,婆婆递酒,请新娘漱口。新娘受酒,婆媳互拜。

新娘将酒饮尽,随后撤下余食。公公的余食由陪嫁者吃完,婆婆的余食由侍女吃完。食毕,婆婆递酒给侍从,请他们漱口。

2. 舅姑款待新娘礼仪

公婆款待新娘用的是一献之礼。

公公向媳妇敬酒,是为献;新娘回敬,是为酢;婆婆斟酒,饮毕,再为新娘换爵斟酒,是为酬。舅姑款待新娘一献之礼的特殊之处,在于由公婆共同完成。

礼毕,公公到堂之南盥手洗爵,婆婆到堂之北盥手洗觯。接着,婆婆再递给新娘一个盛有酬酒的觯,新娘将之放于笾豆东侧。

完成后,公婆从西阶下堂离开,新娘则从阼阶下堂。这象征了公婆将要把家事交托给新妇了。

最后，公婆让送婚的男侍从把豚俎带回去，向新娘父母复命。

3. 款待送婚者礼仪

婚礼后，男方家还要款待女方家来的送婚者。公公用一献之礼款待女方家的有司，并赠送五匹锦。婆婆用一献之礼款待送婚者的女眷，也赠以五匹锦。如果新娘来自国外，那么还必须到送婚者下榻的宾馆再赠送五匹锦。

至此，整套的婚礼仪式就完成了。

四、婚礼余论

1. 特殊情况的处理

如果公公婆婆已经过世，那么新娘在过门后三个月内，要行奠菜礼，意即设菜祭祀。在考妣之庙的西南角为公公设席，在北墙下为婆婆设席，每席之右需设一使神凭依的小几。

祭祀时，庙祝要把新娘的姓氏禀告公公的神位。新娘则跪拜，双手触地，象征为公公进献食物。然后，把祭菜放到祭祀的席上，后退，行扱(chā)地①礼，象征答拜公公。随后，从有司手中接过装有祭菜的笲(fán)②。此时，庙祝把新娘的姓氏禀告婆婆的神位。新娘则同祭祀公公的方式一样，祭祀婆婆。

礼毕，新娘出庙，由家臣中年长者代表公婆向新娘行醴礼，以示答谢。

新郎则代替父亲款待女方家的送婚者。

---

① 扱地，妇人双手拜至地，犹男子稽首。
② 笲，一种竹器。

朱熹认为,新娘在过门后三个月再祭祀过世的公公婆婆时间太久,于是在《朱子家礼》的规定中特别缩短了这一时限,改为三日,后世因之,延为定制。

2. 婚礼的意蕴

在日常生活中,婚礼的重要性绝不亚于冠礼。婚礼的产生本是人类脱离蛮荒时代的标志,是厘清伦常关系的重要表现。

《礼记·曲礼》说:"夫唯禽兽无礼,故父子聚麀(yōu)。是故圣人作,为礼以教人。使人以有礼,知自别于禽兽。"所谓"父子聚麀",就是父子共用一个性配偶,这是禽兽无知的表现。职是之故,婚礼的首要目的就是规范两性关系,避免因为乱伦而导致子孙后代出现严重缺陷,从而保证种族的繁衍生息。

《礼记·经解》说:"昏姻之礼,所以明男女之别也。……故昏姻之礼废,则夫妇之道苦而淫辟之罪多矣。"可见,婚礼的另一个目的是严肃两性关系。从先秦婚礼的仪式流程看,传统的婚礼非常繁复,但器物、饮食的使用却相当简朴,且场面也异常肃穆,与后世所谓"闹洞房"的热闹景象截然相反。这就是告诉人们,婚姻是一件很严肃的事,夫妻双方应相敬如宾,夫应恪守夫道,妇应恪守妇道,谁都不能放肆。

如果是帝王家的婚姻,那意义便更为重大。《诗经》的开篇为《关雎》,而《关雎》正是用来赞美文王之后母仪天下的美德。《昏义》强调说:"天子之与后,犹日之与月,阴之与阳,相须而后成者也。"日与月同是照耀天下的,君与后也都是治理天下的主人,所以《昏义》又说:"天子理阳道,后治阴德;天子听外治,后听内治;教顺成俗,外内和顺,国家理治,此之谓盛德。"由此可知,天子挑选到一名优秀的后妃,对于国家治理的成功与否，有着极为重要的意义。可以说，帝王家的婚礼就是政治的一部分。

有明一代，朝廷更加重视婚礼之于国家治理的意义。洪武元年（1368），朝廷专门为庶人也制定了婚礼。此外，明代的婚礼还有一些特别的规定，比如天子娶妻，不行亲迎礼；庶人娶妻不进行问名、纳吉，只行纳采、纳币（纳征）、请期、亲迎；严禁指腹为婚和近亲结婚；规定男子十六、女子十四方能结婚。在礼服上，男方穿日常服装，庶人也可借九品官服。若品官的婚礼，男女双方在婚嫁当日必须告备宗庙。成婚次日，夫妻再次告备宗庙，然后拜见亲属。庶人可仿照品官礼仪。明代的这些规定本是为了适应明代的政治环境与实际情况，但由国家出面特别制定婚礼规范，亦足见婚礼在传统礼仪文化中的重要地位。

第六节 乡饮酒礼

《礼记·乡饮酒义》说："知尊长养老，而后乃能入孝弟。民入孝弟，出尊长养老，而后成教，成教而后国可安也。"乡饮酒礼的核心价值就是"尊长养老"，意即礼敬贤人、奉养老人，因此乡饮酒礼是传统中国贤孝文化的重要物质载体。成为正式礼仪的乡饮酒礼便不仅是民间行为，它还是一种国家行为。朝廷每年下拨经费，令地方举行乡饮酒礼，旨在通过"尊长养老"的礼仪来进行政治道德教育，最终达到"移孝作忠"的目的。

一、乡饮酒礼相关常识与意蕴

1. 乡饮酒礼相关常识

乡饮酒礼始于周代，是从早期乡人的聚会活动发展而来，由于其最初的平民性,因此在民间被广为接受。此后,受到儒家教化思想的不断影响,乡人聚会活动也逐渐被赋予了尊贤养老的道德意涵,于是逐渐转变为古代载入正式仪典的乡饮酒礼。该礼在传统社会中持续了近三千年,直到晚清道光二十三年(1843),由于军费的紧张才被正式取消,其对中国传统礼仪文化的影响不可谓不深。

乡饮酒礼中的"乡"是周代的一级行政单位。周代规定,天子所居之都城外一百里内称为郊,郊分为六乡,其行政长官称乡大夫。一乡分为五州,其长称州长;一州分为五党,其长称党正;一党分为五族,其长称族师;一族分为四闾,其长称闾胥;一闾分为五比,其长称比长;一比由五家组成,因此一乡大约有一万二千五百家。如果是诸侯国,国都外百里之郊则分为三乡,其余结构皆同。

席中,主宾座次的安排是有寓意的。古人认为,天地之间有严凝之气,是天地的尊严所在,始于西南而盛于西北,宾作为乡饮酒礼的主角,应当受到最尊荣的礼敬,故设位在西北方,南面而坐。古人又认为,天地之间还有温厚之气,始于东北而盛于东南,主人作为款待者,理应突显其宽厚仁德的品质,故设位在东南方,面西而坐。介是正宾的陪客,旨在辅助西北的宾,故设位在西南方,面东而坐。僎(zūn)是主人的副手,设位在东北方,面西而坐,意在辅助主人。

乡饮酒礼中,宾主使用的是三献之礼,意即由献、酢、酬三个环节组成。主人为宾洗爵,然后为宾献酒;宾为主人洗爵,然后酢主人,最后主人酬宾。但较为特别的是,主人为介洗爵后为介献酒,然后介为主人洗爵,交由主人自酢。按规矩,凡自酢者都必须自行洗爵与酌酒,但乡饮酒礼中,由于介的身份低于主人,没有资格酢主人,但也不敢劳烦主人亲自洗爵，所以便有介降阶洗爵，然后交由主人自酢。

2. 乡饮酒礼的意蕴

孔子说："吾观于乡，而知王道之易易也。"(《礼记·乡饮酒义》)孔子看到民间的乡饮酒礼，于是发出实现王道并非难事的希冀之语。所谓王道，就是人人皆知忠君爱国，从而实现社会和谐的圣王之治。孔子发现，乡饮酒礼正是培养民众政治道德素养的有效依托。

之所以乡饮酒礼能联系王道政治，这与乡饮酒礼的两层意蕴有关。乡饮酒礼的第一义，礼敬贤人。意即礼敬道德高尚的才学之辈，表彰他们能影响乡里子弟慕贤敬能、忠君爱国。《孟子·滕文公上》记载："夏曰校，殷曰序，周曰庠。"庠就是乡一级的学校。乡学的教师一般由退休回乡的官员担任，退休前官至中大夫的称为"父师"，为士的称为"少师"，统称为"乡先生"。《周礼·乡大夫》规定："三年则大比，考其德行道艺而兴贤者、能者。"乡学招收乡中弟子，三年学成，乡先生便在毕业的弟子中挑选出色的学生推荐给国家，称之为"大比"。被挑选出来的学生就成为乡里的贤人，为了表达对人才的尊隆与重视，乡大夫需要以主人的身份，在乡学中以饮酒的方式礼敬他们。

乡饮酒礼的第二义，尊养老者。意即礼敬乡里的年长者，表达对年高者的尊崇。《礼记·乡饮酒义》规定：在宴饮酒时，"六十者坐，五十者立侍"，"六十者三豆，七十者四豆，八十者五豆，九十者六豆"。古人认为，五十岁人开始衰老，六十岁吃肉食才能饱，七十岁穿帛才能暖和，八十岁有人陪伴才能暖和，九十岁时，即使有人陪伴也无法暖和了。所以，《王制》规定，随着年龄的增长，应该为年长者提供越来越好的物质保障。然而孔子又说："至于犬马，皆有所养，不敬，何以别？"意思是，物质奉养还只是基础,精神奉养更为重要。乡饮酒礼就是超越物质层面,在精神层面上的尊养老者。乡饮酒礼作为物质形式,给予人直观感性的认识,因此能更好地塑造敬老养老的风气,进而再转化为政治上的忠君爱国。此即孔子所谓:"吾观于乡,而知王道之易易也。"

二、乡饮酒礼仪式

1. 仪式前的准备

谋宾 举行仪式前,乡先生必须首先选定宴请的宾客,称为"谋宾"。宾客的选择以乡学学成者德行与才能的高下为标准,最优秀者一位,被选为正宾,其次者一位,为介(陪客),再次者三位,为众宾之长。再在属吏中选择一名德行较高者担任乡先生的助手,称为"僎"。

戒宾 确定宾客人选后,乡先生需要亲自到宾客家中邀请,称为"戒宾"。主人邀请宾客后,宾客表示辞不敢受,但仅谦虚一次,随后表示接受。主人则行再拜之礼,以示感谢,宾客答拜。主人告退,宾行再拜之礼,并对主人屈尊而来表示感谢。邀请介的仪式与此相同。

仪式举办当天,主人需铺设宾客、主人、介的席位。在东房之西与室户之东,陈放酒和玄酒各一壶,玄酒必须放在酒的西侧,酒壶上各放勺一把,酒壶南边放篚一个,篚中放爵两个。阼阶的东南放洗一个,用于主人盥洗酒爵,洗的东侧也放一个篚。

主宾座次安排。宾位在西北方,南面而坐(跪坐,以下皆同);主人位在东南方,面西而坐;介位在西南方,面东而坐;僎位在东北方,面西而坐。众宾的席位不可以相连。

速宾 仪式当天需要煮肉羹,待肉羹煮熟时,主人再次前往宾客家邀请,并表现出催促之意。宾客拜谢主人屈尊,主人答拜还礼后离开。主人再去介家中邀请,礼仪相同。一一邀请后,众宾跟随主人前往乡学。

迎宾 在乡学门口,主人先向宾行再拜之礼,宾还礼答拜;主人次向介行一拜之礼,介还礼答拜;主人再向众宾行拱手之礼。主人邀请众人入门并先行进入,众宾跟随而入。入门后,主人与宾三次拱手行礼后来到阶前。双方再三次谦让后,主人先登上阼阶,宾登上西阶。主人在阼阶上的堂的前梁下,北面行再拜之礼;宾在西阶上的堂的前梁下,北面还礼答拜。礼毕后入席。

2. 乡饮酒礼仪式

献宾 第一步,献宾。主人离席,从箧中取出酒爵,准备到阼阶下洗涤。宾于是下西阶。主人放下酒爵,辞谢宾下堂。宾还礼。主人再次拿起酒爵准备洗涤,宾则劝阻。于是主人再次放下酒爵,表示感谢。宾回到自己的席位,主人第三次拿起酒爵,执事面朝西北,为主人冲洗酒爵。洗涤完毕,主人行拱手礼,主宾先后上堂,宾客感谢主人为其洗爵。主人为宾放好酒爵,回拜宾,走下阼阶洗手,准备为宾酌酒。宾同时下西阶陪同,主人辞谢,宾再回到自己的席位。主人洗完手,双方拱手行礼。主人再次登阶后,为宾酌酒,并面朝西北为宾献酒。宾拜谢,主人持爵,稍稍后退,以示感谢。宾接过酒爵回到西阶上,主人则在阼阶上拜送宾。宾亦持爵,稍稍后退,以示感谢。有司将干肉、肉酱、祭肺摆在宾的席前。宾左手持爵,右手取干肉与肉酱祭祀;然后取祭肺,用右手扯下肺的下端一点再次祭祀;尝一小口祭肺后,再放回案上。然后宾擦干净手,再行祭酒。随后,尝一口酒,放下,拜谢主人,称赞酒的醇美,并持爵起身。主人答拜。宾饮尽爵中酒,拜谢主人。主人还礼答拜。

第二步,宾酢。方式与献宾同,只是主宾双方的位置互换。宾下堂,主人劝阻,宾洗爵,主人劝阻,宾最终洗爵。宾客下阶,主人劝阻,宾洗手,为主人酌酒。主宾双方互相拜谢。主人祭祀干肉、肉酱与祭肺,尝一口祭肺后,再行祭酒。主人祭酒后,拜谢宾,但不必称赞酒美。随后饮尽爵中酒,北面再拜,感谢宾不嫌弃自己的酒。宾还礼答拜。

第三步,酬宾。主人从篚中取出觯,准备走下阼阶洗涤。宾随之下西阶陪同,主人辞谢。此时,宾朝东而立,不必劝阻主人洗觯。洗涤完,主宾行拱手礼后登堂。主人向觯中注酒,拜宾,请宾饮酒,宾拜谢。随后,主人坐下祭干肉、肉酱与祭肺,祭毕饮酒。宾放下觯,再次拜谢主人,主人还礼答拜。最后,主人再次下阼阶准备洗酒觯,谦让的礼仪与之前相同。洗完后,主人为宾再次注酒,宾在西阶上拜谢主人,主人持觯稍稍后退,以示感谢。拜谢后,主人将觯放在荐席之西。宾过来,坐下,取过酒觯,往回走。主人在阼阶上拜送宾。宾则把酒觯放在荐席之东,然后回到自己的位子。

献介　主人向宾行礼,准备下堂献介。随后,宾与主人分别从西阶与阼阶下堂。主人与介三揖三让后登堂。主人坐下,然后取出爵,准备下堂洗涤;与宾一样,介也随之下堂,劝阻主人。最终,主人为介洗爵,与宾不同的是,介最后不必行拜谢之礼。介在西阶站立后,主人注酒,并向介献酒。介拜谢主人,主人持爵,稍稍后退,以示感谢。介走近主人,接过酒爵,回到原位。主人则在介的右侧拜送之,介持爵,稍稍后退,以示感谢。与此同时,有司将干肉、肉酱、祭肺安排在介的席位前。

与宾一样，介对酒肉——祭祀；不一样的是，介不尝肺，也不尝酒，也不必告谢主人酒的甘美。祭祀后，介离席，北面坐下，饮尽酒爵，起身后再坐下，放好酒爵，拜谢主人，再持爵起身。主人则还礼答拜。

主人自酢　介走下西阶为主人洗爵，主人则回到阼阶上的位子。洗爵完毕后，主人下堂洗手，准备酌酒。介与主人三揖三让后登堂，介将爵交给主人，主人自行酌酒，并自酢。然后，主人在介右侧坐下，放下爵，拜介，再持爵起身。介还礼答拜。主人随后坐下将酒饮尽，起身后再坐下，拜介，再持爵起身。介还礼答拜。主人于西楹之南坐下放好爵，再拜介，感谢介不嫌弃薄酒的款待，介还礼答拜。

献众宾　主人与介行拱手礼后，准备献众宾。主人来到大门内侧，面朝西南向众宾行三拜之礼，众宾则答以一拜之礼。随后主人至中庭，向众宾行拱手礼后登堂，接着在西楹坐下取出爵，下堂洗涤，然后上堂酌酒，于西阶上献给众宾。三位众宾之长代表众宾登堂拜受酒爵，主人拜送之。随后，三人坐下祭祀，然后站着饮尽酒爵，但不用拜谢主人，只是将空爵交还主人回到原位即可。众宾在接受主人的献酒后，不必拜谢，直接坐下祭祀。与此同时，有司将祭品陈列于众宾席前，祭祀后站着将爵饮尽。最后，主人拿着空爵走下阼阶，放入篚内不再使用。

乐宾　第一步，升歌①及献乐工。乐工四人从西阶登堂，面朝北而坐。乐工唱《鹿鸣》《四牡》《皇皇者华》三章。歌毕，主人向乐工献酒，乐工之长拜受酒爵，但不必起身。与此同时，有司为乐工进上干肉与肉酱。乐工祭祀后饮尽酒爵，再把酒爵交还主人。众乐工则直接接受酒

---

① 升歌，祭祀、宴会登堂时准备乐歌。

爵,不必拜谢,祭酒后饮尽。众乐工面前也有干肉和肉酱,但不必祭祀。如果是向大师献酒,主人还必须为他洗爵。

第二步,笙奏及献吹笙者。吹笙者入场,就位于堂下编磬处。吹笙者吹奏的是《南陔》《白华》《华黍》。奏毕,主人再向吹笙者献酒。吹笙者中年长者走上最高一级台阶,但不登堂,拜受酒爵。长者下阶后,在阶前坐下祭酒,站着饮尽酒爵,不必拜谢主人,登阶将酒爵奉还主人。和众乐工一样,众吹笙者也直接接受酒爵,不必拜谢,亦不必祭席前祭品,只是坐下祭酒,然后站着饮尽。

第三步,乐宾。堂上堂下交替表演唱歌与笙奏:堂上鼓瑟唱《鱼丽》之歌,堂下笙奏《由庚》之曲;堂上鼓瑟唱《南有嘉鱼》之歌,堂下笙奏《崇丘》之曲;堂上鼓瑟唱《南山有台》之歌,堂下笙奏《由仪》之曲。最后,堂上堂下合作表演《关雎》《葛覃》《卷耳》《鹊巢》《采蘩》《采蘋》。表演结束,乐工报告乐正[①]“正歌备”(规定的曲目演奏完毕),乐正再报告宾客后下堂。

司正安宾 主人下堂,命令迎宾的相担任司正,司正谦辞后表示接受。为了挽留宾客,司正清洗了觯,并向宾传达主人留请的意思,宾谦辞后表示同意。司正转告主人宾的意思,主人在阼阶上向宾行再拜之礼,宾则在西阶上还礼答拜。

司正表位 司正在觯中酌酒后,从西阶下堂,在东西两阶前放好觯,接着自正席位。随后再坐下取觯,不祭即饮,饮毕起身,再坐下放好觯,拜谢主人。再持觯起身,盥手洗觯。回到原位后,将觯放入奠觯

---

① 乐正,古官名,司掌音乐。

之所。

旅酬　第一步，宾酬主人。宾北面而坐，取过司正所放的觯，到阼阶上酬主人。主人离席，宾坐下放好觯，向主人行拜礼，随后持觯起身，主人还礼答拜。宾不必祭酒，而是站着饮尽酒爵。饮毕后，再往觯中酌酒，返回原位，朝东南授主人。宾主互相致谢。

第二步，主人酬介。介从南方离席，站到主人西侧。与宾酬主人之礼相同。

第三步，介酬众宾。司正上堂，按年齿长幼招呼："某子受酬。"被点名者离席上堂。介酬众宾的礼仪与宾酬主人的礼仪一样，只是介要遍酬每一位宾客。最后一位接受酬酒的宾客需要持觯下堂，坐下后将觯放入庭中篚内。

第四步，众宾相酬。众宾互相酬酒，皆拜而不祭，站着饮尽酒爵即可。

彻俎　主人请众宾坐下，宾推辞说有俎在堂，不敢坐下。于是主人询问是否需要撤俎，待宾同意，主人命令司正撤俎。于是主人、宾、介等众人离席。宾捧起俎交给司正，并跟随司正一同下堂；主人将俎交给年轻的弟子，然后分别从阼阶与西阶下堂。介捧起俎交给弟子，并跟随弟子下堂。其余众宾，也各自派人接过他们捧起的俎。

燕饮、无算爵、无算乐　整套礼结束后，有司进上正式的菜肴，所有赴会的嘉宾此时可自由饮酒至一醉方休，同时，堂上堂下也奏乐不止，尽兴而已。

宾出　礼仪结束时，乐队奏《陔》之曲，同时，主人送宾客至门外，行再拜之礼后告别。

乡饮酒礼完成。

第七节 射 礼

中国传统除了尚文,也尚武,这在礼仪上,就表现为射礼。但在儒家的影响下,射礼被转化为德性的载体与教化的工具。孔子说:"君子无所争,必也射乎! 揖让而升,下而饮,其争也君子。"(《论语·八佾》)意思是,君子只有在射礼时才会与人争高下,然而虽是争夺,却也必须做到彬彬有礼、恭谨谦让。由此,射礼成为儒家的重要礼仪之一。

一、射礼相关常识与意蕴

1. 射礼相关常识

先秦时的射礼可分为四个等级:一是,天子与诸侯在重大祭祀之前,为挑选助祭者而举行的大射礼,保存于《仪礼》的《大射仪》;二是,每年春秋各州为教化民众、敦化成俗而举行的乡射礼,保存于《仪礼》的《乡射礼》;三是,国君与大臣在宴饮之后举行的,旨在明君臣大义的燕射礼,其文献已亡佚;四是,周天子与故旧朋友于宴饮后举行的宾射礼,其条目仅见于《周礼·大宗伯》:"以宾射之礼,亲故旧朋友。"其仪节也已亡佚。其中,大射礼与乡射礼的区别在于目的不同,等级不同,参与人员不同,而其仪节是一样的。

乡射礼举行的地点是在州学(序),一般由宾来担任乡射礼的主持,而非地方行政长官。宾的选择主要根据德性的高下,而非爵位的高下,这主要是为了突出射礼的伦理属性。乡射礼一般在乡饮酒礼之后举行,乡饮酒礼的核心价值是礼敬贤人、奉养老人,强调的是公德;而乡射礼的核心价值是不争、谦让,强调的是私德。因此,这两种礼的配合举行,是要把为人的重要德性都包容进来。

射礼的基本道具包括如下几种:

侯,射箭用的靶子,由布制作。大射用皮侯,宾射用正侯,燕射用兽侯。所谓皮侯,指的是天子用虎皮、熊皮、豹皮做鹄,诸侯不能用虎皮,而卿大夫只能用麋皮,士用豻皮。所谓正侯,有五正、三正、二正之分。五正,指从里向外依次是朱白苍黄黑五色,三正则去黄黑,二正则画朱绿。兽侯,指的是在靶心上画动物的头像。侯的中心,即靶心,称鹄。鹄原指小鸟,因为难以射中,故名之。鹄以外的方形部分称为中,中上下的两个长方形称为躬,躬上下的两个长方形称为舌,舌由纲穿起,系于两杆之间,两杆称为植。鹄是边长六尺的正方形,中是边长一丈八尺的大正方形。上下躬各长三丈六尺,超出中的部分各长九尺。舌上下不同,上舌长七丈二尺,超出上躬的部分各一丈八尺;下舌长五丈四尺,超出下躬的部分各九尺。上纲长八丈八尺,下纲长七丈,上下纲各超出上下舌一寸。

弓矢,是射礼的主角。按铸弓的不同方式,弓被分为六种样式,"王、弧,为王之弓;唐、大,为诸侯之弓;夹、庾,为大夫之弓"(《周礼·司弓矢》)。弓分外挠与内向两部分,外少内多的是王、弧,内外相等的是唐、大,外多内少的是夹、庾。《弓人》又设定了弓的尺寸,依据使用者能力的大小,依次分为六尺六寸、六尺三寸、六尺三种制式。此外,弓的纹饰也有讲究,"天子雕弓,诸侯彤弓,大夫墨弓"(《荀子·大略》)。

矢的种类更多。《司弓矢》规定有八种矢,枉矢、絜矢,用于守城、车战；杀矢、鍭矢，用于近射、田猎；矰矢、茀矢，用于弋射（射空中的目标）；恒矢、痹矢，用于散射（包括射礼或学习）。这些区别今天已难以分辨，但据说很神奇，比如《春秋考异邮》说："枉矢精，状如流星，蛇行有尾见。"其余的则难见原貌。

放箭的架子称作"楅"。"楅"通"幅"，"义取若布帛，有边幅整齐之意"（《乡射礼》）。《仪礼》规定："楅长如笴，博三寸，厚寸有半。龙首，其中蛇交，韦当，楅髤。"笴是细长的样子。楅的两端雕有龙首，"所以限矢也"；而中间则似交缠着的蛇，"所以分矢也"。理论上，楅还应该用韦当（即布幔）遮挡起来。

计数的靶人用以躲箭的工具，称为"乏"，因是靶人避矢的容身之处，故又称"容"。乏由皮制作，似盾牌。射礼时，乏被设置在远离箭靶的位置，如果箭被射偏，那么即使射到靶人处，也已经耗尽了杀伤力，故得名。

靶场的陈设较为简单，在堂上设主持射礼的宾的席位，其右侧为三位众宾之长的席位。主人的席位在阼阶之上，朝西。宾席的东侧放置两把酒壶，酒壶用无足的斯禁①承放。其左有盛酒的方尊一个，上有勺一把。尊的南侧，是放爵与觯的筐。阼阶的东南方放着洗，洗的东侧放水器一个，西侧放筐一个。洗的东北方是挂磬的架子。张设箭靶时，下端的绳索要距地面一尺二寸。箭靶以北十丈远处设乏一个。射箭时，射者站在距离靶子的三十丈处。

射礼有自己特别的规矩，其主体部分叫三番射。比赛都是对手间的比赛，比赛时，两人一组，分为上射与下射，每组为一"耦"。天子用六

---

① 斯禁，古代承放酒尊的礼器。

耦,诸侯用四耦,大夫、士用三耦。以上称作正耦,乡射礼参照的是大夫、士的规格,所以正耦为三耦。实际比赛时,赴会的宾客们也要组成耦,在正耦之后比试。三番射,即进行三次比试。比试时,每耦上、下射轮流射箭,然后三耦及众耦依次射箭。每次射中箭靶时,靶人就抽一支算筹掷地,上射的掷右边,下射的掷左边。全部射毕后,有司统计算筹的数量。统计时,两根算筹作一"纯",取满十纯放作一"堆",一堆一堆地分开放。剩下的算筹若为偶数,就以纯为单位,横放在堆的最西侧;若为奇数,就先以纯为单位横放,再把零单的竖放在纯的西侧。如此,比赛结果便一目了然。

三番射的第一番是不计成绩的,因为第一番射是习射,只是三耦进行射击,有做示范的意思。第二番射才是正式比试,比试的负方要罚酒,但由胜方来洗觯酌酒,这是为了突显竞技比赛中的君子之道。第三番射的规定较为特殊,必须按照乐师击鼓节奏来射箭。虽然这次也要计算成绩,负方也要罚酒,但主要是娱乐性质的。

三番射结束以后,众宾客互相酬酒;饮酒、奏乐皆尽兴为止,称为无算爵与无算乐,这与乡饮酒礼也是完全一致的。

2. 射礼的意蕴

射礼在中国古代礼仪中非常重要,首先,射礼与传统封建制度颇有渊源。在射箭时,所射的靶子称为"侯"。"侯"在甲骨文中是一个会意字,其形象是箭(矢)在一块幕布中。因此,侯就是射中箭靶的意思。上古时,谁能射中箭靶,谁的本领就最大,因此谁就能做首领,这就是"诸侯"的来历。

其次,射礼被儒家赋予极高的道德意蕴后,其举办的意义已远远超出了竞技本身。《礼记·射义》记载了一个故事，一次乡饮酒礼之后，孔子与弟子们准备在矍相之地的园圃中举行射礼。当时吸引了很多人围观，于是孔子必须从围观者中遴选参加射礼的选手。孔子命子路手执弓矢，对着众人说："除了对国家灭亡负有责任的大夫与将军，以及因为贪财而甘为他人后嗣的人不得入场外，其余都可以入场。"于是，有一大批人惭愧而退。接着，孔子又派公罔裘举酒觯对众人说："从不忘孝悌之行，至六七十岁亦不流俗而谦恭守礼的，可以入宾位就坐。"于是，又有一大半人惭愧而退。最后，序点举着酒觯对众人说："能学而不倦、恪守礼乐的，到八九十岁都能坚持下来的，可以入宾位就坐。"结果，剩下的那些人也都惭愧而退了。可见，在儒家的影响下，射礼已不仅仅是一种竞技体育了，而主要成为德行的较量。

当射礼被儒家去竞技化后，逐渐演变为德行的演礼，所以比赛的结果也就越来越不被重视了。孔子说："射不主皮，为力不同科，古之道也。"（《论语·八佾》）孔子的意思是，射箭是否能射中或射穿靶子，不过是从属于器物的能力上的不同罢了，孔子对这种能力的物质属性表现出了不以为然。

所谓德行，在儒家看来，不过是礼与义两个角度。

《礼记·射义》规定射击必须"饰之以礼乐"。《周礼·乡大夫》对射手的评价标准是"一曰和，二曰容，三曰主皮，四曰和容，五曰兴舞"。"和"与"容"指容体上合于礼，这是第一番射的要求；"主皮"是比试能力，这是第二番射的要求；"和容"与"兴舞"是合于乐，这是第三番射的要求。可见，射手能力上的高下，远没有合于礼乐来得重要。孔子说："揖让而升，下而饮，其争也君子。"（《论语·八佾》）这是说在揖让后升堂,在失败后饮罚酒,君子只有在射礼中才会争胜,但也还是君子之争。其实在整个比赛过程中,竞争双方几乎在每个动作前都要行拱手礼,绝不止升堂前需要"揖让"。当比赛分出胜负时,胜方还要为负方洗涤酒器,并为负方酌酒。虽然是请负方饮罚酒,但却主要是胜方为负方服务,这就是所谓彬彬有礼的"君子之争"。

《射义》又说:"射之为言者,绎也,或曰舍也。绎者,各绎己之志也。……为人父者,以为父鹄;为人子者,以为子鹄;为人君者,以为君鹄;为人臣者,以为臣鹄。故射者,各射己之鹄。""绎"有演绎、推演的意思,也是"射"的另一个读音。儒家在此把"射",推演为人生目标的射击,为人父的要以做好慈父为目标,为人子的要以做好孝子为目标,等等。但如果做不好,就要反思自己的问题。"射者,仁之道也。求正诸己,己正然后发,发而不中,则不怨胜己者,反求诸己而已矣。"人的自我实现是自己的事,不可怨天尤人,这就把射击的中与不中,与人生目标的实现与否紧密联系起来。所以孔子说:"发而不失正鹄者,其唯贤者乎!"将物质性的能力直接推演到了意志性的道德,使射击的中与不中,化为了贤与不贤的隐喻。孔子的评论,正是将射礼进行了义理化的改造,深化了射礼的内涵。

二、乡射礼的流程

相比大射礼,乡射礼更具教化之意。孔子在《论语》中所说的"必也射乎",指的就是乡射礼。因此,本节选取的是乡射礼的流程。

1. 乡射礼前的准备

戒宾 乡射礼的举行,首先须邀请一名主持者。主人,也就是州学的主人,须亲自到宾的家中告请。在邀请的过程中,宾推辞一次后,便接受邀请。主人行再拜之礼致谢,宾主相拜后,主人先行退回射宫。

速宾　靶场陈设就绪,待狗肉羹煮熟时,主人便着朝服,再次前往邀请宾。宾主互相答拜后,宾与众宾便跟着主人前往州学的射宫。

迎宾　到达州学门前,有一名小吏出门迎接,向众宾行再拜之礼。主人与宾拱手谦让后,先行入门,其次是宾与众宾。入门后,主人与宾又要三次拱手谦让后才一同前行。走到阶前,宾主又三次拱手谦让,于是主人在阼阶上先走一级,然后宾再跟着上堂。

献宾　主人从篚中取出酒爵,准备到阼阶下为宾洗涤。宾于是下西阶陪同,主人则放下酒爵辞谢。宾还礼后,主人再次拿起酒爵准备洗涤,宾又劝阻。于是主人再次放下酒爵,表示感谢。宾回到自己的席位,主人第三次拿起酒爵,开始清洗。洗涤完毕,主人行拱手礼,主宾先后上堂,宾客感谢主人为其洗爵。主人为宾放好酒爵,回拜宾,走下阼阶洗手,准备为宾酌酒。宾又下西阶陪同,主人辞谢,宾再回到自己的席位。主人洗完手,双方拱手行礼。主人再次登阶后,为宾酌酒,并面朝西北为宾献酒。宾拜谢,主人持爵,稍稍后退以示感谢。宾接过酒爵回到西阶上,主人则在阼阶上拜送宾。宾亦持爵,稍稍后退以示感谢。有司将干肉、肉酱、祭肺摆在宾的席前。宾左手持爵,右手取干肉与肉酱祭祀;然后取祭肺,用右手扯下肺的下端一点再次祭祀;尝一小口祭肺后,再放回案上。然后宾擦干净手,再行祭酒。随后,尝一口酒,放下,拜谢主人,称赞酒的醇美,并持爵起身。主人答拜。宾饮尽爵中酒,拜谢主人。主人还礼答拜。事实上,乡射礼的献宾环节与乡饮酒礼中的献宾环节完全一样。

酢主人与酬宾的环节,与乡饮酒礼的相应环节也是一致的。主人为赞者举觯、为尊者献酢的仪节与三献之礼也都是一样的。

娱宾　乐工的席位设在西阶上,共四人,两人鼓瑟,两人和瑟。待吹笙者在堂下就位后,堂上与堂下合奏《诗经·周南》中的《关雎》、《葛覃》、《卷耳》,《诗经·召南》中的《雀巢》、《采蘩》、《采蘋》。奏毕,乐工向乐正及宾报告已奏完,然后下堂。

向乐工献酒　向一般乐工献酒时,主人可直接取出爵,然后献酒。而向大师献酒时,主人需要下堂洗爵,以示尊敬。因为乐工多为盲人,所以乐工们受爵后,由有司协助祭祀干肉与肉酱。祭毕,乐工们饮尽酒爵,并不必拜谢,然后将酒爵授给主人。接着,主人不下堂,在西阶上为吹笙者献酒。吹笙者中的年长者可走上台阶,但不上堂,接受酒爵后下堂祭祀。饮尽后不必拜谢,再登堂将酒爵奉还主人。其余吹笙者在堂下接受酒爵,祭酒后,饮尽。

2. 乡射礼的主体

任命司正　主人离席下堂,命令迎宾的相担任监礼的司正。司正推辞一次后,表示接受任命。司正在觯中酌酒后,从西阶下堂,在庭中北面坐下后放好觯,起身端正站姿;接着又坐下端起觯,再起身,再坐下后,直接饮尽觯中酒,又起身;再坐下放好觯,拜谢主人,再执觯起身;洗涤完觯后,北面坐下,将觯放回原处,再起身,稍稍后退,朝北立在觯的南侧。

司射请射　主持比试环节的人称为司射,他须先挑选六名德才兼备的弟子作为三耦成员。随后,脱去左衣袖,戴上引弓用的扳指,套上护臂,从西阶的西侧取弓,右手握住弓,左手握住弓弦和四支箭,从西阶上堂。报告宾说:"弓矢既具,有司请射。"宾要谦虚地说自己不会射,但同意比赛开始。于是司射再到阼阶前禀告主人,宾已同意开始比赛。

司射教射 司射演示比试方式。三耦站在司射的西南侧,等候司射演示。司射将三支箭插入腰间,另一支箭夹在指间。先在所立之处朝东行拱手礼,走到正对西阶的路上时,又朝北行拱手礼;走到西阶下时,再次朝北行拱手礼。上堂后,走到射位,又朝北行拱手礼。随即回头察看一次靶子,再俯身检视是否站对了射位。然后转身,开始一支支地演示。射毕,朝南方行拱手礼。礼毕,下堂,又取一支箭夹在指间。最后,司射走到西阶下,取出挞伐违规者用的刑杖插入腰间,回到原位。

第一番射 司马(由司正担任)命令靶人拿着旌旗背朝着箭而立,为射者指示箭靶的位置。随后,司射命令上耦到指定的位置射击。上耦的两位射手得令后,拱手谦让,同往东行进;走到西阶前的地方,两人面朝北拱手谦让;再北行到西阶下,两人再次拱手谦让。登堂时,两人保持间隔一级台阶。上堂后,各自走到正对射位处,朝北行拱手礼;待走到射位前,再次朝北行拱手礼;与此同时,皆回头查看是否对准了南方的靶位。两人调整姿势后,等待司射的命令。此时,司马登堂,走到上、下射的中间,命令指示箭靶位置的靶人迅速离开。待司马再次回到原位后,司射命令射手,不得射伤靶人。于是射手向司射行拱手礼。待司射回到原位后,射击开始。上射射完第一箭,然后从腰间抽出一支箭搭在弦上,等候下射射击。如此两人轮替,直到射完所有的箭便直接下堂。与此同时,中耦开始上堂,双方在阶上交会时,拱手致意。上耦下堂后,脱下扳指、护臂,穿上衣袖,原地待命。由此,直至三耦都射完。最后,司射将刑杖倚靠在西阶之西,上堂向宾禀告"三耦卒射"。

第二番射　司射上堂，请问宾是否同意三耦以外的宾客进行组合并开始比赛。征得宾同意之后，主人与宾配为一耦，宾为上射，主人为下射，其他有爵位的大夫都要与没爵位的士配成耦，以示自谦。所有的耦，其排列皆以年齿为序。接着，堂上的三耦轮番取箭，堂下的众耦则同时取箭。射手皆脱去左袖，戴上扳指，套上护臂，腰间插三支箭，一手指间夹一支箭，一手持弓。于是，司射开始命令射击。首先由三耦射击，射毕，宾与主人各自从西阶与东阶下堂。至堂下，各自脱去左袖，戴上扳指，套上护臂，腰间插三支箭，一手指间夹一支箭，一手持弓。再各自上堂，朝北行拱手礼。待走到射位前，再次朝北行拱手礼，然后射箭。射毕，朝南行拱手礼，脱下扳指、护臂，穿上衣袖，返回原位。接着是众宾所配的耦射击，其间的仪节同三耦与宾主类似。众人射毕，释筹者统计算筹。

惩罚负方　司射命令弟子摆放好承饮酒器用的"丰"。胜方弟子则先在堂下洗觯，再上堂酌酒，将觯放在丰上；下堂后，脱去左袖，拿着弓，返回原位。此时，司射命令众人，胜方一律脱去左袖，戴上扳指，套上护臂，拿起拉紧弦的弓；负方则穿上衣袖，脱下扳指、护臂，手握松开弦的弓。于是，众人升堂饮酒，胜方先登阶，负方随后。至堂上，负方朝北坐下，取觯；接着起身，将觯饮尽；再坐下，将觯放在丰上；再起身，向胜方射手行拱手礼。下堂时，负方先走，当与上堂的下一耦交错而过时，需要行拱手礼。

第三番射　司射在征得宾同意第三轮射仪开始时，走到西堂下，命令三耦与众宾脱去左袖，戴上扳指，套上护臂，各自就位。司射走到堂上，请示宾，是否能用乐曲来使宾欢娱。宾表示同意后，司射走下堂，朝东，命令乐正准备奏乐。接着，又走到东西阶中间，朝北，命令射手必须按鼓的节奏射箭，否则不得计数。司射退回后，乐正命令乐师奏《驺虞》。待乐正退回原位后,射手射箭。第三番射的顺序,仍是三耦、宾、主人、大夫与众宾。其间的仪节,与前两番都相同。结束后,照例还是要统计算筹、负方罚酒。

旅酬　互相酬酒之礼。司马恢复司正的职务,专门协助主人酬酒。乐工从西阶上堂,回到自己的座位。宾朝北坐下,取过觯,起身走到阼阶,朝北酬主人。主人恭敬离席。宾坐下放好觯,拜主人,再执觯起身,主人答拜还礼。然后,宾直接饮尽觯中的酒。紧接着,再往觯中酌酒,然后走到主人面前站立。主人在阼阶上拜谢宾,再上前接过宾手中的觯。宾拜送后,回到自己的席位。主人则捧着觯,到西阶上,向大夫们或众宾之长酬酒,其仪节与宾酬主人一样。司正在宾与主人酬酒时,要在一旁说:"某酬某子。"最后,还要为有司进酬酒。最后一位接受酬酒的人,要将空的觯都带下堂,放入庭中的筐中。

彻俎　主人请众宾坐下,宾推辞说有俎。于是主人询问是否需要撤俎,待宾同意,主人命令司正撤俎。于是主人、宾等众人离席。宾捧起俎交给司正,并跟随司正一同下堂;主人、大夫将俎交给年轻的弟子,然后分别从阼阶与西阶下堂。最后是三位众宾之长,下堂时要站在大夫稍后退处,表示以宾与大夫为尊。

无算乐与无算爵　整套乡射礼结束后,有司进上佐酒的菜肴,所有赴会的嘉宾此时可自由饮酒至一醉方休,且互相酬酒不止;同时,堂上堂下也奏乐不止,尽兴而已。

送宾　礼仪结束,宾走到西阶时,乐队开始奏《陔》之曲;主人送宾客至门外,行再拜之礼后告别。

乡射礼完成。

第五章
军礼——国之威仪

"国之大事,在祀与戎",古今中外,军事都是国家政治中的头等大事。其中,军队又是最需要讲规矩的地方。《礼记·曲礼》说:"班朝治军,莅官行法,非礼,威严不行。"且军事有别于日常生活与政治生活,因为其独特性,故而于吉、凶、宾、嘉外自成一套独立体系。

第一节 军 礼 概 说

军礼在任何时代都很重要,但较为完整的记载迟至明代才形成。大多时候,所谓军礼都以严密军纪和严酷军法的面目出现。本章所陈述的较为系统的军礼,都是被保留下来的仅有的一些记载。

一、军礼相关常识

古代军礼大致包括大师之礼、大田之礼、大均之礼、大役之礼、大封之礼等。其中,大师之礼是古代出征之礼,是军礼中最为重要的礼。

大师之礼,主要指天子亲征之礼,意在鼓动士气。比起遣将出征,天子亲征之礼由极为隆重的祭祀之礼组成。先秦关于天子出征之礼的记载仅见于《礼记·王制》："天子将出征，类乎上帝，宜乎社，造乎祢，祃于所征之地。"也就是，祭告上帝（称作"类"），祭告太庙，祭告社神，祭祀所征伐之地。前三类祭祀同郊祭、告庙及祭社稷神的礼仪类似。"祃（mà）于所征之地"，指的是"祃祭"，这是军礼中所独有的祭礼。在唐代，祃祭所征之地的对象，是作为战神的黄帝与蚩尤，这是祈祷上古军神的护佑。如果是遣将出征，除了不必祭告天地以外，其他的祭礼都是要进行的。

除了《礼记》要求的祭祀礼外，后世还为出征之礼扩充了许多内容。比如祃祭范畴中又增加了军旗的祭祀，张衡《东京赋》描述为"戈矛若林，牙旗缤纷"。有明一代，朝廷专门为旗纛（dào）建庙祭祀，谓之旗纛庙，以各地卫所指挥官为主祭，要求每月朔望、春秋两季以及重大祭典活动之日，都必须祭祀旗纛。随着军事规模的发展，旗纛庙中祭祀的神被进一步扩充，明代出现了旗头大将、六纛大将、五方旗神、主宰战船正神、金鼓角铳炮之神、弓弩飞枪飞石之神、阵前阵后神祇五昌等神祇，并以太牢的规格祭祀。明成祖朱棣登基后，又增设了"火雷神"的祭祀，属火器之神。此外，出征前还必须举行祭祀路神的軷（bá）祭，唐代的《开元礼》保存了较为完整的仪式。

大田之礼，即田猎的军礼，也指诸侯阅兵、军演之礼。《礼记·王制》规定，在没有战争的时候，每年至少要进行三次田猎活动。一方面是为了准备各类祭礼的物品，一方面也是为了检阅军队作战能力。为了避免过度捕杀，朝廷对田猎是有规定的，比如田猎时要网开一面，不能把猎物的逃生之路堵死；不能把成群的野兽杀尽；天子、诸侯、大夫要按秩序打猎，且不可把百姓的猎物打完；田猎时间必须避开万物的生长繁殖时期；不杀幼兽、怀孕的母兽、不取鸟卵、不掀鸟巢，也就是不可竭泽而渔。仲春田猎称作振旅，训练编队、使用军械；仲夏田猎称作茇（bá）舍，锻炼野战、熟悉徽号；仲秋田猎称作治兵，训练出兵之法；仲冬田猎称作大阅，校阅三军，以及讲武、射礼、合朔伐鼓（救日食之礼）等。

大均之礼，均就是均摊赋税、力役，修建民用设施以及制定官民共同分担军赋的政策。《周礼·小司徒》记载，国家在征役方面以"家"为单位（《周礼》中的行政区划为乡、州、党、族、闾、比、家，详见《乡饮酒礼》），由六乡大夫统计本乡人口、户数以及财物，根据具体情况征集赋税与力役。每次征役时，每家不超过一人，如果家中有富余的年轻人，就作为预备役人员（羡卒）。抑或根据收成的情况征调力役，比如丰年，每人每年征用力役三天；普通年份，每人每年征用力役两天；凶年或疫病流行时，可免除力役及各种赋税。如遇乡大夫三年一次考核（大比），就要全面调整各类征役的工作。

大役之礼，指通过派遣民众修筑堤坝、城郭的方式以考察民力的行为。郑玄说："筑宫邑，所以事民力强弱也。"（《周礼·大宗伯》）其实，国家是要通过稽考民力的强弱，来分配耕种的土地，以及分配民用设施修筑任务的力役，这是古代国家治理的一种方法。

大封之礼，指战乱之后重新确认疆界的工作。郑玄说："正封疆沟涂之固，所以合聚其民也。"（《周礼·大宗伯》）除了确定疆界外，具体还要修整道路，整饬沟渠，恢复民生。

二、军礼的意蕴

军事以战争为核心，军礼主要是关于战争的礼数，古人的这一礼数是从祭礼开始的。军礼中所要祭祀的神灵，除了天地、祖先等保护神外，还包括旗纛之神、武器之神，甚至阵地之神。很明显，这是对军事活动中关键事物的神化。之所以这样的神化是必要的，乃是人们对战争胜利的诉求，或是对失败的恐惧，从而演化出的一套宗教崇拜，予以心理寄托。除了祭礼外，军礼还包括出征仪式、阅兵仪式、任命将领的仪式，等等。

然而，万变不离其宗，纷繁复杂的仪式背后，有一个共通的简单的目的，即营造神圣的场域，赋予军事空间以神圣感，最终指向鼓舞士气。

楚汉战争时，韩信从楚军逃亡至汉军，却在汉军做了个治粟都尉的小官。后来得萧何赏识，以为能从此翻身，但却迟迟等不到汉王的册封，于是心灰意冷准备离开。得知韩信要走，萧何来不及通报自己的行踪便去追赶韩信。刘邦未知详情，以为萧何要弃汉，大发雷霆。过了一二日，萧何前来拜谒刘邦。他对刘邦说："臣不敢逃跑，我是去追逃跑者的。"得知是去追韩信，刘邦不信，他认为韩信不值得去追，萧何在撒谎。于是萧何苦口婆心地解释道："诸将易得耳。至如信者，国士无双。王必欲长王汉中，无所事信。必欲争天下，非信无所与计事者。顾王策安所决耳！"意思是，除了韩信外，没人可称得上国士无双，也没人能帮助刘邦平定天下。在一番劝说之后，刘邦终于同意重用韩信。但萧何却说："王素慢无礼。今拜大将，如呼小儿，此乃信所以去也。王必欲拜之，择良日，斋戒、设坛场，具礼，乃可耳。"意思是，韩信并非一般小儿，要重用他是有条件的，就是必须以最高规格的礼仪来聘任他。一通苦劝后，刘邦最终被说服，按照萧何的意思，为韩信举办了盛大的拜将仪式。仪式庄重威严,因此感动了韩信。最终,韩信对刘邦可谓尽心竭力。

这是一个皇帝拜将的故事。故事里,萧何一语道破天机,刘邦拜将如唤小儿,必定不能俘获人心。也就是说,拜将是件极其郑重的事,关乎国运与前途。而所谓"郑重",就主要体现在礼仪的规模与复杂程度上。高级别的礼仪为拜将的行动赋予了神圣性,使仪式的主角从中获得无与伦比的尊严与权威,从而促使他矢志不渝地效力于所属的组织。所以,为了争取韩信,萧何希望刘邦举行隆重的拜将仪式。当刘邦照做后,果然俘获了韩信的心,得到了韩信的全力相助。所有的军礼都是这样,皆旨在凝聚人心,办国家的大事,这就是军礼的重大意义。

第二节　祭军神之礼

一、祭旗纛之礼

旗纛祭祀历代都有,而明代的规模最为庞大,也最为正式。本节选取的是洪武元年(1368),京都祭旗纛的仪式。

1. 祭旗纛之礼相关常识

古代军队中,军旗由象牙装饰而成,故又称作牙旗。牙旗代表了军队的形象,因此必须威风凛凛,所谓"牙旗者,将军之精,一军之形候",是军队灵魂的具象化。纛指旗头,是众旗帜的先驱,树立于大将中营。天子拥有六军,于是军队有六纛,皆用牦牛尾制作而成,给人厚重威武之感。

因为旗纛代表了军队的形象,凝聚了军队的威严,所以天然地被赋予了神性。因此,历朝历代都制定有祭祀旗纛的礼仪。祭旗纛之礼属于祃祭,是军队特有的一种祭礼。祭祀牙旗,又称作祃牙。汉武帝时,有置灵旗为出征士兵祈祷的做法;三国时,孙权作黄龙大牙牌;后齐,有天子亲征建牙牌的说法;此后唐宋及元皆延续了这一传统。

明洪武元年(1368),朝廷特别建立了旗纛庙,给予旗纛以神明的待遇。明代在各地都督府与卫戍区公署后立旗纛庙,并规定春秋遣官致祭,春用惊蛰日,秋用霜降日。每年仲秋祭山川之日时,遣官祭于旗纛庙,霜降日则祭于教场;岁暮享太庙之日,又于承天门外祭祀;每月朔望,由神机营提督官祭于教场,其祭祀相当之频繁。

2. 祭旗纛仪式

斋戒　皇帝清斋一日,大将、陪祭官以下皆同。

省牲　前二日,皇帝亲自到南门外视察牺牲作准备。前一日,皇帝服通天冠、绛纱袍,由导驾官、太常寺卿陪同至省牲位视察牺牲。令仆役牵牲,自东西行经过御前,视察完毕后,将牺牲送至神厨。随后,皇帝至神厨视察鼎镬等礼器的洗涤情况,视察后,神厨可烹饪牺牲。

陈设　军牙神位在东,六纛神位在西。京都祭旗纛所用牺牲为太牢,币用黑色,器用笾、豆各八个,笾盛形盐、藁鱼、枣、栗、榛、菱、芡、鹿脯,豆盛韭菹、醓醢、菁菹、鹿醢、芹菹、兔醢、笋菹、鱼醢;簠、簋各两个,盛黍、稷、稻、粱;登、铏各一个,盛太羹、肉羹;牺尊、象尊、山罍各一个,装醴齐、泛齐、事酒。乐用时乐。酒尊设于庙庭之东,币篚位于酒尊之北,爵洗位于酒尊之南,御洗位于爵洗之南,瘗(yì)坎①位于神位之西北。坎位之前设席,上置五个酒碗和斟酒器以及雄鸡五只。御位设于庙庭之南,正中北向。大将及陪祭官位于御位之南。天下卫所祭祀则用少牢,其他祭品较之京都减半。

正祭　至日清晨,有司立伏,百官具公服侍班,皇帝服武弁。御奉天殿奉香授献官,由中道出,至午门,置龙亭内。仪仗鼓吹,导引皇帝至祭所,献官及陪祭执事官各就位。

迎神　赞唱“迎神”,向旗纛行再拜礼,行奠帛礼。献官诣盥洗所,搢笏,盥手,揩净,出笏。诣旗纛位前,乐作,跪,搢笏,上香,奠帛,出笏,俯伏,再拜,乐止。复位。

初献礼　赞唱“行初献礼”。献官至洗爵位,搢笏,涤爵,出笏。诣酒尊所,酌醴齐,诣神位前,乐作,跪,搢笏,上香,祭酒,奠爵,出笏,俯伏,再拜,乐止。读祝官取祝跪读,读毕,乐作。献官俯伏,再拜,乐止。

亚献,酌泛齐;**终献**,酌事酒,仪同初献,但不用祝。

饮福受胙　献官诣神位前行再拜礼,跪,搢笏,祭酒。饮福酒,受胙,出笏,俯伏,兴,再拜,复位。陪祭官皆再拜。

彻豆　赞唱“彻豆”,乐作。掌祭官各彻豆,乐止。太常卿奏“皇帝饮福受胙免拜”,陪祭官则行再拜礼。

送神　赞唱“送神”,太常卿奏“鞠躬”,乐作,行再拜之礼,乐止。

望燎　赞唱“望燎”,读祝官取祝,捧币官取币,掌祭官取馔至燎所。

---

①　瘗坎,古代祭祀时用以埋牲、玉帛的坑穴。

太常卿奏"诣望燎位",燎举,于是执事官杀鸡刺血,倒于酒碗中酹神。焚烧祭品至半,太常卿奏"礼毕"。

二、其他军神祭祀

1. 祭武器、阵地之神

武器、阵地之神指的是,旗头大将、六纛大将、五方旗神、主宰战船正神、金鼓角铳炮之神、弓弩飞枪飞石之神、阵前阵后神祇五昌等众,于每年仲秋祭祀。这些神都是人们对战争中武器甚至阵地进行神格化的产物,对它们奉若神明,就是对战争获胜的祈求。

祭祀仪式如下:

斋戒　官员在正祭前需斋戒二日。

省牲　于正祭前视察牺牲的准备情况,所用牺牲为牛、羊、豕各一头。

陈设　祭祀时的神牌有七位,共享牛、羊、豕各一头;其次为,登一个,铏两个,笾、豆各十个;簠、簋各两个;帛七匹,二黑五白,织文为"礼神制帛";于坛东南西向摆放酒尊三个,爵三个,酒盏三十个以及篚一个,坛之西则摆放祝文案一张。

正祭时,助祭引献官至盥洗所盥洗,教坊司奏乐,典仪唱"执事官各司其事",助祭引赞就位。

迎神　典仪唱"迎神",乐作,乐止。助祭引赞四拜,陪祭官亦四拜。

初献礼　典仪唱"奠帛,行初献礼"。奏细乐,执事捧帛爵进,赞引导他南向走。引献官诣神位前奠献,然后助祭又至读祝位,跪下,乐止,读祝。祝文曰:"维某年某月某日,皇帝遣具官某,致祭于旗头大将、六蠹大将、五方旗神、主宰战船正神、金鼓角铳炮之神、弓弩飞枪飞石之神、阵前阵后神祇五昌等众。惟神钦天命而无私,助扬威武,有功国家。兹当仲秋,谨遵常典,特以牲醴,遣官致祭,神其鉴之。尚享。"读毕,奏乐。赞俯伏,兴,平身。赞复位,乐止。

亚献礼 典仪唱"行亚献礼",奏乐,执事官捧爵,赞引引献官诣神位前献,献毕,乐止。

终献礼 典仪唱"行终献礼",仪同亚献。

饮福受胙、彻豆、送神、望瘗等环节与一般祭祀相同。

2. 祭火雷神

所谓火雷神,其实就是火器之神。既然所有兵器都有相应之神灵,那么杀伤力极为特别的火器当然也该有其神灵。明代出现"火雷神"祭祀,是因为明代火器已臻成熟。据明代王士翘所撰《西关志》记载,嘉靖年间居庸关所藏火器已经相当丰富,大约有神枪九百三十三杆、大将军铁炮两个、二将军铁炮十四个、大将军铜炮九个、小将军铜炮五十六个、神铳八百把、大铜佛朗机一百四十七副、神炮七百七十八个、飞炮一百八十四个、铜铳一千三十八杆、铁铳三百杆、马上铜佛朗机六百三十九副、神箭二万六千六百支、铁宣风炮三十个、缨子炮二十三个、铁佛朗机八百八十九个、铁三起炮二十一杆、虎尾炮四百九十个、碗口炮七十个、小神炮一百六十八个、火药七百一十七斤、铁蒺藜五千六百五十个,此外还有九龙盘枪、铁鞭枪、火箭盘枪、子母炮、火箭等不一而足。明末,努尔哈赤与皇太极就是因火器而死,从而导致清人对火器极为忌讳。因此,火器在明代有其特殊的地位。

明代规定,每月朔望日祭祀火雷神,因为祭祀频繁,所以仪式较为简单。

祭祀使用牺牲为羊、豕各一头,不用帛。

正祭时,赞引献官就位,行四拜之礼。

行初献礼,赞下跪,读祝,祝文曰:"维某年某月某日,皇帝遣具官某,致祭于天威神机火雷无敌大将军之神。维神威勇猛厉,刚劲精强,訇雷掣电,欻火奔风。护国庇民,厥功显著。肃靖凶暴,宁谧封疆。遇有征讨,惟神是赖。驱锋遣镝,端直奇妙。万发万中,迭贯连穿。破敌致胜,如拉枯朽。无坚不摧,无悍不灭。神其蓄锐毓灵,用之则应。特以牲品致祭,神其享之。"读讫,赞俯伏,兴,平身。

随后,行亚献礼与终献礼,皆四拜,焚祝文,礼毕。

3. 祭路神

祭路神的礼仪名目很多,其中皇帝亲征及巡狩郊祭前于国门外祭路神的礼仪,称为軷祭。軷,取长途跋涉之意。軷祭时,要堆起小山,山上树以荆棘、柏树等,象征神主,然后驾车碾过,象征征程再无险难。古代记载軷祭较为完整的是唐代的《开元礼》,如下:

车驾出日,右校先于国门外堆土为軷,象征险山,又在神座西北方挖足够深的瘗坑。太祝布神座于軷前,南向树立。牺牲使用羊一头,又设罇、罍、篚、幂于神座之左,皆向右,并在酒器旁放置币帛。皇帝将至时,太祝立于罇洗东南面,西向而立,祝史与执罇罍篚者就位待命。太祝行再拜礼后,诣罇所,取币进跪,奠于神座,再还归位。随后,进馔荐脯于神座前,并加羊于軷西首。太祝诣罍洗盥手、洗爵,随后诣罇所酌酒,进跪奠于神座前。少退,北向立,读祝文。祝文皆临时撰写。读毕,太祝再拜,还本位。少顷,太祝帅斋郎取币帛、斟酒、献祭,宰人切割牲牲。太祝行拜礼后，将祭品填埋。完毕后，执罇者撤下罍、筐、席。此时天子驾到，太祝用爵酌酒递于太仆卿，太仆卿左手执辔右手端酒爵，祭两轵及軓前（战车的前后），随后饮尽。最后驱车从軷上碾过，象征此路再无险阻。

第三节　出征与誓师之礼

出征仪式包括天子亲征与遣将出师两种。天子亲征之礼的基本流程主要是，祭告天地、宗庙、社稷，祃祭旗纛，祭所过山川；遣将出师之礼主要是向大将军授节钺的礼仪。誓师之礼又是征伐活动中不可或缺的，一则是为了鼓舞士气，一则也是警戒军士切勿懈怠。

一、天子亲征之礼

天子亲征之礼历朝皆有，《明会典》所记载最为详细，且明代亲征之礼也最为特别，非常重视祭祀各路神灵，出征之礼几乎全是祭礼。

1. 类于上帝

祭告天地的仪式，通告上帝，象征天子亲征是替天行道，具有绝对的合法性。

出征前期，择日，祭告天地，皇帝服武弁服，乘革辂，备六军，以牲犊、币帛祭祀，作乐，行三献之礼。

2. 造于太庙

祭告祖先的仪式，向祖先通告，天子亲征是为了保卫祖先的江山。

前期择日，皇帝服武弁，乘革辂，备六军，祭告太庙。每庙皆用牲、币,行三献之礼。与四时的享太庙之礼相同,但凯旋时则仅陈俘、奏凯①于太庙南门外即可。

3. 宜于太社

祭告社稷的仪式,通告社稷神,天子亲征是为了维护江山完整而战。

前期择日,皇帝服武弁,乘革辂,备六军,以牲犊、币帛祭社稷,作乐,行三献之礼。与春秋祭社稷之仪相同,但凯旋时则仅陈俘、奏凯于社北门外即可。

4. 祃祭仪

即祭祀旗纛之礼,祈求军神护佑,成功击败敌军。

5. 祭所过山川仪

祭告所过山川的仪式,通告各路山川之神,护佑天子亲征得以成功。

皇帝、陪祭官及执事官皆斋戒一日。前期,命有司具牢馔。(岳、镇、海、渎用太牢,中山用少牢,山川用特牲。② 如果是急行军的话,则用酒脯简单祭祀。)

省牲 皇帝服通天冠、绛纱袍于庙南门外检视牺牲准备情况,以及鼎镬等祭器的洗涤情况,然后烹饪牺牲。

陈设 祭前于神前设笾、豆各一个,笾实以鹿脯,豆实以鹿臡

---

① 奏凯,战胜而奏庆功之乐。
② 太牢,古代帝王祭祀时,牛、羊、豕三牲全备称"太牢";少牢,古代诸侯、卿大夫祭祀时,羊、豕各一,称"少牢";特牲,古代祭礼或宾礼时只用一种牲畜,称"特牲"。

(ní)①；神位之前设牲馔，牲馔之前设香案，香案之前设爵坫（diàn）②，爵坫之前设沙池；此外还有酒尊、御洗、爵洗；御位在庙庭之南，北向；陪祭官位在御位之南，文武官员、司币、司尊、司爵、传赞等各就其位。

正祭　祭日清晨掌祭官将酒馔、脯、臡装入器皿中，币装入筐中，放置酒尊，神位之右放祝版，神位之前陈列牺牲，执事官、陪祭官就位，皇帝服武弁由引礼官导引，自左南门入，至拜位，北向而立。

迎神　典仪唱"迎神"，大乐作。典仪唱"行礼"，引礼官奏"有司准备完毕，请行事"。奏"鞠躬"，行再拜之礼。皇帝鞠躬，乐作，行再拜之礼，在位官员皆鞠躬，行再拜之礼。

奠币行酌献礼　典仪唱"奠币，行酌献礼"，引礼官奏"请诣盥洗位"，导驾官同引礼官导引皇帝至盥洗位，引礼官奏"搢圭"，皇帝搢圭；引礼官奏"盥手"，司盥洗者酌水，皇帝盥手；引礼官奏"帨手"，司巾者以巾进皇帝帨手；引礼官奏"出圭"，皇帝出圭。引礼官奏"请诣爵洗位"，导驾官同太常卿导引皇帝至爵洗位，引礼官奏"搢圭"，皇帝搢圭；执爵官以爵进，引礼官奏"受爵"，皇帝受爵；司爵洗者酌水，引礼官奏"涤爵"，皇帝涤爵；司巾者进巾，引礼官奏"拭爵"，皇帝拭爵；引礼官奏"以爵授执爵官"，皇帝以爵授执爵官；引礼官奏"出圭"，皇帝出圭。引礼官奏"请诣酒尊所"，导驾官同引礼官导引皇帝诣酒尊所，执爵官捧爵，从行至酒尊所，引礼官奏"搢圭"，皇帝搢圭；执爵官以爵进，引礼官奏"受爵"，皇帝受爵；司尊者举幂（mì，盖子）酌酒，引礼官奏"以爵受执事

----

① 臡，带骨的肉酱。
② 坫，古代祭祀时供放置礼器的土台。

者",皇帝以爵授执爵官;引礼官奏"出圭",皇帝出圭。引礼官奏"请诣神位前",执爵官捧爵、司币者捧币从行,导驾官同引礼官导引皇帝至神位前,引礼官奏"跪,搢圭",皇帝跪,搢圭;司香官奉香跪进于皇帝之左,引礼官奏"上香,上香,三上香",皇帝上香、上香、三上香,司香官还本位;司币者以币跪进于皇帝之右,皇帝受币,司币者还本位;引礼官奏"奠币",皇帝奠币;执爵官奉爵酒跪进于皇帝之右,引礼官奏"受爵",皇帝受爵,执爵官还本位;引礼官奏"祭酒,祭酒,三祭酒,奠爵",皇帝祭酒、祭酒、三祭酒、奠爵;引礼官奏"出圭",皇帝出圭。读祝官取祝版跪读于神位之右,读讫,以祝版复置于坫,还本位。引礼官奏"俯伏,兴,拜,兴,拜,兴,平身"。皇帝俯伏,兴,乐作,行再拜之礼,平身,乐止。引礼官奏"请复位",导驾官同引礼官导引皇帝复位。

饮福 典仪唱"饮福受胙",执事者酌福酒,取神位前胙肉。引礼官奏"诣饮福位",导驾官同引礼官导引皇帝至神位前,北向而立;引礼官奏"鞠躬,拜,兴,拜,兴,平身",皇帝鞠躬,奏乐,行再拜之礼,平身,乐止;引礼官奏"稍前跪,搢圭",皇帝稍前跪,搢圭;执事奉福酒跪进于皇帝之右,引礼官奏"饮福酒",皇帝受爵后祭酒,饮福酒少许;引礼官奏"奠爵",皇帝奠爵;奉胙官奉胙跪进于皇帝之右,引礼官奏"受胙",皇帝受胙,然后将胙授于左右,左右跪受胙;引礼官奏"出圭",皇帝出圭;引礼官奏"俯伏,兴,拜,兴,拜,兴,平身",皇帝俯伏,兴,乐作,行再拜之礼,平身,乐止;引礼官奏"请复位",导驾官同引礼官导引皇帝复位。

彻豆 典仪唱"彻豆",乐作,掌祭官各彻豆,乐止。典仪唱"赐胙",引礼官奏"皇帝饮福受胙免拜",典仪唱"陪祭官皆再拜",传赞唱"鞠躬,拜,兴,拜,兴,平身",陪祭官皆鞠躬,行再拜之礼,平身。

送神　典仪唱"送神",引礼官奏"鞠躬,拜,兴,拜,兴,平身",皇帝鞠躬,乐作,行再拜之礼,平身,乐止;典仪唱"陪祭官皆再拜",传赞唱"鞠躬,拜,兴,拜,兴,平身"。

望瘗　典仪唱"望瘗",读祝官取祝,捧币官取币,掌祭官取馔,诣瘗所,填土于瘗坑中。典仪唱"可瘗",引礼官奏"礼毕",导驾官同引礼官导引皇帝还,陪祭官则以次出。

天子奔赴战场。

二、遣将出师授节钺之礼

《明史·礼志》对遣将之礼记载简略,而明代王世贞《弇山堂别集》则记载详细。遣将之礼分两个方面:首先,由朝廷按礼制授节钺于大将军;其次,大将军祭告太庙与武成王庙,表示要为国出征。

授节钺礼前,拱卫司设大将军驻扎午门外,兵部官备节钺,陈设于奉天殿内架子上。内使监设御座于殿中,侍仪司设大将军拜位于丹墀中道稍西,又设节钺位于御前,俱北向。设内赞位及授节钺官位。授节钺执事位于大将军受节钺位之北,东西相向。百官侍立位于文武楼之北,东西相向。通班、赞礼位于大将军丹墀拜位之北,通班在西,赞礼在东。引大将军二人位于通班之次,其余侍卫陈设如朝会仪,规格甚高。

初严,于祭日,以击鼓表示开始,侍仪导引从官入迎车驾。

次严,文武官俱着朝服入侍立位,大将军着朝服入,立候于丹墀之西北,所部将士鼓吹皆于午门外候立。

三严,皇帝服武弁服,乐作,升座,乐止,鸣鞭。卷帘报时,讫,引班引大将军就丹墀拜位,赞礼唱"鞠躬,拜"。乐作,四拜,兴,乐止,引大将军由西陛升西门入内。

赞接引大将军至御前，唱"鞠躬"。乐作，再拜，兴，乐止，唱"跪，搢笏"。授节钺官取节钺至御前，跪，承制，兴，立于大将军之东北宣制位。大将军先授节，次授钺。大将军以次受，讫，再授于执事者。执事跪，受立于西，唱"出笏，俯伏，兴"。乐作，大将军出笏，俯伏，兴，复再拜，乐止。

自西门出，执节钺者前行，至位，分立于左右，乐作，赞礼复唱"鞠躬"。四拜，兴，礼毕，乐止。

皇帝兴，乐作，还宫，乐止。

大将军出，勒所部建旗帜，鸣金鼓，正行列，擎节钺，奏乐前导，百官以次送出。

大将军领受节钺之后，需行告庙之礼。根据《明史·礼志》，造庙宜社之礼，即命大将军具牲币，行一献之礼，与遣官祭告庙社仪同。

此外，明代还特别增设了告武成王庙之礼。如：

正祭前二日，大将省牲。祭日，大将于幕次①金祝版，入就位，行再拜之礼。诣神位前上香、奠帛，再拜。进熟，酌献，读祝，再拜。诣位，再拜。饮福受胙，复再拜。彻豆。望燎。大将至配位行礼，两庑陪祀，后由诸将为之分献。

三、誓师之礼

誓师是军队出征前的礼仪，其主体就是宣读誓言，没有更多行动上

---

① 幕次，临时搭起的帐篷。

的仪式。《尚书》中的《甘誓》、《汤誓》、《牧誓》、《泰誓》就是出征前的誓言。

誓师有两层含义，其一是鼓动士气，反映在誓言中，就是强调战争的必要性。比如《甘誓》中夏启征讨有扈氏时宣称："有扈氏威侮五行，怠弃三正。天用剿绝其命，今予惟恭行天之罚。"是说有扈氏破坏了五行、三正的天地秩序。上天要结束他的天命，现在我将恭敬地执行上天对他的刑罚。《汤誓》中汤征讨夏桀时说："夏氏有罪，予畏上帝，不敢不正。"《牧誓》中武王姬发征讨商纣王说："今予发，惟恭行天之罚。"《泰誓》中姬发告诫诸侯说："商罪贯盈，天命诛之。予弗顺天，厥罪惟钧。"以上可知，古代出征的原因都归结为敌人违背了天意，征伐者是要去替天行道。天意是古代战争合法性的重要源泉，因此是誓言的核心要素。

其二，誓师也是为了警诫军士不可懈怠，这反映在誓言中就是警告，甚至恫吓。如《甘誓》中夏启对军士说："用命，赏于祖；弗用命，戮于社，予则孥戮汝。"意思是，服从命令的，我就在先祖的神位前行赏；不服从命令的，就在社神的神位前进行惩罚，把他降为奴隶或者杀掉。《汤誓》末句说："尔不从誓言，予则孥戮汝，罔有攸赦。"《泰誓》说："功多有厚赏，不迪有显戮。"意思都是一样的，警告军士不全力作战则会遭受惩罚。

清人秦蕙田作《五礼通考》时，把"警告"作为"誓"的本意理解，将《周礼·秋官》中对"誓"的使用纳入《军礼·誓师》中。《周礼·秋官》规定，有爵位者出行，皆有条狼氏①开路，誓仆从说："（违背命令的）杀。"

---

① 条狼氏，官名，掌清除道路，驱避行人。

誓车夫说:"(违背命令的)车裂。"誓大夫说:"有事不请示王的,鞭五百。"誓乐工说:"(违背命令的)鞭打三百。"誓大史说:"(违背命令的)杀。"誓小史说:"(违背命令的)墨刑。"条狼氏对所有人都进行了恫吓式的"誓",可能"誓师"早期的涵义中的确恫吓的成分更大一些。后世继承下来的,则主要还是正面的鼓动。

当然,如果是天子亲征,就成为当然的誓师之礼了。与天子共同进退,直至战胜敌人,即使无誓师之辞,也已经为军队带来了强大的感召力和凝聚力了。

第四节 凯旋与战败之礼

战争必有胜负,战胜了就要凯旋,向朝廷递送捷报(即"露布")、敬献俘虏,称献俘奏捷。随后,朝廷对有功绩者进行论功行赏,相对完整的礼仪被记载在《明集礼》中。但如果战败了,朝廷也要有所表示,向战争中死伤的子弟进行吊唁,称为师不功。可能战败是比较忌讳的事,因此未见有系统的记载。

一、献俘奏捷之礼

明代永乐四年(1406)制定了一套较为完整的献俘奏捷之礼。其中"露布",就是宣布捷报的意思。如下:

前期,兵部官以露布的方式奏闻礼部,并告示文武百官以及乡里长辈等,准备行庆贺礼。

先一日,内官设御座于午门楼前楹正中。

是日早晨,锦衣卫设仪仗于午门前御道之东西,教坊司陈大乐于御道之南,东西相向,北面而立。鸿胪设赞礼二人于午门前,东西相向。承制官一员,位于午门前,东立西向。设宣制位于午门东稍南,西向。设文武官及诸蕃使客人等侍立之位于楼前御道南,文东武西。设露布案于午门前御道东,设宣露布官一员,展露布官二员及刑部献俘官位于午门前御道东稍南,西向。设献俘将校位于午门前御道西稍南,北向。设进露布官位于御道南稍东。引礼引文武官东西序立,引进露布官捧露布置于案,退,就位。

露布　将校引俘列于午门前西边文武班①之后伺候。皇帝着常服至奉天门,钟声止后,鸿胪寺跪奏“请上乘舆”,乐作。至午门楼,皇帝升座,乐止。鸣鞭后,赞礼请进露布官四拜,乐作,平身,乐止。赞进露布,乐作,执事者举案置于中道,乐止。赞宣“露布官跪宣”,露布官与展露布官诣案前取露布跪宣,宣读后,仍置于案,退,赞俯伏,兴,乐作,四拜,平身,乐止,执事举案复置于御道东。引礼引进露布官退。

献俘　献俘将校引俘至献俘位,北向立定。俘跪于前,刑部官诣楼前中道跪奏云:“具官臣某奏云:某官以某处所俘献,请付所司伺旨。”有合受刑者,立于西厢东向以付刑官,若皇帝释罪,则承制官需至御道请制。若皇帝恩准,所获俘囚皆可赦免,宣旨意曰:“有敕,释缚。”所释之俘于是叩头。

将校带领文武百官入班,北向而立。致词官诣中道,跪致词,庆贺完毕,赞鞠躬,乐作,行五拜三叩头之礼,兴,平身,乐止。

---

① 文武班,封建王朝文武百官上朝时排列的班次。

鸿胪寺跪奏"礼毕",乐作,驾兴,乐止,百官以次退。

次日行开读礼,如常仪。

第三日,文武百官上表行庆贺礼,如常仪。

此后各处如有奏捷,则由鸿胪寺于早朝时将差来人员引至御前宣读捷报。

二、论功行赏之礼

仪式前期,内使监陈御座香案于奉天殿,如常仪。尚宝司设宝案于殿上正中。侍仪司设诏书案于宝案之前;设诰命案于丹陛正中之北;设皇太子、诸王侍立位于殿上之东北;设承制官承制位于殿上之东;设宣制位于丹墀,诰命案之北;设吏部尚书、户部尚书、礼部尚书位于殿上之东南;设大都督府、兵部尚书位于殿上之西南;应受赏官拜位于丹墀之中,异位重行序立位于丹墀之西南、受赏位于诰命案之南,受赏执事位于受赏官序立位之西,每位受赏官配捧诰命、捧礼物者各一人。另有知班①二人,位于受赏官拜位之北,东西相向而立;赞礼二人,位于知班之北,东西相向而立;典仪二人,位于丹墀上之南,东西相向而立;文武官侍立位于丹墀之北,东西相向而立;侍从班、起居注、给事中、殿中侍、御史、尚宝卿、侍仪司官位于殿上之东;悬刀武官位于殿上之西;殿前班、指挥司三人位于丹陛之西,东向而立;光禄寺三人,位于丹陛上之东,西向而立;拱卫司二人,位于殿中门之左右;典牧所官二人,位于仗马之前;宿卫、镇抚二人,位于丹陛下,俱东西相向;护卫千户二十八人,位于

---

① 知班,掌管朝班仪节的官吏。

宿卫、镇抚之南稍后,东西相向;护卫千户八人,位于奉天殿东西门之左右;将军二人,位于殿上帘前之东西;将军六人,位于奉天殿门之左右;将军四人,位于丹陛上之四隅;将军六人,位于奉天门之左右,俱东西相向;鸣鞭四人,位于丹陛之南,北向。

仪式当日,击鼓初严,金吾卫①列旗帜、器仗,拱卫司设仪仗、车辂,典牧司陈仗马、虎豹,内使监擎执,乐工陈乐,正会之仪相同。礼部陈设诏书,吏部陈设诰命,户部陈设礼物,陈设、执事各立于案之左右,殿前班纠仪,典仪、知班、赞礼、宿卫、镇抚、护卫、将军各入就位。舍人催受赏官及侍立文武官各具朝服。

击鼓次严,侍从班文武官入迎车驾,舍人引受赏官齐班于午门外之南,东西相向而立;文武官齐班于午门之北,东西相向而立。

击鼓三严,侍仪版奏"中严",御用监官奏"请皇帝于谨身殿服衮冕",同时,皇太子、诸王子于奉天殿门东耳房服冕服。舍人引文武官入就丹墀侍立位,引受赏官入就丹墀序立位。侍仪版奏"外办",皇帝御辇到,乐作,侍卫导从,升御座,卷帘,鸣鞭,乐止。司晨报时,鸡鸣后,赞者引皇太子、诸王自奉天门东门入,乐作,由东陛升殿,东门入至侍立位,乐止。舍人引受赏官入,就拜位。知班唱"班齐",赞礼唱"鞠躬",乐作,行四拜之礼,平身,乐止。承制官前跪承制,由殿中门出中陛,降至宣制位;吏部尚书、户部尚书、礼部尚书由西门出西陛,降立于诰命礼物案之东。承制官南向称"有制",赞礼唱"跪",受赏官皆跪,承制官宣制曰:"朕嘉某等为国建功,宜加爵赏。今授以某职,赐以某物,其恭承朕命。"

① 金吾卫,掌管皇帝禁卫、扈从等事的亲军。

（受赐人员无论多少，皆一一宣读。）宣毕，赞礼唱"俯伏，兴"，乐作，拜，兴，拜，兴，平身，乐止。赞礼唱"行赏"，舍人引受赏官第一人诣案前。赞礼唱"跪，搢笏"，吏部官捧诰命、礼部官捧礼物各授受赏官，受赏官受诰命、礼物以授左右，左右跪受于受赏官之左，兴，退，复位。赞礼唱"出笏，俯伏，兴，复位"，舍人引受赏官复位。

承制官、吏部尚书、户部尚书、礼部尚书由西陛升，西门入，跪上位之西，奏"承制讫"，兴，各复位。赞礼唱"鞠躬"，乐作，行再拜之礼，平身，乐止。赞礼唱"搢笏"，鞠躬，三舞蹈，山呼万岁，山呼万岁，再山呼万万岁，乐工齐声应之，出笏，俯伏，兴，乐作，行四拜之礼，平身，乐止。赞礼唱"礼毕"，侍仪跪奏"礼毕"，鸣鞭，皇帝兴，乐作，由警跸(bì)①侍从导引至谨身殿，乐止。赞者引皇太子、诸王还宫，舍人引受赏官及文武官以次出至午门外。所赐诰命、礼物则置于龙亭，由专人用仪仗、鼓乐各送至受赏官府第。

三、师不功

战败了就叫"师不功"，也就是师出无功的意思，《礼记·檀弓》又称作"军有忧"，总之要避开"失败"这个字眼。

《周礼·夏官·大司马》说："若师不功，则厌而奉主车。王吊劳士庶子，则相。"《春官·肆师》说："凡师不功，则助牵主车。"厌，指的是厌冠，丧礼时戴的冠。也就是说，要把战败仪式当作丧礼来办。战败了，大司马戴上丧冠，并亲自护卫"主车"，即装载神主的车返回，有安抚神

---

① 警跸，帝王出行时清道，禁止行人来往。

灵的意思。先秦时，两军交战，都要携带本国太庙中的神主，希望得到祖先保佑。但胜负无常，如果战败了，神灵也是需要安抚的，于是就要"助牵主车"。士庶子，指宿卫王宫的战士，国君亲征时，他们都是要跟从的，如果战死，那么国君将会亲自吊唁。

《礼记·檀弓》说："军有忧，则素服哭于库门之外，赴车不载櫜韔。"櫜（gāo），指放盔甲的器具；韔（chàng），指放弓箭的袋子。这是说，如果战败了，军队就着素服在武器库门外哭泣，放盔甲的櫜与放弓箭的韔都不要了。意思是，盔甲与弓箭都不入库，时刻准备再战。

第六章
日常礼仪——自卑而尊人

古代礼仪大体可归入吉、凶、军、宾、嘉五类,作为经典的《仪礼》以及历代礼志都较为详细地记载了这些礼仪的大部分内容。然而,这些被系统保留下来的礼仪,却可能不适用于今日社会了。反倒是还有许多零碎的日常礼仪,散落在《礼记》以及各类典籍中,对于丰富我们现代的日常生活却不无小补。

第一节 一般礼仪

礼仪,首要注重的是个人的自我约束。《礼记》开宗明义,所谓"毋不敬",意即凡事要以主体的内心虔敬为根本出发点。要做到内心虔敬,首先便是自我约束。这样,与父母相处,与师长交往,与一般长者交往,才能做到彬彬有礼。

一、自我约束

自我约束,大体可以分为个体的举止仪容,以及行动态度。《礼记》

要求每个个体都能够在独处的时候，仍然保持虔诚恭敬的态度，也就是所谓"慎独"。《曲礼》一篇对此规定得非常细致。

《曲礼》首先规定个体的举止仪容要端正，"若夫，坐如尸，立如齐"，"立必方正，不倾听"。"尸"指的是，祭祀时扮演逝者的活人，其每个动作都要求非常恭敬。"齐"通"斋"，祭祀之意，也是恭敬的意思。这句话是说，要想做一个大丈夫，坐姿要像尸那样端正，站姿要像祭祀时那样恭敬，切忌倾斜，避免让人误会为偷听。《论语·乡党》又规定："食不语，寝不言。""席不正，不坐。""寝不尸，居不客。"即使饮食、睡觉，也要时刻注意端庄。当然，也不能太刻板，所谓"居不客"。

此外，《曲礼》更多的是规范个人的行动态度。首先，要能站在别人的立场上看问题，如"爱而知其恶，憎而知其善"。不能因为自己喜爱就忽视别人的厌恶，也不能因为自己的憎恶而忽略了别人的喜爱，这其实就是孔子推己及人之道。

其次，要学会克制自己。比如，要克制自己的好奇之心，当感到有怀疑的事或人时，千万不能不假思索地去质问，要避免错误的怀疑可能造成对他人的伤害，《曲礼》称为"疑事毋质"。又如，要克制自己的好胜之心，当表达自己看法的时候，千万不要把自己的看法当作真理来压服他人，《曲礼》称为"直而勿有"。

再次，亲近他人要有限度。《曲礼》说："贤者，狎而敬之，畏而爱之。"意思是，在亲近贤人时，要注意绝不能超出敬畏这个标准。人与人之间要保持一定的距离，尤其当仰慕某些人时，要注意分寸，不能误入狎昵，否则反而不美好了。

复次，随时体谅他人的情绪。《乡党》描述孔子，"见齐衰者，虽狎，必变。见冕者与瞽者，虽亵，必以貌"。遇到服丧或有残疾的人，要收敛原来的嬉笑态度，而转变为庄重、理解，这在现代人看来，就是情商高的表现。

此外，做人还应该既不贪恋小利，也不胆小怕事；既不要求胜心切，也不要索取太多。《曲礼》说："临财毋苟得，临难毋苟免。很毋求胜，分毋求多。"在公共场合下，要避免打扰他人，如"登城不指，城上不呼"。在饮食习惯上也应该有所讲究，不能胡吃海塞，不能吃不洁的、过期的食物，要按时饮食，合理搭配，不能醉酒等，如《乡党》说："食不厌精，脍不厌细。食饐而餲，鱼馁而肉败，不食。色恶，不食。臭恶，不食。失饪，不食。不时，不食。割不正，不食。不得其酱，不食。肉虽多，不使胜食气。唯酒无量，不及乱。沽酒市脯，不食。不撤姜食，不多食。"

以上这些礼节，虽然零零碎碎，但总的来说是要人能有一定的自控能力，养成好的习惯，保持好的心态，在今天看来也是有益的。

二、与人相处

在与人相处的过程中，《礼记》非常注重言谈举止的细节，主要是避免给他人造成不必要的麻烦。比如，进入房间这个过程，就有许多需要注意的规矩，如：

《曲礼》说："户外有二屦，言闻则入，言不闻则不入。"要进入某个房间时，看见门外有两双鞋，这就意味着屋内有两个人。如果两人对话大声，就意味着没有私密事，于是可以进入；如果听不见有人对话，就意味着两人在谈私密事，所以不能进入。

将要进入房间时，要高声询问，以提醒屋内人注意。《曲礼》说："将上堂,声必扬。"这是要避免突然出现而惊扰屋内的人。

正式进屋时,视线要向下,"将入户,视必下"。意思是,不可东张西望,要尊重主人。

进门后,要注意门是否需要关闭。"户开亦开,户阖亦阖。有后入者,阖而勿遂。"门原来是开着的,还应该开着;原来是关上的,就应该随手关上。但如果知道自己之后还有人要进入,就不可立刻把门关上,但要摆出关门的姿势。

如果是跟在别人之后进门,走路时要非常注意。"毋践屦,毋踖席",意思是,避免踩踏他人的鞋子;就坐时,要从席下进入,方向不能搞错。

入座时,言谈举止都要注意。"抠衣趋隅,必慎唯诺。"就坐时,要注意提起下裳,徐徐地从席下进入;坐定后,与主人间的应对要谨小慎微。"并坐不横肱",与人并坐时,左右间隔要大于一臂,这是为了不妨碍到别人。

如果要起身走动,就要区分场合。"帷薄之外不趋,堂上不趋,执玉不趋。""趋"是小步紧走的意思,从尊者视线前经过时,为表示尊重,必须小步紧走。《曲礼》的这句话是说,帷幔之外,意即尊者的视线外,可以不必小步紧走;然而在堂上时,因为空间小,距离尊者又非常近,所以也不合适小步紧走,这是特殊情况;另一个特殊情况是捧着玉的时候,因为玉非常贵重,为表达慎重之情,也不需要小步紧走。尤其要切记的是,"室中不翔",屋内不能张开手臂快走。

如果见到两人在一起谈话,切不可随意参与进去,因为这是干扰私事的行为。"离坐离立,毋往参焉。离立者不出中间。""离"是并列的意思,两人并处时,就不应该参与进去,否则是不礼貌的。

此外,男女之间交往规定得更为严格,有些已不合时宜。"男女不杂坐,不同椸枷,不同巾栉,不亲授。嫂叔不通问。""外言不入于梱,内言不出于梱。"意思是,在座席上,器具使用上或传递上,男女要有别;如果是叔嫂关系,为避嫌,两者之间都不可互相称谢。又,"梱"是门槛的意思,男人主外的事不可以在房内进行,女人主内的事不能出房门。"男女非有行媒,不相知名。"陌生男女之间,若非有中间人联系,连姓名也不可相互交换。

与人相处是一门学问,在传统礼节中,除了传统男女之礼不合时宜外,其他的礼节,在今天也仍然可作为我们的行动准则。

三、与父母相处

在传统礼教思想中,子女是作为父母的守护者而存在的,因此子女有照料父母的绝对的义务。

身为子女,必先关心父母的身体状况。比如对父母四时的温凉、晨昏的舒适,要予以关心。《曲礼》规定:"凡为人子之礼,冬温而夏清,昏定而晨省。"《三字经》里说:"香九龄,能温席。孝于亲,所当执。"黄香九岁时,就能懂得要在冬天为父母暖被窝,讲的就是《曲礼》的道理。

身为子女,还要关心父母的心理状况。首先,行动上要避免让父母担忧。《曲礼》说:"在丑夷不争。"丑夷指同侪,不要和人争胜,以免招致祸患,这会让父母担忧。"为人子者,出必告,返必面,所游必有常。"去哪里必须告诉父母,回来时也要通告父母,所去的地方要固定,要能让父母知道子女的行踪。所去之地,"不登高,不临深",避免让自己处于危险的环境中。《论语·里仁》说："父母在，不远游，游必有方。"父母在的时候，不要远游，旅行要有限度，能及时回家才行，总之是要体谅"儿行千里母担忧"的爱子之情。《曲礼》又说："父母存，不许友以死。"孝子不该立与死有关的许诺，同样也是不让父母为自己操心。

其次，言语上要避免刺激父母。《曲礼》说："恒言不称老。"凡人都不愿衰老，但衰老又是一个事实，因为父母总是比自己年岁大，因此不能在父母健在时自称老，自称老时，意味着父母更老，孝子在心理上是过意不去的；同时，还要避免让父母听到此类伤心的话，真正的孝子，对父母哀伤衰老之情是能感受得到的。《曲礼》又说："不苟訾，不苟笑。"意思是不能指责父母，不能嘲笑父母，这都是让父母伤心的行为，孝子是不该做的。

在爱父母之上，子女还要尊父母，意即在行动上充分区别父母与自己的尊卑关系。比如在日常生活中，子女要"居不主奥，坐不中席，行不中道，立不中门"。"奥"是屋子的西南隅，尊者的位置，子女不能随便入座。就坐、行走或站立时，都不能处在中间位置，这是对父母的不敬。父子之间的尊卑关系，又决定了父子的席位不能并列，"父子不同席"，必须有上下之别；当父亲召唤自己时，不能只作简单的答应，要用更为恭敬的"唯"，并立刻去完成父亲的要求，《曲礼》说："父召无'诺'……'唯'而起。"

在政治生活中，子女不能把国君赐给自己的尊荣提升到与父亲一样的高度。《曲礼》说："夫为人子者，三赐不及车马，故州闾乡党称其孝也。"古代国君赏赐，一命受爵，再命受衣服，三命受车马。接受车马，就意味所有的赏赐都接受全了，那么最高也就与父亲的尊荣并列了。《曲礼》要求子女必须考虑到尊卑的问题,故称"不及车马",意思是要缺少一点,谦卑一点。

因为尊父母,所以尊崇之情也延及父母的朋友。《曲礼》规定:"见父之执,不谓之进不敢进,不谓之退不敢退,不问不敢对。此孝子之行也。"意思是,见父母辈的志同道合的好朋友,不叫你进不敢擅进,不叫你退不敢擅退。"迫必请准",没有问到自己,就不能擅自插嘴答问。

与父母相处之礼,有一般与具体之分,以上为一般的礼,大部分具有超时空性,对于今天我们与父母相处也有借鉴意义。

四、与师长相处

在传统社会中,师长的地位与父母的地位是相当的,所以与师长相处,其礼仪也非常细致,一切要以师长为中心。

比如路遇师长时,弟子必先主动向师长打招呼。《曲礼》规定:"遭先生于道,趋而进,正立拱手。"意即快步上前,正立,行拱手礼,不能让先生先于自己打招呼。

如果跟着师长外出,那么与人打招呼要看具体情况。"从于先生,不越路而与人言",即使路遇熟人,也不该停留闲谈,这是避免对师长不敬。

与师长交谈时,必须注意对答的方法与态度。《曲礼》规定:"先生与之言则对,不与之言则趋而退。"只有当长者主动与自己说话时,才能回答,否则,应该快步离开。"长者不及,毋儳(chán)言",长者正说甲事,弟子不能擅自提出乙事搅乱长者谈话。"侍坐于先生,先生问焉,终则对",先生向自己提问时,要等先生把话都说完,才作回答,避免会错先生的意思。"负剑辟咡诏之，则掩口而对"，若师长召唤，对答时，要以手掩口，防止口气呼到长者，以示尊敬。

与师长交谈时，两手捧师长之手，学习扶持师长，以及使用与师长对答的敬语。《曲礼》说："谋于长者，必操几杖以从之。长者问，不辞让而对，非礼也。"几杖是依凭身体的器物，专为长者准备，是表示尊敬的意思。当师长向自己询问事情，每次回答前，都必须先表达不敢当的意思，否则就是非礼。

与长者相处时，为表示敬意，眼神要专注于师长。"从长者而上丘陵，则必乡（向）长者所视。"跟随长者，即使在长者身后，也要始终看着长者所视的方向。

在长者面前，脱鞋与穿鞋也有讲究。《曲礼》规定："侍坐于长者，屦不上于堂，解屦不敢当阶。"脱鞋时，必须在堂下，且不能挡在阶前，以免妨碍他人拜访师长。"就屦，跪而举之，屏于侧。乡（向）长者而屦，跪而迁屦，俯而纳屦。"拜访后下堂时，要侧跪于师长前取鞋，然后正对着师长，单跪俯身穿鞋。

当师长提供帮助时，要恭敬地接受。"长者与之提携，则两手奉长者之手。"若长者伸手帮助提携，就应该用双手去接受长者的提携，以表达敬意。

若长者赠送物品，要根据长者舒适的方式来接受。"授立不跪，授坐不立。"若长者赐物时是站立的，那便站立着接受；若长者赐物时是跪坐的，那便跪坐着接受。这是为了避免长者弯腰或仰头。

在为长者服务时，仍然要时刻注意礼敬。"凡为长者粪之礼，必加帚于箕上，以袂拘而退。其尘不及长者，以箕自乡而扱之。"为师长打扫卫生时,必须把扫帚放于簸箕上,两手敬奉入前;清扫时,要用袖子挡住扫帚,朝自己的方向扫,并边扫边往后退,以免尘土飞溅到长者。即使为长者递送坐席时,其细节也很重要。比如"奉席如桥衡",意思是,坐席卷起时是不分首尾的,但为长者呈送时,要像桥一样左高右低,区分首尾便是表达敬意。

爱屋及乌,对师长的尊敬,也延及师长的物品。《曲礼》规定:"先生书策琴瑟在前,坐而迁之,戒勿越。"师长的书策琴瑟等物品不能随便跨越,这是自然的人伦情感,并不过分。

传统社会有"一日为师,终身为父"的说法,因为师长对弟子有传道受业解惑的恩德,所以礼敬师长是传统礼仪的重要组成部分。

第二节 孝亲之礼

孔子曰:"君子务本,本立而道生。孝弟也者,其为仁之本与!"(《论语·学而》)儒家认为,决定君子之为君子的根本依据,是能行孝悌。孝悌,是儒家最高原则仁的具体做法。《礼记》保留了大量先秦时子女事奉父母或公婆的具体礼节,《论语》《孝经》则记载了不少孝亲的原则。其实,较之于礼节,孝亲原则更具有一般性,即使对今天生活中的孝爱也有指导意义。

一、养老的意义

孟子说:"天下有达尊三:爵一,齿一,德一。"(《孟子·公孙丑下》)在中国古代,高寿同高官与高德一样,都是受到尊敬的重要社会身份。

《礼记·祭义》说:"七十者,不有大故不入朝。若有大故而入,君必与之揖让,而后及爵者。"这是说,七十岁的老人如果不得已要入朝议事,君王应首先为他们礼让,其次才轮到有爵位者。可见,年龄之于社会地位,竟也有重要的决定意义。

古代的孝其实分两个层面,国家层面的是尊老养老,意味着国家对所有老人负有赡养责任。比如《礼记·内则》说:"有虞氏养国老于上庠,养庶老于下庠。夏后氏养国老于东序,养庶老于西序。殷人养国老于右学,养庶老于左学。周人养国老于东郊,养庶老于虞庠,虞庠在国之西郊。"早期奉养老人,都在国家专门辟出的地方执行。个人层面的就是孝亲事亲,这是要求子女必须对自己的父母进行绝对的孝。尤其是子女对父母的孝,在古代甚至被推崇到愚孝的境地,颇令人感到可悲。

之所以尊老养老非常重要,首先,有客观上的原因,老人的筋骨衰弱,需要有人事奉。《礼记·王制》说:"五十始衰,六十非肉不饱,七十非帛不暖,八十非人不暖,九十虽得人不暖矣。"从五十岁开始,人的筋骨渐渐衰老,越来越需要得到关爱。因此,五十以后,即使守丧,也可以得到特别的照顾。《礼记·曲礼》说:"五十不致毁,六十不毁,七十唯衰麻在身,饮酒食肉处于内。"五十岁的人要尽量节哀,六十岁的人主要是保重身体,七十岁以上,穿上衰麻,象征性地守丧即可,可以在自己的房间内饮酒吃肉。《礼记》的《王制》《祭义》《内则》都有强调对年长者要在饮食、政治、服丧上进行优待。

其次,出于教化上的原因。因为老年人经过时间洗礼,在德与智上皆可作为楷模。《礼记·内则》说:"凡养老,五帝宪,三王有乞言。五帝宪,养气体而不乞言,有善则记之为惇史。三王亦宪,既养老而后乞言,亦微其礼,皆有惇史。"这是说,五帝三王尊养老人,或是不请他们陈说道德,或是请他们陈说道德,总之目的在时刻记录老人们的善,从而效法他们。所以早期奉养老人的地方称为学校,这意味着,德性知识的学习,是在奉养长者的过程中完成的。

再次,出于政治上的原因。从社会秩序上讲,孝结构的稳定直接导致社会结构的稳定。孟子说:"人亲其亲、长其长,而天下平。"(《孟子·离娄上》)"民知尊长养老,而后乃能入孝弟。民入孝弟,出尊长养老,而后成教,成教而后国可安也。"(《礼记·内则》)从意识形态上讲,移孝可以作忠,从而达到权力巩固的目的。"其为人也孝弟,而好犯上者,鲜矣;不好犯上,而好作乱者,未之有也。"(《论语·学而》)"君子之事亲孝,故忠可移于君;事兄悌,故顺可移于长;居家理,故治可移于官。"(《孝经·广扬名章》)在宗法社会,君同时兼具父的意涵,因此懂得孝亲的绝对性,自然也就懂得了忠君的绝对性。所以说,孝对于政治有极端重要的作用。

因为孝的意义重大,所以古代孝道教育皆由朝廷直接主导。《礼记·祭义》说:"孝弟发诸朝廷,行乎道路,至乎州巷,放乎蒐狩,修乎军旅,众以义死之,而弗敢犯也。"这是说,孝悌的原则是朝廷颁布的,从世俗到军队,人们除非为它而牺牲,否则绝不能违背这一原则。质言之,孝亲在中国古代的地位之所以非常高,这与它背后的政治动机难以分开。认清这一点,于今天我们对历史上孝道文化的扬弃,具有重要的意义。

二、事亲的做法

孝亲是具体的行动,要求子女时刻准备为父母服务,《礼记·内则》

详细记载了相关规定。"子事父母，鸡初鸣，咸盥、漱，栉、縰、笄、总，拂髦、冠、緌、缨、端、韠、绅，搢笏。"这里"縰"、"笄"、"总"都是束发的意思；緌，是丝绳末端的装饰品；缨，是冠两边垂下的丝绳；端，指玄端，士人的服饰；韠（bì），指皮革制成的遮蔽在身前的装饰品；绅，指大带。子女事奉父母时，每日鸡鸣时就该起床，盥洗、梳理头发，然后穿上正式的衣服，将笏插入腰带间。意思是，事奉父母需郑重其事。

"左佩纷帨、刀、砺、小觿（xī）、金燧，右佩玦、捍、管、遰（dì）、大觿、木燧。"这里纷帨，指巾布；刀与砺，即刀具和磨刀石；小觿与大觿，是象骨做的用来解小结或大结用的锥子；金燧与木燧，是取火用的工具；管是笔；遰是刀鞘。这是说，子女起床后，需在左右佩带上日常必备的生活用品，随时听用于父母。

"妇事舅姑，如事父母，鸡初鸣，咸盥、漱，栉、縰、笄、总，衣绅。"与子事父母一样，媳妇事奉公婆也需鸡鸣起床，然后郑重其事地梳妆打扮。

"左佩纷帨、刀、砺、小觿、金燧，右佩箴、管、线、纩，施縏袠（pán zhì），大觿、木燧。"除了与男子相同的佩饰外，女子还佩带特有的女红用品，包括针线、棉絮、布套等，同样也是听公婆随时取用。

孝亲，就要嘘寒问暖，关照饮食起居。当前往父母公婆之所拜会时，需"下气怡声，问衣燠寒，疾痛苛痒，而敬抑搔之"。就是说，与父母或公婆说话要低声，要表现得愉悦，要了解父母是否有病痛或疥子或瘙痒，如果有，就要恭敬地帮助解决。

"出入则或先或后，而敬扶持之。进盥，少者奉盘，长者奉水，请沃盥，盥卒，授巾。"与父母出入，要懂得先后顺序，要恭敬地搀扶。为父母盥洗时，年纪小的负责捧盘子，年纪大的负责浇水，盥洗后，立刻递上巾布。

“问所欲而敬进之，柔色以温之。饘、酏、酒、醴、芼、羹、菽、麦、蕡、稻、黍、粱、秫，唯所欲。枣、栗、饴、蜜以甘之，堇、荁、枌、榆、免、薧，滫瀡以滑之，脂膏以膏之，父母舅姑必尝之而后退。”饘（zhān），厚粥；酏（yǐ），薄粥；芼，菜；蕡（fén），大麻子；荁（huán），一种堇菜；枌（fén），榆树；免，指时鲜；薧（kǎo），干的食物；滫（xiǔ），用淀粉拌食物使之润滑的烹饪方法；“瀡”意思同“滫”。这里罗列了众多的食材以及烹饪方法，意思是，父母想吃什么，就要立刻提供什么，并且能恭敬温和地为之奉上。待父母或公婆品尝过以后，才能退下。

“父母舅姑将坐，奉席请何乡；将衽，长者奉席请何趾，少者执床与坐。”父母或公婆如果想坐下或者更换卧处，就要及时询问他们想要朝哪个方向，并为他们铺好床席。

孝亲，就是要陪伴父母，绝不能出现任何打扰父母的动作。“在父母舅姑之所，有命之，应‘唯’，敬对，进退、周旋慎齐。”这是说，在父母或公婆的住所，要随时候命，恭敬地服侍左右。“升降、出入、揖游不敢哕、噫、嚏、咳、欠、伸、跛、倚、睇视，不敢唾、洟。”揖游，从容和适之意。哕，呕逆之声；噫，叹息；嚏，喷嚏；咳，咳嗽声；欠，疲劳的样子；跛，倚靠他物；睇视，斜视；洟，流涕。不论父母起身、坐下还是进出时，一切会打扰到父母的多余的举动都不可以有。

“寒不敢袭，痒不敢搔。不有敬事，不敢袒裼。不涉不撅。亵衣衾不见里。”服侍父母左右时，冷了也不能给自己加衣服，痒了也不能去搔；不是因为祭祀的事，不能脱半截衣服；不是因为有下水的需要，就不可以撩起衣服；内衣的里子是不能外露的，这是不礼貌的，父母见了会不开心。

孝亲，就是要及时为父母进行日常护理。"父母唾、洟不见；冠带垢，和灰请漱；衣裳垢，和灰请浣；衣裳绽裂，纫箴请补缀。"这是说，要把父母的擦拭下来的唾液或鼻涕及时清理干净；见帽子或衣裳脏了，就要立刻清洗；如果衣裳破了，就要帮助缝补。"五日则燂汤请浴，三日具沐。其间面垢，燂潘请靧；足垢，燂汤请洗。"燂（tán）汤，温热的水；潘，淘米水；靧（huì），洗面。要安排父母五天洗一次澡，三天洗一次头；脸上脏了或脚脏了，就要随时帮助清洗。

其实，日常生活是非常琐碎的，而中国古代事亲的做法又非常讲究，因此事无巨细不胜枚举。《礼记》所记载的事奉方式还算是平实的，于今也有可取之处。然而，由于孝的政治性质，发展到后世的《二十四孝图》《孝经传说图解》等文献中，则充满了愚孝的内容，便令人难以效法了。

三、孝亲的原则

孝亲在理论上是有层次性的。孟懿子问孝时，孔子回答说："无违。""生，事之以礼；死，葬之以礼，祭之以礼。"（《论语·为政》）在儒家看来，按照礼制的规定来事奉父母，这是最起码的。比如保护好父母给的身体，这就是最起码的孝，《孝经》说："身体发肤，受之父母，不敢毁伤，孝之始也。"父母去世后，按时祭祀，这也是最起码的孝。

后来，孟武伯问孝。孔子回答："父母唯其疾之忧。"（《论语·为政》）这是说，父母担忧子女的身体这是没有办法的，但除此之外，子女要尽量少做让父母担忧的事，少做冒险的事。孔子说："父母在，不远游。游必有方。"(《论语·里仁》)古代通讯落后,远游子女安危的不确定性会给父母造成极大的忧愁。所以孔子主张子女远游要有限度,避免父母担忧。

后来,子游问孝。孔子回答:"今之孝者,是谓能养。至于犬马,皆能有养;不敬,何以别乎?"(《论语·为政》)仅仅是物质上赡养父母,那就与养犬马没有区别了。事奉父母必须表现出方方面面的恭敬。《礼记》甚至要求子女把这种恭敬延伸到对父母的生活用品上,"父母舅姑之衣、衾、簟、席、枕、几不传;杖、屦祗敬之,勿敢近;敦、牟、卮、匜,非馂(jùn)莫敢用。与恒食饮,非馂莫之敢饮食。"簟,即席子;传,移动的意思;敦、牟,是盛黍、稷的器皿;卮、匜,是盛酒浆的器皿;馂,吃剩下的食物。这简直是无处不在的恭敬。

后来,子夏问孝。子曰:"色难。有事,弟子服其劳,有酒食,先生馔,曾是以为孝乎?"(《论语·为政》)孔子认为,劳作上弟子为父母代劳,饮食上年长者先吃,这都算不上孝。最难做到的,是时刻让父母看到自己愉悦的表情。也就是说,带给父母精神愉悦,那才是真正的孝。《礼记》说:"父母在,朝夕恒食,子、妇佐馂,既食恒馂。父没母存,冢子御食,群子、妇佐馂如初。"这是规定儿子及儿媳妇必须陪伴父母饮食,将父母剩下的食物吃光。如果父亲去世母亲尚在,那么长子应该照旧陪伴左右,其弟弟和弟媳妇则应该将母亲剩下的食物吃光。这么做是为了避免父母因为发现自己年老吃不下而感到难受。

不难看出,按照礼制事奉父母,少让父母担忧,恭敬地事奉父母,到讨父母欢心,这在程度与难度上都是不断递进的过程。用今天的话来说,在孝亲的层次上,儒家对子女情商的要求是越来越高的。

　　当然,值得强调的是,早期的儒家绝不主张愚孝。虽然主张孝亲,却反对一味地顺从。《礼记》就提出,如果父母有过错,子女要及时予以劝阻,帮助父母改过自新,这也是孝的表现。

　　《礼记·内则》说:"父母有过,下气怡色,柔声以谏。谏若不入,起敬起孝,悦则复谏;父母怒,不悦,而挞之流血,不敢疾怨,起敬起孝。"当父母有过错时,子女要做的是低声规劝。如果规劝不起作用,仍然要孝敬,等到父母心情好的时候再次规劝。如果父母因而发怒,甚至鞭挞子女,那子女绝对不能怨恨,还是要做到和平时一样的孝敬。

　　《孝经》里记载曾子问孔子说:"若夫慈爱恭敬,安亲扬名,则闻命矣。敢问子从父之令,可谓孝乎?"他想问的是,是不是顺从就是孝。结果孔子坚定地否定了这个说法,却强调了"谏争"的价值。孔子回答说:"是何言与! 是何言与! 昔者天子有诤臣七人,虽无道,不失其天下;诸侯有诤臣五人,虽无道,不失其国;大夫有诤臣三人,虽无道,不失其家;士有诤友,则身不离于令名;父有诤子,则身不陷于不义。故当不义,则子不可以不诤于父,臣不可以不诤于君;故当不义,则诤之。从父之令,又焉得为孝乎!"父母有善于提意见的子女,就好像君王有善于提意见的臣子,这对于父母的为人处世有重要的监督与规范作用。相反,愚孝只会纵容父母为恶,让父母在阿谀奉承中堕落成坏人。所以,此时的顺从反而是不孝的表现。

第三节　夫　妻　之　礼

　　夫妻是构成家族的最小细胞,上自天子的夫妻关系,有垂范天下之责；下至普通百姓的夫妻关系，有安顿生活之意，它们都会关乎到社会的稳定与否。然而，中国古代由于男尊女卑的思想，往往夫妻关系中，主要强调的是女子如何配合丈夫，较少有夫妻平等互爱的规定。然而，今天回顾古代夫妻之礼，恰如以史为鉴，有助于我们重新审视今天的得失。

一、女德的两面性

古代维护夫妻关系的基本要求，是从规范女子道德开始的，其围绕的一个核心字眼就是"从"，故有谚曰："在家从父，既嫁从夫，夫死从子。"之所以女子必须处在从的地位，这又是由于天人关系的原因，如《孝经援神契》说："日者天之明，月者地之理，阴契制，故月上属为天，使妇从夫，放月纪。"原来男尊女卑乃是效法日主月从的自然法则，由于自然法则的永恒性，故而男尊女卑成为传统夫妻关系中难以撼动的定制。

最早为女子制定规范的，是东汉的才女班昭，其晚年作《女诫》一书，系统规定了女子道德，影响深远。《女诫》一书开宗明义，告诫将要出嫁的女子，要"战战兢兢，常惧绌辱，以增父母之羞，以益中外之累"。意思是，女子要时刻警惕言行，不能因为在夫家犯错而使父母蒙羞。她还表示对不懂女德的女子之担忧，"但伤诸女方当适人，而不渐训诲，不闻妇礼，惧失容它门，取耻宗族"。就是说，自己的女儿刚刚嫁人，怕她不懂妇人之礼，被夫家人嫌弃，又使娘家人受辱。

《女诫》首篇为《卑弱》，说："古者生女三日，卧之床下，弄之瓦砖，而斋告焉。卧之床下，明其卑弱，主下人也。弄之瓦砖，明其习劳，主执勤也。斋告先君，明当主继祭祀也。"卧床下、弄砖瓦、斋告祖先该女将为别人家继祭祀,这三条为古代女德定下了主基调。

其次《敬慎》一篇,则强调女子应该无条件地顺从丈夫,说:"直者不能不争,曲者不能不讼。讼争既施,则有忿怒之事矣。此由于不尚恭下者也。"也就是说,为了维护夫妇恩义,女子应该甘受些委屈,息事宁人。此外,《夫妇》《曲从》《和叔妹》三篇,还专门规定女子对丈夫、公婆、小姑子都要顺从。《曲从》认为:"姑云不尔而是,固宜从令;姑云尔而非,犹宜顺命。勿得违戾是非,争分曲直。"意思是,丈夫与公婆在儿媳面前是不会有错的,是非曲直都要顺从。至于小姑子,因为会在公婆处评价新妇的好坏,为了息事宁人,也应该要顺从。

不仅仅要"顺从",《女诫》还首次规定了女子应该从一而终:"《礼》,夫有再娶之义,妇无二适之文,故曰夫者天也。天固不可逃,夫固不可离也。"其实两汉时期,女子改嫁并非丢脸的事。但班昭作《女诫》之后,女子不能改嫁渐成风气,后世大量贞节牌坊的树立,就与该篇有关。

因为男尊女卑,所以在离婚问题上,主动权便完全归于男子。《仪礼·丧服》规定了丈夫必须休妻的七种情况:"七出者,无子,一也;淫泆,二也;不事姑舅,三也;口舌,四也;盗窃,五也;妒忌,六也;恶疾,七也。"其中,因无子或有恶疾而要休妻,在今天看来实在违背伦常,是对妇女尊严的严重践踏。

当然,古代女德也并非一无是处。《女诫·妇行》一篇罗列的女德是合理的,如"清闲贞静,守节整齐,行己有耻,动静有法,是谓妇德。择辞而说,不道恶语,时然后言,不厌于人,是谓妇言。盥浣尘秽,服饰鲜洁,沐浴以时,身不垢辱,是谓妇容。专心纺绩,不好戏笑,洁齐酒食,以奉宾客,是谓妇功"。这里所规范的四种德行,若稍稍变通,也是能基本符合现代价值的。

事实上，中国古代还特别重视胎教。《大戴礼记·保傅》说："古者胎教，王后腹之七月，而就宴室……王后所求声音非礼乐，则太师缊瑟而称不习；所求滋味者非正味，则太宰倚斗而言曰'不敢以待王太子'。"王后怀孕时，如果想听的不是正乐，乐师不为之奏乐；想吃的不是正味，厨师不为之烹饪。又如汉代贾谊的《新书·胎教》说："周后妃妊成王于身，立而不跛，坐而不差，笑而不喧，独处而不倨，虽怒而不詈，胎教之谓也。"王后怀孕时，一颦一笑都必须端庄，因为母亲的举动会影响胎儿的德性。东汉王充的《论衡·命义》，北齐颜之推的《颜氏家训·教子》，唐代郑氏的《女孝经图·胎教》，宋代朱熹的《朱子家训·立教》等，都把胎教看得非常重要。胎教无疑强调的也是女子德性，但其合理性是值得今人肯定的。

二、各自约束，共同维护

夫妻关系的和睦，其实要靠夫妻共同维护，而共同维护的方法就是各自有所约束。中国古代虽然主要对女子约束甚多，但也并非没有对男子进行约束。《大戴礼记·本命》对丈夫休妻进行了限制，说："有所娶无所归，不去；与更三年丧，不去；前贫后富，不去。"这是说，如果妻子已无家可归，或者妻子已为公婆服丧过三年，又或者曾与丈夫共度时艰的，丈夫是不可以休妻的。这三条是夫妻关系中对丈夫的限制，有的仅是道德约束，虽没有提出实质的惩罚，但也难能可贵了。

当然，中国古代更多的是女子规范，除去女德中的不近人情的教条外，也有一些可取的自我约束。西晋人张华曾作《女史箴》一文，侧面规劝当时专权的皇后贾南风要恪守妇道。东晋时，画家顾恺之将此箴言绘成了著名的《女史箴图》，从此该箴言流芳百世。《女史箴》里列举了冯媛当熊[1]、班妾辞辇[2]等故事，从具体的角度标榜了当时人认为的品德高尚女子的言行。同时，《女史箴》还规定了一般的夫妇之礼，对于时下夫妻关系的健康稳定是有借鉴意义的。

《女史箴》说："夫出言如征，而荣辱由兹。勿谓幽昧，灵监无象。勿谓玄漠，神听无响。无矜尔荣，天道恶盈。无恃尔贵，隆隆者坠。鉴于《小星》，戒彼攸遂。比心《螽斯》，则繁尔类。"这段话借鉴了《诗经·螽斯》的语言，强调了女子要谨言慎行，不可自我膨胀，不可自恃富贵，尤其不可有妒忌之心。因为头上三尺有神明，所以必须谨慎。如果女子能规范好自己的言行，那么必定会子孙繁多。

《女史箴》又说："出其言善，千里应之。苟违斯义，同衾以疑。"这句话应用了《周易·系辞上》的"出其言善，则千里之外应之。……出其言不善，则千里之外违之。"意思是，任何善恶之言都会引起外界的反应，所说的话若是善言，那么即使千里之外的人也会表示认同；但若是恶言，那么即使同寝的夫妻也会相互猜疑。也就是说，夫妻之间要说善言，讲实话，避免引起猜忌。

又说："驩不可以黩，宠不可以专。专实生慢，爱极则迁。致盈必损，理有固然。"这是规劝女子不能刻意争宠，从女子角度讲，若专宠必生傲慢；从男子角度讲，物极必反，专宠的反而会加速厌倦。

---

① 冯媛当熊，汉元帝率众人观兽斗，有熊逸出圈，攀槛欲上殿。左右皆惊走，冯婕妤直前当熊而立，保护元帝免遭熊侵。冯媛当熊，为爱君之典。

② 班妾辞辇，汉成帝命班婕妤同车出游，班婕妤正色拒绝，以亡国之君与嬖幸妃子同游为鉴，劝勉汉成帝。班妾辞辇，喻后妃之德。

又说："美者自美，翩以取尤。冶容求好，君子所仇。"就是告诫女子要恬淡自然，不要刻意地追求美貌以取悦男子，其实也是暗示了女子要懂得自尊。

《女史箴》最后说："故曰：翼翼矜矜，福所以兴。靖恭自思，荣显所期。"这句话的字面意思，是要女子恭敬顺服，又要时常反思。而画家顾恺之为这句话所配的图，是一位云髻高耸、长裙曳地、秉笔直书的女官的肖像画。该女官目光坦然而坚毅，不仅外表娟秀，仪态和神情又突显了人物的善良端庄，忠于职守，展现了不畏后妃淫威，准备上书进谏的正直形象。画家通过对人物神态的捕捉，丰富了最后一章《靖恭自思》的主题，既强调了女子要小心翼翼地服侍男子，又强调了女子应有的独立人格。由此，"靖恭自思"被升华到了女子尊严的层面。

简言之，夫妻关系中，男子对女子要有义，互相之间要懂得自我约束，且女子也要保有一定的独立人格，自尊自爱，这样夫妻关系才能有起码的和谐。

三、夫唱妇随，情投意合

在和谐的基础上，夫妻关系还应该美好。要达到美好，最好夫妻之间能够做到夫唱妇随，甚至是情投意合，那就胜过无数的礼了。

《女孝经》是唐代侯莫陈邈之妻郑氏所撰，因为她侄女被册封为永王妃，故作此书以戒之。其书仿《孝经》分为十八章，假设"曹大家"（班昭）与诸女侍座应对之事，借此申说女子行孝的原则。《女孝经》仿照了《孝经》中天子之孝、诸侯之孝、卿大夫之孝、士之孝及庶人之孝，所以也作了《后妃章》、《夫人章》、《邦君章》、《庶人章》，规定了不同身份者的妻子应该如何去配合自己的丈夫。

《后妃章》对应了《孝经·天子章》，规定后妃当"忧在进贤，不淫其色，朝夕思念，至于忧勤。而德教加于百姓，刑于四海"。后妃有"德教"、"仪刑"的规矩，这是要辅佐君王的意思。其次要为天子进贤，要朝夕思念天子，这些都是在为天子着想。《夫人章》对应了《孝经·诸侯章》，提出的是为配合诸侯守富贵、保社稷的要求，诸侯夫人应做到"居尊能约，守位无私，审其勤劳，明其视听"。"静专动直，不失其仪，然后能和其子孙，保其宗庙。"诸侯夫人是主管家庭的，所以要和子孙、保宗庙，稳定诸侯的家族。《邦君章》对应的是《孝经·卿大夫章》，邦君是唐代太守、刺史一类的地方官，类似于卿大夫，没有封地，所守的只有宗庙。因此，卿大夫的妻子应该"非礼教之法服不敢服，非诗书之法言不敢道，非信义之德行不敢行"。"三者备矣，然后能守其祭祀，盖邦君之孝也。"至于庶人之孝，惟有"用天之道，谨身节用，以养父母"。所以，《女孝经·庶人章》规定了庶人之妻，应该"为妇之道，分义之利。先人后己，以事舅姑。纺绩裳衣，社赋蒸献"。意即，除了纺纱缝纫的工作外，还要帮助安排祭祀，完成庶人应该完成的家庭内务。

每一种社会等级，都有自己的职责和任务，作为妻子，帮助自己的丈夫去更好地履行职责、完成任务，这就是夫唱妇随，由此家庭生活才能美好。

当然，如果夫妻双方能做到情投意合，那就是更高的境界了。《后汉书·梁鸿传》记载了一个故事：东汉时，陕西扶风有个儒生叫梁鸿，字伯鸾。因为品性好，所以很多有权势的人想把女儿嫁给他，却遭到梁鸿的拒绝。同县的孟氏有个女儿，据说长得奇丑，且力大无比，三十岁了还未嫁人。父母问她，为何不嫁人，她却告知说："我想嫁梁伯鸾那样贤德的人。"梁鸿得知后，便向她下了聘礼。孟氏女很高兴，要求父母准备好布衣、草鞋、竹筐等用具。出嫁的时候，还精心地打扮了一番。可是七天过去了，梁鸿却并不搭理她。于是孟氏女跪在床下，说道："妾仰慕你的高义，知你曾草草地打发了数位女子。我也曾这般拒绝过一些男子，如今却不知道为什么被你责怪，特来向你请教我的过失。"梁鸿回答："我本想娶的是那种朴实的，能够和我一起归隐深山的人。可现在的你衣着华丽，涂脂抹粉，怎么会是我梁鸿所希望找的那个人呢？"于是孟氏女说："我这么做是要考察你的节操罢了，我早就准备好了隐居深山的服饰。"于是她将发髻梳成椎髻，穿上布衣，提着器具来到梁鸿面前。梁鸿非常开心地说："这样的人才是我梁鸿的妻子，定然能够侍奉好我呀。"后来，梁鸿为妻子定表字为"德曜"，取名为"孟光"。这位孟氏女后来事奉梁鸿的方法，就是著名的"举案齐眉"，被后世传为夫妻相敬如宾的典范。

梁鸿与孟氏女的故事，就是经典的情投意合，类似的还有西汉时画眉的张敞夫妇、魏晋时卿卿我我的王戎夫妇、宋代时意趣相投的赵明诚与李清照夫妇等，都是历史上情投意合的典范。联想到《诗经》的"执子之手，与子偕老"，这画面实在美不胜收，又让人无比感动。说实话，如果夫妻之间真正能做到夫唱妇随、情投意合，那么那些礼数实在是索然无味了。

第四节　饮 食 之 礼

中国人讲究吃，所以餐桌礼仪也就较为精致，这在《礼记·曲礼》中保留了较多的细节。《曲礼》保留的餐桌礼仪,主要是士大夫宴请时的礼仪,所以从饮食的菜肴到饮食的流程都与今天大不相同。然而其确立的饮食规矩却并不过时,值得我们反复品味。

一、菜肴的陈设

根据《曲礼》记载,先秦时士大夫一次宴饮,所用到的食材大致有:殽(带骨头的肉)、胾(zì,切成大块的纯肉)、食(饭)、羹、脍(芥酱鱼脍)、炙(烤牛肉与烤羊肉)、醯(xī,带酸味的酱或酱汁)、酱(调料)、葱、渫(xiè,烝葱)、酒、浆(清水)、脩与脯(干肉)、酱。

"凡进食之礼,左殽右胾。食居人之左,羹居人之右。"《曲礼》规定,殽要放在"俎"中,胾要放在"豆"中。俎与豆不仅是食器,更是礼器,因此不可放错。左右的规定与阴阳有关,古人认为,骨是阳故在左,肉是阴故在右;食饭燥为阳故居左,羹湿是阴故居右,并在殽胾之内。阴阳、燥湿、左右的搭配,则是根据中国传统的比附思想而来的。当然,也有另外一种解释,比如,饭与羹要放在殽与胾之内,这是"皆便食也"。又说:"一则纯肉在右,先取为便也;二则羹饭并近人之食,先取羹饭亦便;三则饭在左,羹在右,右手取羹,羹重于右,亦便。"可见,这四样食物位置的摆放都是有原因的,顺应人的习惯是一个重要因素。以上两种说法,都出自唐代儒者孔颖达的《礼记正义》之中。

"脍炙处外,醯酱处内。"芥酱鱼脍与牛炙、羊炙,都要盛放在豆中。按照宾客等级的不同,豆的数量要依次有所增减。脍、炙必须放在殽、胾的外层,而醯、酱放在殽、胾内层,要和饭与羹放在一道,以上共为主食。

"葱渫处末,酒浆处右。"末即是左。"渫"是烝葱,与葱并放在豆中,放在醢酱的左边。清水与酒都是饭后漱口之用,为便于取用,故放在羹的右边,而且位置是左酒右浆。古人是坐北朝南,有"酒在东,浆在西"的说法。

"以脯脩置者,左朐右末。"脩与脯皆是干肉,但也有不同,郑玄说:薄析曰脯,捶而施姜桂曰锻脩。脩是腌肉,或许是《论语》中所谓"束脩"。干肉为燥为阳,所以放在左边。但是为了右手的方便,所以仅放在酒的左边。

以上是一般卿大夫的排场,其实按照等级的不同,排场是有很大差别的。若公爵宴请,内容丰富到令人咂舌,如"醯酱陈于席前,豆六,设于酱东,西上。韭菹以东,醓醢、昌本,南麋臡,以西菁菹、鹿臡。士设俎于豆南,牛俎在西,牛俎东羊俎,羊俎东豕俎,又牛俎南鱼俎,鱼俎东腊俎,腊俎东有肠胃俎,又有肤俎在两行俎之东,纵设之。黍、稷六簋,设于俎西,黍簋当牛俎西,其西稷,稷西黍,黍南稷,稷东黍,黍东稷,屈为两行。大羹在酱西。铏四,设于豆西,牛铏在东,牛西羊,羊南豕,豕东牛。饭酒设于豆东,粱饭设于湆西,稻于粱西。庶羞十六豆,设于稻南,屈折而陈,凡为四行:臐东膮,膮东牛炙;炙南醢,醢西牛胾,胾西醢,醢西牛脍;脍南羊炙,炙东羊胾,胾东醢,醢东豕炙;炙南醢,醢西豕胾,胾西芥酱,酱西鱼脍。"若是上大夫,数量稍次于公爵,但仍有"八豆、八簋、六铏、九俎、庶羞二十"。

以上所列饮食的内容与宴请的排场,在吉礼中早已反复出现。吉礼是用来祭祀鬼神的,然而在日常生活中,原来贵族们也是如此生活的。因此我们不难发现,在中国古代,人们并没有把鬼神当作另一个时空的存在,而是与生人一般的鲜活。另一方面,鬼神祭祀的排场等级,不过是现实生活中排场等级的翻版,因此鬼神的权威,不过是对现实的等级进行强化罢了。

二、饮食的流程

礼让　食物被一道道端上来后,主客之间必须相互寒暄、谦让、推辞一番。《礼记》说:"客若降等,执食兴辞。"客人必须要把自己作为地位卑下者,拿起饭食来辞谢主人,让主人坐在座位上不要下来,自己却要假装走向堂下,到仆人们进餐的地方去进食。此时,"主人兴,辞于客,然后客坐"。主人见客人执饭站起,就要站起来阻止他,然后客人方才不走,再次坐下。

祭祀　在开宴之前,还有一件最重大的事情要做,这就是祭祀。"主人延客祭,祭食,祭所先进。"饮食前首先祭祀先人,这是"君子有事,不忘本也"。"延"是导引的意思。主人要导引客人祭祀先人,将每种食物拿出少许,放在豆之间空余的地方,意思是"报先代造食之人也"。这样的传统至今在农村依然流行,只是简化为在地上浇一杯酒以表祭祀之意。祭祀必须对菜肴一道道地进行,"殽之序,遍祭之",从第一道菜"殽"开始,但只祭祀主食,"鱼、腊、酱、湆(羹汁)不祭"。

饮食　"三饭,主人延客食胾,然后辩殽。"《曲礼》中所记载的吃米饭,用的是手而不是筷子,孔颖达说,"古之礼,饭不用箸,但用手",所以"三饭"是用手抓三次饭吃。"食三飧而告饱,须劝,乃更食",客人吃了三口饭后,必须要说自己饱了,主人作为客气,此时要劝客人再接着吃,然后客人才能在主人的导引下吃胾,然后吃殽。因为殽为阳而胾为阴,所以殽尊而菹卑,故先吃菹后吃殽。殽的吃法是"以殽擩酱,食正馔"。吃的要求是"主人未辩,客不虚口","辩"指吃饱,"虚口"又称"酳",特指用酒漱口。意思是,主人没吃完,客人即使吃完了也不能用酒漱口,必须等待主人吃完。与此同时,主人也必须等客人吃饱了,才能停下,"主人恒让客,不自先饱,故客待主人辩,乃得为酳也"。

彻馔　"卒食,客自前跪,彻饭斋,以授相者。"客人为表示谦下,必须跪坐在主人面前,将饭酱等盛器传递给仆人。"主人兴,辞于客,然后客坐",主人出于礼貌,必须阻止客人这么做,于是客人才回到自己的座位上。进餐到此,方算正式结束。

从上菜的内容到摆放,从祭祀的食物到进餐的顺序,从中穿插的寒暄、推让的具体阶段与方式,《礼记》都规定得细致而到位。即便这样,也还没有包括如何侍食于长者,如何侍饮于长者,如何侍奉于君主,如何侍奉于父母等。

三、饮食的规矩

在《曲礼》所保留的餐桌礼仪中,最值得我们今天继承并发展的,就是它确立的饮食规矩。《曲礼》规定,饮食必须做到"十五毋",这对于今天我们的日常生活具有重大启发意义。

第一条规定,"毋抟饭",即取饭不应为了争饱而取过多;其次,"毋放饭",即不该把粘在手上的饭再放入器皿中;"毋流歠",即不应该急急忙忙地喝汤;"毋咤食",即不应该嫌饭菜不对胃口;"毋啮骨",即不该咬骨头而发出声响;"毋反鱼肉",即不可以将吃过的食物再给他人;"毋投与狗骨",即不可以把食物看作是低贱的东西;"毋固获",

即不可以要得多；"毋扬饭"，即不应该将饭吹冷而着急地吃；"饭黍毋以箸"，即不要用筷子吃谷物；"毋嚃（tà）羹"，即不可以囫囵吞咽；"毋絮羹"，即不可以嫌汤味道不好而随意加调料；"毋刺齿"，即不在饭后剔牙；"毋歠醢"，即不要嫌汤淡而喝酱；最后，"毋嚃炙"，即不要将整块肉塞入嘴里嚼。

这"十五毋"并非全都适用于今天，比如"饭黍毋以箸"是有时代性的，今天我们饮食必须使用餐具；而"毋絮羹"、"毋歠醢"则是可以商榷的。其余"十二毋"，如不取过多、不把食物反放回器皿等，至今乃至将来都是正确的饮食规矩。

针对这些至今适用的"毋"，郑玄在他对《礼记》的注疏中反复使用了"不敬"、"不谦"、"伤廉"等词，也就是说，"毋"的目的是为了避免这些恶德。这说明，《礼记》试图纠正那些坏习惯，完全是出于规范人与人交往的基本态度与信念，导引人之间建立起正确的待人接物的高尚品质。事实上，这"十五毋"，直接点题了《礼记》的出发点——"毋不敬"的礼之本质。可以说，饮食虽是日常生活中的平凡之事，却是一个人全部品质修养的镜子，它能够把人的内涵与深度折射得一览无余。

第五节 民 间 礼 俗

以上诸多礼仪，系统的或不系统的，几乎都是载于礼经。然而，实际生活不可能处处按照礼经进行，于是就出现了对礼经规定有所变通的情况，或者形成一套民间自发的规矩。这些变通的或自发的礼往往不成系统，主要以元素的形式自觉并长期存在着，民间称之为"老规矩"

或"禁忌",我们一般称之为"礼俗"。中国礼俗文化相当庞大,此处只能列举一些与经典礼制有关的内容,以明确礼经之外,其实还存在大量的、多样的作为礼之补充的礼俗。

一、祝寿

孟子说:"天下有达尊三:爵一,齿一,德一。"(《孟子·公孙丑下》)将长寿与爵位、德性并重,这是中国传统文化的重要特点之一。

一般来说,六十岁以上称为耆寿,七十七岁称为喜寿,八十八岁称为米寿,九十九岁称为白寿。六十岁以前不称寿,都叫过生日,只有六十岁以后才叫"过"。过寿的习俗源起较晚,各地具体风俗又迥异,因此缺乏统一的礼仪,只有一些共通的习惯。

寿宴的举办,大体包括布置寿堂、吃面暖寿、儿孙贺寿三个重要环节。

布置寿堂必须要用到吉祥的图案,一般有福山寿海、寿星、蝙蝠、松、鹤、龟等图饰。福山寿海图源于《诗经·南山有台》,"南山有台,北山有莱……乐只君子,万寿无期",以及《诗经·天保》"如南山之寿"。后来明初宰相刘伯温改作"寿比南山,福如东海",于是脍炙人口。寿星的形象,则是古人对长寿理想的人格化表达。然而寿星的大额头,是人们对生活中长寿老人一般会有的大额头的夸张表现。寿星同时也对应天上的长庚星,它每天最早出现,最晚消失,显现的时间最长,故有"长庚"之名。蝙蝠的图饰,则取的是"蝠"与"福"的谐音,而松、鹤、龟都是现实中长青长寿的生物,因此是非常吉利的形象。

寿宴的重要环节,是吃长寿面,相传这与汉武帝的喜好相术有关。据说,人的寿命越长,人中就越长,100岁的人,人中有一寸长。汉武帝对此笃信不疑,东方朔听后哈哈大笑,说:"彭祖有800岁,那他的人中得8寸长,他的脸可够长的呀。"因为脸就是面,"麵"与"面"谐音,为了讨个好口彩,于是生日时便流行起了吃面,名为"长寿面"。

贺寿时,一般以桃子为寿礼,据说这和孙膑的故事有关。相传,当时孙膑匆匆赶去为母亲尽孝,但身上仅有一个桃子。母亲疼爱幼子,于是吃了孙膑的桃子。吃完后,竟然奇迹般地年轻了起来。至此以后,人们便把桃子作为贺寿时最经典的礼物了。

历史上有名的寿宴始于唐代,唐玄宗于农历八月五日设宴招待群臣,百官上表祝贺,这一日被命为"千秋节",后来肃宗生日命为"天成地平节",武宗生日叫"庆阳节",宣宗生日叫"寿昌节",昭宗生日叫"嘉会节"。而规模最大的寿宴在清代,康熙于1713年农历三月,为庆祝其60大寿,昭告天下,凡65岁以上,各地官员及百姓中的耆老,无论社会地位之尊卑,皆可到京城赴寿宴。此后,这样的寿宴在康熙朝举办过三次,总人数达到了7 000人,史称"千叟宴"。

在民间,过寿有很多讲究。一般民间"做九不做十",指选择49、59、69等来做寿,这是因为"九"与"久"谐音,符合"长生久视"等说法。而"四"与"死"谐音,所以四十岁的生日尤其要低调。当然,也有一些民间禁忌或许并没有什么道理,比如"男不做三,女不做四",就是男人不过三十岁生日,女人不过四十岁生日;但上海地区又有男人不过三十岁生日,四十岁就不发财的说法,即所谓"三十不做,四十不发"。这些对立的说法真让人不置可否。

二、婚礼

传统最为经典的婚礼当然是《仪礼》中的《士昏礼》,然而《士昏礼》只是规范了贵族阶层的婚礼,普通百姓并不理解,也没有条件按照礼经来组织婚礼。所以,民间的婚礼,在流程上,主要是对经典婚礼的简化,后世又掺入大量的婚礼禁忌,由此成为婚礼习俗。

婚礼禁忌中,最重要的是,同姓不婚、隔辈分不婚、师徒不婚、三代内的直系血亲不婚。前三条皆出于宗法伦理的考量,最后一条则是科学的、经验的总结。婚礼旨在合两姓之好,是规范人伦的重要礼仪,因此这几条婚姻禁忌有一定的道理。

在婚礼日期上,民间最忌讳农历七月,因为七月十五日是中元节。受佛教与道教的影响,民间认为,祖先灵魂会在这天从阴间回来。因此,整个七月也顺带被认为与鬼有关,不宜结婚。当然,婚期也忌讳选择单日,因为单日是丧葬之日。

传统社会有哭嫁的习俗,在出嫁过程中,新娘必须得哭。因为女儿嫁出去后就改夫姓了,家人变成外人,所以婚礼在娘家一方算是一件伤心事。因此,新娘在出嫁时应该要哭,而且哭得越大声就越吉利。反之,新娘若不哭,或者出声发笑,反而会当作是不吉利的事。

一般来说,从娘家出发上轿开始,新娘的双脚就不能沾地了。出娘家门时,一般由新郎将其背入花轿中,或由父兄将其抱入花轿中。夫家迎娶时,则要用麻袋从新娘下轿的地方一直铺到拜天地的牌位前,有代代相传的寓意;当然也有地方的观念是,防止新娘把娘家的晦气带到婆家来,这就是需要革除的坏观念了。

当新娘到达夫家时,一般姑嫂都要回避,这与"姑"与"孤"谐音,"嫂"与"扫"谐音有关,所以在结婚当天都不太吉利。

民间婚礼还有一些别的禁忌,比如结婚当天,无论如何都不能出现的两个物件是扇子与伞,因为"扇"、"伞"都与"散"谐音,因此也是不吉利的。在颜色的使用上,传统婚礼以红色与金色为主题色,对白色则非常忌讳。因为白色是葬礼的主题色,于是在婚礼上出现白色物品是很不吉利的。然而现代婚礼早已西化,白色被认为是纯洁的象征,寓意完全变了,由是成为了新的民间习俗。

三、丧葬

在中国,最早主持丧葬礼的工作者就叫作"儒",所以儒家最擅长的首先是丧葬礼仪。至于我们熟悉的与道德、政治有关的儒家,那是经过周(周公)孔(孔子)改革以后的结果了。传统的丧葬礼仪载之《仪礼》中,在《凶礼》一章已详细解读过了。但与婚礼一样,经典中的丧葬礼仪主要是为上层贵族服务的,普通百姓在生活中,对经典礼仪的实践只能进行简化,并掺入大量经验性的"禁忌",由此形成百姓自己的丧葬礼俗。

在传统观念中,寿衣必须在逝者弥留之际穿,这是因为,让逝者赤身露体去见阎王是不体面的。且穿寿衣时,孕妇不得靠近,这是怕胎儿气场弱,会受到影响。一般来说,制作寿衣的料子不可以是绸缎,因为"缎子"与"断子"是谐音,很不吉利。

为逝者整理好仪容后,需要停尸一段时间。停尸的位置是有讲究的,只有寿终正寝的死者,其尸体才能被安放在堂屋,且避免顺着房梁安放。若死者死于户外或非直系亲属家中，那么尸体则不能安放在堂屋。在停尸的房间里，尸体对应处的瓦片要揭掉几块，这是为了让逝者的灵魂能够自由出入。

为逝者入殓时，忌讳的是，在生人影子投射到棺材内时钉棺材盖。到了送葬的时候，要选在单日，且送葬队伍不可以走回头路。到下葬时，最忌讳送葬者的人影投入到墓穴中，这与入殓的禁忌是一样的，因为这会让人联想到殉葬，所以要尽量避免。

在墓地的选择上，主要是避开低洼处、山脚处、沟渠处与湿地处，这既有科学的考量，也有风水上的说法。最好选择负阴抱阳、依山傍水的地方。古代有一本叫《青囊》的书，教人选择墓地时，最好先埋下一个养了鱼的水缸，过几个月后，若鱼仍活着，则说明这是一块风水好地。

棺材本身也有不少讲究，从叫法、材料到上漆都有禁忌。民间一般不能直呼棺材，要避讳，称“长生板”、“寿材”、“老房”、“寿方”等。在棺材的用料上，一般用梓木、楠木、松木，但不可以用柳树，因为柳树不结籽，要避断子绝孙的讳。为棺材上漆的颜色也不是随意的，常见的有三种，大多数情况用的是黑色，早期是为受刀兵之祸的人准备的，但后来的讲究少了；朱红色的棺材是为无疾而终的老人准备的，如今有些地区还流行着；也有木棺直接刷清漆，而保留木材原色的，中原地区多有流行；以前也有白色的棺材，早期是为夭折的小孩准备的，但早已不再流行；古代帝王家还用金色的棺材，当然这种制式以后不会再有了。

此外，丧葬礼俗中还有一些常见的禁忌，比如对死亡的避讳说法，天子、太后、王侯等之死要称薨、崩、百岁、千秋、晏驾等；父母之死要称见背、孤露、弃养；如果需要褒扬死者，那么就称牺牲、就义、仙逝、驾鹤；如果对死者持指责态度的，就称毙命、一命呜呼等；一般人去世，则称亡故、过世、寿终，等等。

四、其他礼俗禁忌

中国的民间习俗极为丰富，在有限的篇幅内，我们也只能举一些礼仪范畴下的内容，作为经典的补充也不无小补。

比如饮食之礼，主要出自《礼记》，上文中已有阐释，但民间还有不少日常有趣的说法和禁忌，也是饮食礼仪的重要组成部分。

民间在用餐时，最忌讳一双筷子有长短，这称为"三长两短"，很不吉利。正式吃饭时，握筷子的方式也很有讲究，要避免不用食指，而仅用拇指、中指、无名指与小指来握筷子，腾出的食指有指责别人之嫌，谓之"仙人指路"，是很不礼貌的动作。在吃饭时，切忌用筷子敲击盆碗，这会给人乞食的感觉，有损尊严。夹菜时，不能拿着筷子来回在菜盆上巡回，这叫"执箸巡城"，好像很高傲的样子；当然也不能用筷子在一个菜盆里扒拉不停，这被称为"迷箸刨坟"，既不卫生，也不吉利。吃饭时也忌脱鞋、摸脚趾、踩踏椅栏，也不可说话，伸懒腰。民间谚语说："吃饭伸腰，天打勿饶。"因为这实在太不尊重粮食了。不难发现，这些饮食禁忌不完全都是迷信的，从卫生到道德，包罗甚广。

服饰禁忌在古代也是比较重要的方面，比如颜色的使用、图案的使用，都有社会等级的象征在其中，要尽量避免错用，这在前文已经讲过。而在民间，较为引起关注的主要是胡服的穿着与奇装异服。《左传》记载了赵武灵王胡服骑射的故事，虽然他在军事上大获成功，但囿于以夷变夏的观念，他的做法始终没得到正统学者的认可。而奇装异服，这在传统社会中被称为"服妖"。这个词出自《左传·愍公二年》，意味着奇装异服不伦不类，是政治身份的错位，是政治稳定的隐患。《晋书·五行志》中认为，如果老百姓中奇装异服多起来了，那就预示着社会不稳定了。这种政治上的禁忌最终影响到民间的服饰选择，成为服饰上的保守传统。然而在今天的生活中，除一些正装、便装的场合需要注意外，其他的服饰禁忌早已不知所踪，奇装异服可谓比比皆是，甚至唯恐不能引人注目，像《晋书·五行志》曾严厉批评何晏好妇人之服的情况，在今天几乎根本不成为问题。

民间礼俗内容庞杂，良莠不齐，需要仔细甄别。比如民间认为四方上下无处没有神灵，因此每次出行都要占卜，预知宜或不宜。而北宋的学者程颐很早就对此提出了批评，他认为，生活中无时无刻不考虑如何出行，最终只能寸步难行。这样的批评是有道理的，属于糟粕的礼俗就应该大胆革去，这是继承好传统文化的正确态度。

第七章
中华传统礼仪余论

中华传统礼仪浩如烟海、博大精深,绝非朝夕间能够形成,而是经过不计其数的礼学先驱,经历了长期的理论与实践的磨砺,最终铸就而成的。

第一节　重要奠基人物

中华礼仪是一个庞大的范畴,著名人物不胜枚举,但奠基性的人物唯周公、孔子与荀子。周公始制礼作乐,成为中华礼乐文明的奠基人,被尊为"元圣"。孔子在礼崩乐坏之际,为周礼注入了成己成物的意涵,使传统礼乐焕发了新生。荀子处于东周末年,通过为礼乐正名,力挽狂澜,使传统礼乐在维系社会秩序与传递道德价值中发挥了重要价值。

一、周公

周公,姓姬,名旦,周文王姬昌的第四子,周武王姬发的弟弟,辅佐武王与成王两朝。他在中国文化史上最重要的身份,就是礼乐文明的奠基人。

周公制礼作乐,一方面是接受殷商灭亡的教训,另一方面也是周代建政初期的实际情况所致。

《礼记·表记》记载,殷商的文化是"殷人尊神,率民以事神,先鬼而后礼"。根据甲骨文的分析,我们也了解到殷人的生活完全以鬼神为本,频繁地求神问卜,只讲天命不讲法律。纣王自认为"我生不有命在天乎"(《史记·殷本纪》),完全无视社会秩序。《尚书·微子》记载微子批评时局时说,殷商的大小臣民无不抢夺偷盗,官员皆违法乱纪,凡有罪的也不加逮捕。父师箕子回答说,现在的臣民竟然偷盗祭祀用的贡品,即使吃了贡品也不遭刑罚,官员则横征暴敛,导致民怨沸腾。最后,他们将殷商的这些社会问题归咎为"其弊太宽",意即社会治理"宽松",没有律法管束,进而导致自上而下的"无序"。

进入周代后,成王继位伊始,周公摄政,诸侯并不服气。《尚书·康诰》称:"周公居摄三年,制礼作乐。"何以要等待三年?因为在这三年里,诸侯很不安分,其中最大的事件是三监之乱,于是周公杀管叔、放蔡叔、废霍叔。三叔也是周公的兄弟,周公对兄弟本是感情深厚,这从他作《诗经·常棣》一篇中可以体会到。因此在平叛的过程中,周公发现,与其用武力镇压,损害了手足之情,不如制定规矩,维护天下和平,故而制礼作乐。

周公制礼作乐的根本目的,就是要建构一套规范的社会秩序,尤其是将政治上的上下级关系固定下来,使国家能在处理一些重大事件中具有可参照的规矩,从而避免像殷人那样问卜虚妄的鬼神,最终导致政治溃败。

从另一方面来看,周公把制礼作乐与德性联系起来,也就是说,遵守礼乐秩序就是有德的表现,有德就能得到上天的眷顾,这就叫"以德配天"。"以德配天",意味着人在鬼神面前开始掌握起主动权了,只要遵守礼乐,人就可以主宰自己的命运。人的自我主宰,当然仍有历史局限,但这足以突显制礼作乐的思想史意义,由此也确立了周公在中华礼乐文明中的奠基人的地位。

二、孔子

孔子(前 551—前 479),名丘,字仲尼,鲁国陬邑(今山东曲阜东南)人,殷商后裔。幼年贫贱,曾做过管理仓库的小官吏,五十岁时任鲁国司寇,使鲁国大治。后周游列国,宣传他的政治主张,终不见用。晚年回到鲁国整理古代典籍,开私人讲学之风。

孔子对周礼是相当笃信的,他宣称:"如有用我者,吾其为东周乎!"(《论语·阳货》)所谓"东周",就是再造一个西周,以示区别,故称作"东周"。孔子讲:"礼云礼云,玉帛云乎哉! 乐云乐云,钟鼓云乎哉!"孔子认为,重建礼乐,是再造西周的根本途径。

当然,恢复完整的周礼是不可能的,但孔子在生活中无时不注意细节,尽量使自己的言行符合礼仪规范。比如《论语·乡党》,记载了孔子一系列朝见君王的礼仪:他在经过君王的座位时,面色矜庄,脚步快速,言语细下,不得多言("色勃如也,足躩如也,其言似不足者");提起衣摆向堂上走时,恭敬谨慎,屏住呼吸("摄齐升堂,鞠躬如也,屏气似不息者");走下台阶时,每下一级便面色放松一些,怡然自得("出,降一等,逞颜色,怡怡如也");走完台阶,快步前行,好像鸟儿舒展翅膀("没

阶,趋进,翼如也");等回到自己的位置上,又表现出恭敬而不安的样子
("复其位,踧踖如也")。

又比如在太庙里,要表现得特别谦虚,因此孔子"入太庙,每事问"。
当时人便误以为孔子真的什么都不懂,但其实是他们不懂孔子的行为
才是符合礼的。孔子的得意门生颜回去世后,由于贫困,其父颜路请孔
子把他的座驾卖了替颜回办一外椁,但孔子拒绝了。原因是"吾不徒行
以为椁。以吾从大夫之后,不可徒行也"(《论语·先进》)。大夫必须坐
车驾上朝,因为这是礼,即使当年他的儿子孔鲤去世时也没有置椁,因
为那不符合礼。

此外,在生活中,孔子也特别注意日常生活的礼仪,比如逢斋戒沐
浴,浴衣必须是布做的("齐,必有明衣,布");斋戒的时候必须改变平时
的饮食,并搬离妻妾住处("齐必变食,居必迁坐");平时的饮食也尽量
精细("食不厌精,脍不厌细");祭肉留存超过三天的就不吃了("祭肉不
出三日。出三日,不食之矣");吃饭时不交谈,睡觉时不说话("食不语,
寝不言");坐席摆放不合礼制,不坐("席不正,不坐");行乡饮酒礼后,
必让老年人先出门("乡人饮酒,杖者出,斯出矣");睡觉时不能像尸那
样直挺挺的,闲坐的姿势要和接见宾客的姿势区分开来("寝不尸,居不
客");坐在车中,不回头看,不快速说话,也不指指画画("车中,不内顾,
不疾言,不亲指")……《乡党》里记载了孔子的一系列日常生活礼仪。
可以说,孔子是真正做到慎独的。

孔子在礼仪上的重要贡献在于主张"克己复礼"。对于孔子而言,
礼是儒家精神的载体,如果所有人都能言行符合礼的规定,那么必然
"天下归仁"。这就是把"仁"植入了礼中,让作为物质形式的礼拥有了

灵魂,使礼具有了成己成物的道德价值,这也是孔子何以能做到知行合一的根本原因。宋人云:"天不生仲尼,万古长如夜。"这是对孔子之贡献的最高赞誉了。

三、荀子

荀子(前313—前238)是继周孔之后,在礼仪方面最为重要的奠基人。周公的贡献在于制礼作乐,奠定了礼乐形式的社会秩序;孔子的贡献在于为周礼植入了灵魂,赋予礼乐以成己成物的道德价值;而荀子的贡献在于为周礼重新正名,促使礼乐的秩序形式与道德价值共同推动社会的前进。

礼乐文化发展到荀子的时代,早已分崩离析。时人一味崇古,对礼的内涵却模糊不清,导致礼乐流于形式,徒有其名。荀子的基本哲学主张是"善言古者必有节于今"(《荀子·性恶》),意即要用现实的经验来检验古来的道理。所以他在对礼的认识上,力求追根溯源,挖掘本质。《荀子》一书中的《正论》《礼论》《乐论》,就是重要的礼仪研究篇章,对于推动儒家礼仪的发展有至关重要的作用。

为礼仪正名,就是要弄清礼仪的本质,按照礼本来的意涵去实践礼。荀子认为,我们之所以需要礼仪,是因为礼仪有三个根源:"礼有三本:天地者,生之本也;祖先者,类之本也;君师者,治之本也。无天地恶生?无先祖恶出?无君师恶治?三者偏亡焉,无安人。故礼上事天,下事地,尊先祖而隆君师,是礼之三本也。"(《荀子·礼论》)天地、祖先与君师是人得以成人的根本原因,祭祀这三者,是人出于报恩的本能,这也是何以祭礼是诸礼中最重要者的原因。这就是对礼的本质之溯源,强调了祭祀之礼必须虔敬,否则何以为人。

为礼仪正名,就要弄清礼仪的概念,恢复概念正确的意涵。比如《荀子·礼论》为社、稷、郊三种祭礼进行了正名:"社,祭社也。稷,祭稷也。郊者,并百王于上天而祭祀之也。"这句话的意思是,"社"是指祭祀土神,"稷"是指祭祀谷神,"郊"是指祭祀上天并以百王陪祀。柳宗元曾写过《祀朝日说》一文,专门强调了"朝日"就是祭祀朝日的意思,批判了当时礼部官员在正式文件中写作"祀朝日"的错误。荀、柳的意思一样,都是在为概念正名,推究本意,务求精确。

为礼仪正名,就是要通过认识古礼,来发现古礼所承载的现实意义。比如古时天子出行时,"出户而巫觋有事"(《荀子·正论》)。女曰巫,男曰觋。有事,指袚除不祥。这就是说,君王出宫门前,必须先请巫师做法事,目的在驱邪避祸。"出门而宗祝有事。"意思是,君王的车驾要出国门前,必须请大宗伯来祭祀路神,从而祈福避祸。"乘大路、趋越席以养安。"大路指祭天用的车,席指蒲草编织的柔软的席子,因为清洁所以用来祀神。意思是,君王出国门前,必先坐在祭天用的车上,越过蒲草编的席子,从而安定心绪,放心启程。以上一连串是天子出行前的古礼,荀子时已不见用。但荀子通过对古礼的认识,强化了他所主张的现实价值,即"天子者,势至重而形至佚,心至愉而志无所诎,而形不为劳,尊无上矣"。是说作为天子,应该是势位最重而身形最为安逸,其内心最为愉悦而意志仍非常坚强的,其身形不必受到劳累,而地位尊贵无上。

质言之,荀子的思想在先秦时代是具有总结性的。在礼仪问题上,他通过对礼重新正名,廓清历史的迷障,接续并发展了周孔之礼之于社会秩序与道德内涵的双重价值,是礼学史上承上启下式的重要人物。

第二节　重要礼学著作

除了作为礼经的《周礼》《仪礼》《礼记》外,中国历史上还有不少私人礼仪著作,有些著作的影响力持久,甚至绵延至今。比如,颜之推的《颜氏家训》、司马光的《书仪》与《家范》、朱熹的《仪礼经传通解》与《家礼》。这些礼仪著作不仅强调具体的礼仪过程,更兼顾抽象的道德规范,将价值与行动进行有效的整合,成为传世的经典名作。

一、《颜氏家训》

《颜氏家训》的作者是颜之推,字介,琅琊临沂人,颜回的后人。据钱大昕考证,颜氏生于梁中大通三年(531),卒于隋开皇中。史称其"聪颖机悟,博识有才辩"(《北齐书·文苑传》),曾官至北齐给事黄门侍郎、待诏文林馆、平原太守、隋东宫学士。一生历经南梁、北齐、北周、隋朝四朝,自叹"三为亡国之人"。虽然人生坎坷,颠沛流离,但其家教思想最终成为中国历史上重要的教育资源。

《颜氏家训》共二十篇,其中,前十六篇如《教子》《兄弟》《后娶》、《治家》《风操》《慕贤》《勉学》等是颜之推所总结的各类教育问题。《书证》《音辞》《杂艺》诸篇,又是涉及考据、训诂、音韵、书法、医药、绘画、射箭等知识性的篇章,足见颜氏家学深厚、涉猎广泛。最后《终制》一篇乃颜氏的遗嘱,告诫子女丧葬从简,效仿古人墓葬不封不树[①]的旧

---

① 不封不树,上古葬俗,既不堆坟墓,也不植树为标记。

制,并嘱咐子女不必守墓,等等。

颜之推的教育思想与当时浮夸的世风关系密切,具有极强的针对性。他批评说,世人知道些跨马披甲的常识,便自以为有将军之才;懂些积财聚谷的知识,便自以为有宰相之德;知些公事公办的规矩,便自以为有治民的能力;仅知道要遵纪守法,便自以为懂得平狱①的技巧。(《勉学》)甚至今世士大夫不学兵法、不会驾车,"但不读书,即称武夫儿,乃饭囊酒瓮也"(《诫兵》)。世人徒知一二,便自矜自能,甚至不读书者便自比武夫的庸俗尚武精神,正是颜氏所愤世嫉俗的原因。因此,他教育子女的第一要务就是读书成德。他说:"夫所以读书学问,本欲开心明目,利于行耳。"(《勉学》)

读书成德,使人开窍,脱离庸俗,必须从小抓起。"吾家风教,素为整密,昔在龆龀,便蒙诱诲。"(《序致》)不然,"骄慢已习,方复制之,捶挞至死而无威"(《教子》)。年长以后,不仅打骂再无法树立威信,甚至还会招致子女日积月累的怨恨,反而造成败德的结果。之所以教育要趁早,还因为"人生小幼,精神专利。长成已后,思虑散逸,固须早教,勿失机也"。颜氏的早教思想显然符合人的生理发展规律,因此也具有科学性。

更值得注意的是,《颜氏家训》要求道德礼仪必须从"胎教"开始。《教子》说:"怀子三月,出居别宫,目不邪视,耳不妄听,音声滋味,以礼节之。"因为母亲是否礼仪端庄,对孩子有重要的影响。及孩提时,便"孝仁礼义导习之";稍通人情时,又要让孩子懂得"使为则为,使止则

---

① 平狱,公正判案。

止"，总之，德育必须抓住儿童生长的关键时期。

《颜氏家训》还要求子女礼贤下士，不耻下问。颜氏认为"农商工贾，厮役奴隶，钓鱼屠肉，饭牛牧羊，皆有先达，可为师表，博学求之，无不利于事也"(《勉学》)。也就是说，各行各业皆有贤达，这种完全抛弃阶级、工种、身份的歧视，是非常进步的思想。这与《礼记》中贩夫走卒皆应受到礼敬的说法是一脉相承的。

最终，颜之推教子的目的乃是使之"成人"，而不是使之"富贵"。古人非常重视金榜题名、衣锦还乡、加官进爵，因为这是成功的根本标志。但在颜之推看来，成功的过程更为重要。通过读书明理以至于加官进爵，这是成人的过程，是真正的成功。他举一例说，北齐有一士大夫，曾向他夸耀说："我有一儿，年已十七，颇晓书疏，教其鲜卑语及弹琵琶，稍欲通解，以此伏事公卿，无不宠爱，亦要事也。"听完该士大夫的教子之道，颜氏俯而不答，他在《教子》中评价道："若由此业自致卿相，亦不愿汝曹为之。"

质言之，《颜氏家训》在中国教育史上具有突出的地位，有"古今家训，以此为祖"(《直斋书录解题》)的盛赞，也有"篇篇药石，言言龟鉴"(《读书丛残》)的美誉。在今人看来，仍不失为一部重要的家庭教育范本。

二、《书仪》与《家范》

宋以降，随着文化平民化趋势的不断发展，传统礼仪也逐渐进入了普通人的日常生活。司马光作《书仪》，便是为普通老百姓日常生活中遇到的礼仪进行了有效的规范，被《四库提要》誉为"礼家之典型"。

《书仪》分为表奏、公文、私书、家书、冠仪、婚仪、丧仪七个部分。前四者对日常公文书信的写作进行了具体规范，后三者对人生必经的重要礼仪的仪式流程进行了具体规定。与《颜氏家训》比，《书仪》的家庭礼仪规范更为具体；与传统礼经比，《书仪》则做到了删繁就简，有极强的操作性与平民性。因此朱熹认为，较之二程与张载主张的模仿古礼，司马光的《书仪》"本《仪礼》而参以今之所可行者，要之，温公较稳"。也就是说，《书仪》把经典性与时代性处理得恰到好处。

《书仪》毕竟是宋代的作品，于今仍较有实用价值的应属家书的写作技巧。《书仪》列举了各类写作格式，用词典雅，古朴通俗，可资今人参考。如：

与尊长书信的基本格式：上祖父母（父母）某启。孟春犹寒（视具体时节，如"仲夏正炎"），伏惟某亲尊体起居万福。某在此与新妇以下各循常，乞不赐远念，未由省侍，伏乞倍加调护，下诚不任瞻恋之至。谨奉状，不备，孙（或男／女）某再拜上某亲。（封皮上写）谨谨上某亲，孙（或男／女）某状封。

又如与妻书的基本格式：某咨春寒动履清胜（表达嘘寒问暖），某此粗遣免（叙述要传递的事）不悉。某书。月日。（封皮上写）书达某邑封。某谨封。

此外，《书仪》还规定了妻子给丈夫的书信格式、长者给子辈的书信格式等，对各种不同身份关系之间信笺往来格式的规定，为民间日常书信确立了经典的礼仪规范。

《家范》也是司马光关于家庭礼仪的重要著作。第一篇《治家》，总论治家的原则以及家庭和睦的重要性。《治家》以《周易》"家人"卦的诠释开篇,继之以《大学》、《孝经》、《诗经》,强调了家庭治理的总原则,即:"父父,子子,兄兄,弟弟,夫夫,妇妇,而家道正。正家而天下定矣。"每种身份各安其职,是家庭得以和睦的基础。继之以数篇,为《祖》、《父母/父/母》、《子》(上下)、《女/孙/伯叔父/侄》、《兄/弟/姑姊妹/夫》、《妻》(上下)、《舅甥/舅姑/妇妾/乳母》,共十卷,全书对每一种身份的日常行为都进行了具体规范。

《家范》与《书仪》最大的不同在于:首先,《家范》的写作"皆杂采史传",主要用历史故事对各种身份的行为规范进行内涵性诠释,而《书仪》则是对礼仪的具体描述;其次,《家范》是从身份的维度出发,确定每一种身份角色的行为规范,不同于《书仪》的礼仪维度,每类人群都可以在《家范》中对自身身份相关礼仪进行快速索引。

质言之,《书仪》与《家范》的写作方法不同,但各有特色。最重要的是,传统礼仪由此进入了普通百姓的生活中,并以规范的形式确立了下来。

三、《仪礼经传通解》与《家礼》

朱熹是理学家,也是礼学家。理是礼的形而上原则,礼是理的形而下实践。因此作为集大成者的朱熹,其晚年的全部工作,主要是把他的哲学思想落实为行之有效的实践行动,也就是儒家礼仪的整理研究。朱熹从六十一岁开始编撰《仪礼经传通解》,共三十七卷,又续二十九卷,希望打造一套百代不废的礼仪典制。

朱熹的这套《仪礼经传通解》以《仪礼》为基础,又杂采《礼记》及诸多经史著述而成,因此卷帙浩繁,直至他去世后才得以刊行。刊行时,《家礼》五卷、《乡礼》三卷、《学礼》十一卷、《邦国礼》四卷,共二十三卷中,《大射》至《诸侯相朝》八篇其时尚未脱稿,其中《书数》一篇目前已亡佚;而后十四卷,共十八篇,刊行时仍处于草创阶段。另外,朱熹生前仅有研究而未及成书的丧礼与祭礼,则分别由其弟子黄榦与杨复以续编的形式完成。可见,朱熹在儒家礼仪的钻研上耗时之久、用力之深。

仪礼虽然繁杂,但终究应以实践为要。在《跋三家礼范》中,朱熹表明了他研究仪礼的目的,即"使览之者得提其要,以及其详,而不惮其难行之者。虽贫且贱,亦得具其大节,略其繁文,而不失其本意也"。朱熹所处的南宋,是礼乐文明进一步平民化的时代。朱熹顺应时代潮流,更彻底地强调了礼仪的平民性,主张即使"贫且贱"的人也要能懂礼,这比司马光作《书仪》所定位的目标读者群范围更广了。

其实,朱熹在《仪礼经传通解》之外,还专门为普通人家撰写过一本更通俗的家礼著作,但不幸的是,书稿被盗了。可戏剧性的是,朱熹去世后,有一部题为《家礼》的著作横空出世。黄榦认为,这就是朱熹那本被盗的《家礼》。然而有清一代,有位叫王懋竑的学者,撰写了《家礼考》、《家礼后考》、《家礼考误》等文章,认为传世的《家礼》并非朱熹手泽,并得到一些著名儒者的肯定。由此,《家礼》一书的作者是谁,竟成了悬案。

与所有礼仪书籍相比,这本传世的《家礼》一简再简。该书共分五卷,包括首篇《通礼》,其次为《冠礼》、《昏礼》、《丧礼》、《祭礼》。《通礼》讲的是《祠堂》、《深衣制度》与《司马氏居家杂仪》,《冠礼》仅保留了《仪礼》中的大节目,即告庙、戒宾、宿宾、陈冠服、三加冠、醮礼、取字、见尊长、礼宾,共一百五十字;《昏礼》则将《礼仪》中的六礼删减为纳采、纳币、亲迎三个环节;而《丧礼》,则在《书仪》原已简化的基础上再行简化至二十一个节目。由于《家礼》的通俗简易,真正适用于普通百姓家庭,故而受到广泛欢迎。而且,其广度甚至辐射至整个朝鲜,有学者认为,《家礼》一书其实从根本上改变了朝鲜的文化风貌。

因此,尽管《家礼》一书作者并不能完全确定,但《四库全书》收入时仍以朱熹署名,又因为该书具有极强的实用性,故而自宋代开始便影响甚广。黄榦为《家礼》作序时曾高度评价,称赞《家礼》"务从本实"、"切于人伦日用之常",并认为"礼教之行,庶乎有望"。可以说,该书不愧为传统庶民礼仪的典范之作。

第三节 礼仪的源起与意义

上古先民刀耕火种,解决温饱与生存问题是头等大事,因此无所谓礼。随着文明的发展,生活的稳定,礼仪才逐渐产生。《易传·序卦传》说:"物畜然后有礼。"《管子》说:"仓廪实,则知礼节。"显然,礼是文明的产物。

传统的"礼",在古代文献中有"禮"与"礼"两种写法,有时也写作"豊",且都是象形字。"禮"象征的是高脚盘子(豆)上放了祭品,准备祭祀鬼神;"礼",象征的是一个人跪着,在祭祀鬼神,两个写法在本质上是一个意思。其目的,就是祈求鬼神保佑。如《说文解字》讲:"礼,履也,所以事神致福也。"职是之故,礼,最主要的内容,或最原始的意思,就是宗教祭祀。

古人之所以要祭祀鬼神，与恐惧、焦虑的心理是有关的。古人的知识量有限，对很多事物或现象不能理解，故而引起恐惧；对未来不确定，故而焦虑不安。比如自然现象，我们称之为自然，是因为平常，但古人对此的反应却是不平常、不自然的；又比如，人类本身体质柔弱，无皮毛之厚，无爪牙之利，因此对无常的命运感到无能为力。为了解决恐惧与焦虑，原始的思维直接将古人引导到了宗教鬼神那里，使古人认为只有通过取悦鬼神，才能解决眼前的实际问题。因为人是喜欢好东西的，包括好吃的东西、好看的东西，所以通过简单的推理，人们便自然而然地认为，鬼神也应该喜欢那些好东西。因此美味的猪牛羊，珍贵的玉器，也就不断地被供奉到了鬼神面前。而随着物质生活越来越丰富，人类对鬼神的祭祀也就变得越来越精致了，这包括祭祀用的供品，以及祭祀时的礼仪。大凡仪式越复杂，所祭祀的鬼神也就越尊贵。

礼仪的源起，与原始思维是密不可分的。但比弄清源起更重要的是，我们应懂得礼仪源起的认识史与文化史意义。也就是说，祭祀鬼神观念的产生，其实是一种思维发展与文明进步的表现。何以见得？经历了茹毛饮血、与兽杂处的时代，人类认识到，总是深陷于无常命运的恐惧与焦虑也不是办法。他们经过总结发现，原来讨好鬼神竟然是能避免灾祸的，于是祭祀开始出现了。不管祭祀的方法是否有效，毕竟这一行为标志了人类认识史的重大转折，意即人类因此走出了"控制"外部世界的第一步，这也是开启哲学思维的第一步。

所谓"控制"外部世界，是就客观上人类面对命运无常多舛而言的。虽然外部世界难以捉摸，但为了生存，人还是要去认识它，从而解决生活中的问题。祭祀鬼神虽不能根本上解决问题,但在一定知识局限性下,这的确是一个转被动为主动的方法。所谓开启哲学思维,是就主观上人类主动对未知世界进行合理化解释而言的。人之所以是万物之灵,乃是因为人会思考,会对未知的东西进行解释。用鬼神来解释世界虽然不正确,但未尝不是一种在历史境遇下能够自圆其说的解释,并使自身获得心灵的慰藉,使日常生活得以继续。

职是之故,礼仪的起源首先与祭祀鬼神有关,这也是礼的原始功能所在。可以说,作为祭祀的礼的原始功能,至今还影响着现代民间生活与日常习俗。同时,随着社会情况的复杂化,政治、社会结构的逐步成熟,礼的秩序意义与价值内涵越发突显出来,最终竟形成了中国独特的礼乐文明,造就了东方的礼仪之邦。

第四节 礼仪的基本功用

在传统中国社会,礼仪的首要任务,就是维护社会的基本秩序,包括政治秩序与社会秩序;其次,礼仪经过孔、孟、荀的改造以后,被赋予了道德价值,成为了成就独立人格的基本渠道。两者共同构成了礼仪的基本功用。

《礼记·曲礼》说:"君臣、上下、父子、兄弟,非礼不定。"这就是传统的政治秩序,礼仪的首要功能,即按此原则以区别尊卑。《礼记·祭法》规定:"天子祭天地,祭四方,祭山川,祭五祀,岁遍。诸侯方祀,祭山川,祭五祀,岁遍。大夫祭五祀,岁遍。士祭其先。"这条祭祀原则,规定了不同等级身份的人应该祭哪些神以及祭多少神。反过来说,祭祀多少神以及祭祀哪些神,决定了祭祀者的等级身份。同样的意思,荀子也强调过:"郊止乎天子,而社止于诸侯,道及士大夫,所以别尊者事尊,卑者事卑。"(《荀子·礼论》)天最为尊贵,所以天的祭祀者地位是至尊的,以此类推,所祭祀之鬼神的等级,决定了人的身份等级。祭祀制度属于吉礼,这是通过吉礼的等级来区别尊卑。

在墓葬制度上,周礼也规定得很细致。比如王使用的墓室形制为四墓道七层台大墓,葬具为三椁二棺,封冢高 2 丈 4 尺,上种松树,地面建造陵寝,牌位供奉太庙;诸侯使用的墓室形制为二墓道五层台大墓,葬具为二椁二棺或二椁一棺,封冢高 1 丈 2 尺,上种柏树,地面建造陵寝;公卿使用墓室形制为单墓道三层台墓,葬具为一椁二棺或一椁一棺,封冢高 8 尺,上种杨树,无地面建筑;士使用墓室形制为二层台墓,无墓道,葬具为一椁一棺,封冢高 4 尺,上种榆树,无地面建筑;庶人之墓为土坑,葬具为一棺,有时无棺,封冢高 4 尺,上种榆树,无地面建筑。墓葬制度属于凶礼,这是通过凶礼的规格来区别尊卑。

在行政制度上,《周礼》记载了西周最为古老的官制,以天子为中心,分设六官以治理百姓。六官为天官(最高长官称冢宰)、地官(最高长官称司徒)、春官(最高长官称大宗伯)、夏官(最高长官称司马)、秋官(最高长官称司寇)、冬官(最高长官称司空)。《周礼》各官开篇皆曰:"惟王建国,辨正方位,体国经野。设官分职,以为民极。"这就是西周建构的一套以王为中心的自上而下的政治体制。意思是,百姓以官为中心,六官序列又以本序列最高长官为中心,六官又以天子为中心。这套职官体制从属于嘉礼,用于维系政治活动的秩序。

　　在社会日常活动中,礼的规范作用与每个人都息息相关。《礼记·曲礼》规定,在人际交往中,不同的人要保持不同的距离,包括空间距离、语言距离,从而避免因举止不当导致的猜忌与纠纷,以此构建安定有序的社会。"礼,不踰节,不侵侮,不好狎。"既不要相互倾轧,也不要过分亲昵。"年长以倍,则父事之;十年以长,则兄事之;五年以长,则肩随之。"意即年龄倍于自己(指成年人)的,要以父之礼事奉;大自己十岁的,要以兄之礼事奉;与自己同龄的,要同进退。"群居五人,则长者必异席。"意即五人共处,年长的要受到特别的尊敬。进而,《礼记》要求每个人都应得到礼遇,"夫礼者,自卑而尊人。虽负贩者,必有尊也,而况富贵乎?"可以说,通过礼仪的维系,公共空间已形成了中国人独有的生活共同体,让所有人都能在彼此尊重中自觉维护社会秩序。

　　在孔、孟、荀以后,礼仪逐渐在个人的成长上开始产生重要意义。荀子设问:"礼起于何也?"他自答说:"人生而有欲,欲而不得则不能无求,求而无度量分界则不能不争,争则乱,乱则穷。先王恶其乱也,故制礼义以分之,以养人之欲,给人之求,使欲必不穷乎物,物必不屈于欲。两者相持而长,是礼之所以起也。故礼者,养也。"(《荀子·礼论》)就是说,人的欲望是无止境的,任由人去穷奢极欲,社会必然不会稳定。圣人制礼作乐,目的在教人节制欲望。荀子赋予礼仪"节制"这一内涵意义重大,这意味人可以通过礼仪的实践,获得价值的自觉。所以孔子说:"一日克己复礼,天下归仁。"(《论语·颜渊》)意即懂得节制,就能言行"不逾矩"。言行符合礼仪,就是仁的实践,能做到仁,那么天下人就都会倾慕他。当然,其实重要的不是得到天下人的倾慕,而是通过仁的实践,使人成为真正的人。这就是礼仪的价值维度,它通过成就社会最小细胞以实现整个社会有机体的和谐有序。

质言之,中华传统礼仪是中国文化最为典型的物质形态,是中国文化的基本标志,是中国人之为中国人的文化符号,是中华民族的共有精神家园。虽然,其中具体的礼仪或许对于今天的社会已不再适应,但毋庸置疑,传统礼仪的精神品质、人文价值却值得我们去继承、扬弃、发展,最终再创民族文化的盛世。

主要参考文献

1. 李学勤主编:《十三经注疏》,北京大学出版社,1999 年。

2. 彭林译注:《仪礼》,《中华经典名著全本全注全译丛书》,中华书局,
   2012 年。

3.（汉）贾谊:《新书》,中华书局,2000 年。

4.（北齐）颜之推著,檀作文译注:《颜氏家训》,中华书局,2016 年。

5.（宋）朱熹:《四书章句集注》,中华书局,1983 年。

6.（清）王先谦:《荀子集解》,中华书局,2013 年。